国外马克思主义哲学研究丛书

第一批：

《日常生活批判——列斐伏尔哲学思想研究》，吴宁著，已出

《批判的社会理论及其当代重建——凯尔纳晚期马克思主义思想研究》，颜岩著，已出

《生态地批判——福斯特的生态学马克思主义思想研究》，郭剑仁著，已出

《生态批判与绿色乌托邦——生态学马克思主义理论研究》，王雨辰著，已出

第二批：

《英国生态学马克思主义研究》，倪瑞华著，已出

《民主理论的批判与重建——哈贝马斯政治哲学思想研究》，张翠著，已出

《资本全球化的逻辑与历史——罗莎·卢森堡资本积累理论研究》，熊敏著，即出

《生态学马克思主义流派研究》，王雨辰主编，即出

《伦理批判与道德乌托邦——西方马克思主义伦理思想研究》，王雨辰著，即出

《拉康与后马克思主义思潮》，严泽胜著，即出

国外马克思主义哲学研究丛书

（王雨辰 主编）

Criticism and Reconstruction of the Democratic Theory

民主理论的批判与重建
——哈贝马斯政治哲学思想研究

张 翠 著

人民出版社

从西方马克思主义研究到
国外马克思主义研究（代总序）

王雨辰

　　我国学术界对西方马克思主义的系统研究如果从徐崇温先生在 1982 年出版的《西方马克思主义》一书算起，至今也不过 25 年时间。然而，这 25 年时间，既是中国改革开放不断深化和中国特色社会主义建设取得巨大成就的时期，同时也是我国学术界对马克思主义哲学研究和认识不断走向深入的时期。社会历史条件的变化和理论视阈的不断拓展，使得我国的西方马克思主义研究呈现出三个突出特点：其一是研究者立足于不同的哲学理念和对马克思主义哲学的不同理解，使得他们对于如何研究和评价西方马克思主义这一问题出现了不同的意见分歧乃至激烈的争论。其二是西方马克思主义研究和中国马克思主义哲学的发展之间出现了双向互动的格局，中国马克思主义哲学的发展促进了人们更加深刻地研究和把握西方马克思主义理论的实质，而西方马克思主义则成为中国马克思主义哲学理论创新的重要思想资源。其三是西方马克思主义研究水平不断提高，研究群体不断扩大，研究范围逐渐从西方马克思主义研究拓展到国外马克思主义研究，"国外马克思主义研究"成为马克思主义理论学科下一个独立的二级学科。回顾和分析上述三个特点形成的过程和所包含的信息，对于我们深化国外马克思主义研究是具有重要意义的。

　　我国学术界在对西方马克思主义研究过程中形成的上述三个特点，实际上也标识着西方马克思主义研究经历的三个不同历史阶段。按照我国西方马克思主义研究的主要奠基人徐崇温先生的说法，西方马克思主义研究并非是出于理论自觉，而"从一开始就是由努力完成政治任务所带动起来的：在 1977—1978 年间，胡乔木来中国社会科学院主持工作后不久，找学术情报、哲学等研究所的领导前去领受任务时说，中央某领导出访欧洲期间，接触到一种叫'西方马克思主义'的思潮，要我院搞一份材料出来供参考"。① 问题的关键并不在于此，关键在于西方马克思主义传入时所处的社会历史背景和理论背景存在着双重的错位。从社会历史背景看，虽然经过了拨乱反正和改革开放，但总的说来我国仍处于从前现代向现代社会过渡的起步阶段，加上"左"的教条主义残余思想的影响，西方马克思主义理论家对现代性的批判等话语系统一时还很难为我国学术界所理解；从理论背景看，"辩证唯物主义与历史唯物主义"被认为是解释马克思主义理论的唯一正统，而西方马克思主义就是在反对这种解读模式中产生和发展起来的。因此，当时西方马克思主义被看做是打了引号的马克思主义思潮，即非马克思主义或反马克思主义思潮。这一时期的主要工作是引进和评介西方马克思主义的主要代表性著作和代表性观点，为日后深入研究西方马克思主义理论作了一些准备性工作。随着我国改革开放的深入，特别是1986 年以后，客观上要求正确认识和评价包括西方马克思主义在内的西方哲学和文化思潮，同时，人们从不同角度、不同哲学理念理解马克思主义哲学，并批判地反思了"辩证唯物主义与历史唯物主义"的教科书体系的理论得失，体现了人们对马克思主义哲学本质的更深入的探索和理解。理论视角的变化，使人们对于如何理解、认识和评价西方马克思主义理论产生了不同意见分歧，学术界出现了一场声势浩大的关于西方马克思主义研究的争论热潮，争论的目的就是要摆脱在"辩证唯物主义与历史唯物主义"教科书体系中建构出的西方马克思主义图景。这场争论不仅使学术界熟悉了西方马克思主义的理论命题，深化了对西方马克思主义的认识，而且使得西方马克思主义理论成为我国马克思主义哲学研究和理论创新的重要思想资源，形成了两者之间的双向互动关系。

关于西方马克思主义理论对于中国马克思主义哲学理论创新的影响，我国著名学者张一兵先生曾经指出："最初接触这一新的理论领域，还是在读研究生的时候。其时是在徐崇温先生撰写的《西方马克思主义》(1982

---

① 徐崇温：《徐崇温自选集》，重庆出版社 1999 年版，第 1 页。

中第一次听说了这个思想流派的。在当时的直觉中,有一种深深的震惊:研究马克思哲学还能这样出彩。"①而为了获得对西方马克思主义的批判权,迫使他重新阅读马克思主义理论文本,即"回到马克思"②。改革开放以来,中国马克思主义哲学在关于"异化和人道主义"、"主体性问题"、"实践唯物主义哲学体系"、"马克思主义人学"以及"现代性问题"的探讨中,我们都可以或多或少地看出西方马克思主义理论的影响,以至于有学者认为我国学术界出现了对马克思主义哲学的"以西解马"的解读模式。③ 无论是否存在这种解读模式,但西方马克思主义理论家对马克思主义哲学的解读为中国马克思主义哲学的理论创新提供了重要的理论参照系,这一点则是确定无疑的。

进入到 20 世纪 90 年代,我国西方马克思主义研究的格局发生了根本性转换。具体体现在:一是研究主题进一步扩张。中国社会主义市场经济发展中出现的问题,使得西方马克思主义对资本主义的社会批判、技术理性批判、消费主义文化批判、生态批判等,获得了学术界广泛的共鸣,使得学术界从如何认识和评价西方马克思主义哲学理论进一步扩展到研究其社会批判理论和现代性理论。二是研究方式从过去的宏大叙事转向了微观研究和追踪研究,学术界不仅出版多部西方马克思主义通史著作,同时也出版了多部研究专题性问题、研究代表人物的著作。在追踪研究方面,分析学、生态学马克思主义逐渐纳入到人们的研究视阈中,更为重要的是,学术界开始关注"后现代马克思主义"、"后马克思主义"、"后马克思哲学思潮"等,并用"国外马克思主义"统称这些在后现代思潮中理解、评价马克思主义哲学的理论流派,"国外马克思主义研究"也成为马克思主义理论下的一个独立的二级学科,从而实现了从西方马克思主义研究到国外马克思主义研究的转换。

回顾我国学术界从西方马克思主义研究走向国外马克思主义研究的

① 张一兵:《文本的深度耕犁——西方马克思主义经典文本解读》,中国人民大学出版社 2004 年版,第 482 页。
② 张一兵:《深度解读:卢卡奇与西方马克思主义》,《哲学动态》1999 年第 8 期。
③ 王东:《马克思学新奠基》,北京大学出版社 2006 年版,第三章。

历程,给我们比较深刻的经验和教训是:应当立足于怎样的哲学方法论来认识和评价不同模式的马克思主义哲学？这实际上又是一个如何理解马克思主义哲学本质的问题。笔者的看法是,如果拘泥于马克思主义哲学的一种模式,以此为裁判权,那么就势必不可能客观地看待和认识其他马克思主义理论流派,也不符合马克思主义的理论本性。问题的关键应该在于是否能够运用马克思主义基本理论回答和解决不同民族在不同的社会历史条件下所面临的时代问题。这事实上也意味着马克思主义哲学既会在实践过程中为自己的发展开辟道路,同时也意味着马克思主义哲学的多流派发展是其必然结局。而这一切正是马克思主义所坚持的"理论与实践相统一"的理论本性使然。跳出非此即彼的形而上学思维方式,深入了解西方社会的发展及其存在的问题,是我们研究国外马克思主义的基础和前提。

但是,也需要指出从西方马克思主义研究走向国外马克思主义研究实际上也暗含问题。其一是我国学术界对"西方马克思主义"概念的内涵与外延存在着不同的理解,并由此引发争论,争论的核心是它到底是否反对列宁主义。应该说,西方马克思主义在对马克思哲学的理解上的确和恩格斯、列宁是有差别的,但是"有差别"是否就是反对"列宁主义",这是一个需要细致研究的问题。部分学者为了避免研究之前预先设定主观框架,于是用一个比较中性的"国外马克思主义"地域性概念代替"西方马克思主义"概念。然而,"西方马克思主义"毕竟是有特殊内涵的,即它是在马克思主义阵营内产生,以探索西方社会主义革命道路为目的的一股思潮。只是后来在马克思主义阵营中教条主义的压制之下,才不得不在西方共产党外发展。不论其理论是否正确,但是它和马克思主义理论存在着千丝万缕的联系。国外马克思主义研究实际上是对国外出于各种目的研究马克思主义而形成各种理论思潮的总称。这其中既有同情马克思主义和社会主义的流派,也有为反对马克思主义而研究马克思主义的流派,还存在着仅仅只是借鉴马克思的理论和方法,与马克思保持名义联系的后现代思想家。显然,研究国外马克思主义中的其他思潮在价值和意义上根本无法和研究西方马克思主义相提并论。其二是我国西方马克思主义研究虽然取得较大进展,但是并不能说已经很深刻。特别是对西方马克思主义的专题性问题研究、人物研究还存在着较大的空白。事实上，学术界关注和研究西方马克思主义的群体在不断缩小，更多的是引进和评介20世纪后期出现的各种后现代马克思主义思潮，这种研究从学术史的角度是必要的。但是因此而冷落对西方马克思主义的研究则是令人担心的，也是需要我们认真思考的。

"西方马克思主义研究"一直是笔者所在的中南财经政法大学哲学系马克思主义哲学学科点的重要研究方向。自1981年获得马克思主义哲学硕士点以来，就一直开设"西方马克思主义哲学"课程和研究方向。2006年我们又以"西方马克思主义哲学"为马克思主义哲学第一研究方向，获得博士学位授予权。近年来我们先后从复旦大学、南京大学、武汉大学等高等院校引进学术带头人和年轻博士，形成了学术结构和年龄结构较为合理的学术团队，并把研究领域从西方马克思主义进一步拓展到国外马克思主义研究。2006年，以马克思主义哲学学科点为主体，包括国外马克思主义研究、马克思主义基本原理和马克思主义中国化研究在内的学科点，被纳入学校"211工程"建设项目。这套丛书就是我校"211工程"建设项目的内在组成部分，其中的著作或者是我们学术团队部分教师的各级各类研究课题，或者他们的博士论文。我们希望通过这套丛书的持续不断的出版和若干年的努力，不仅进一步搞好我们的学科建设，形成我们的学科特色，而且为推进我国的国外马克思主义研究贡献我们微薄的力量。

序

　　我的学生张翠的新书《民主理论的批判与重建——哈贝马斯政治哲学思想研究》，是在她的同名博士论文的基础上充实完成的一部力作。她请我为这本书的出版作序，我欣然答应了，却迟迟没有动笔。个中原因是，在我思想深处，这本书的分量太重了，书中所涉及的许多思想观点令我心生敬畏，难以下笔。

　　第一个分量是，本书所研究的人物，是西方现当代堪称伟大的重量级的思想家哈贝马斯。记得我三十多年前刚从工厂考入大学时，西方马克思主义思潮汹涌而至，如雷贯耳，令我耳目一新。特别是哈贝马斯，作为法兰克福学派第二代的标志性的领军人物，他研究和著述的领域之广泛、内容之新颖、观点之深刻、言辞之犀利，对当时思想还禁锢在"文革"时期"左"的思维定式和积弊遗风中的中国大学生来说，简直是振聋发聩，醍醐灌顶。那时，我第一次意识到，除了我们熟悉的教科书上的马克思主义哲学原理之外，还有这样的马克思主义，还可以这样解释和拓展马克思主义，这给我的思想冲击，可以用震撼来形容。这种冲破牢笼的感受，是今天的青年学生很难体验的。从那时到现在，中国的哲学界、思想界，对哈贝马斯的研究和评介，已经汗牛充栋，百花齐放，硕果累累，涉及多个领域，运用了多种研究方法和视角。在这种情况下，张翠选择哈贝马斯作为她的研究对象，八年如一日锲而不舍地钻研哈贝马斯的文本和思想，并形成自己的独到的见解，这是需要多大的决心和理论勇气呀。

　　第二个分量是，本书所研究的主题，是民主理论。这又是一个极端重要、众说纷纭并且极其敏感的话题。"民主地生活"本来是人类孜孜以求的理想生活目标，尤其在人们经历了专制统治的磨难之后，这种追求使"民主"获得了世界性的话语霸权，在政治哲学中成了供人赞美和顶礼膜拜的神话，在政治实践中成为了制度的合法性的基本的甚至唯一的标准。但是，当"民主"博得如此至尊声名时，它就不可避免地蜕变为被人随手拿来到处派发的标签，它的误用、盗用和滥用，使它可能成为任人叫卖的漂亮而不实用的口号，和泛滥于政治市场的"贬值的通货"。这使得曾经风光一时的各种民主理论都陷入了困境，因此，厘清民主概念，寻求民主理论的出路，仍然是政治哲学最为基础的工作之一。在社会主义政治实践和政治理论中，民主问题同样出现了上述纠结的状况。马克思曾经说过，无产阶级夺取政权后，应当也只能实行比资产阶级民主更高的民主，即"完全民主"。可是一个半世纪过去了，社会主义民主建设在经历了巨大的曲折反复之后，至今依然在艰辛地摸索前行。所以，可以说，张翠把她的研究主题定位在哈贝马斯对民主理论的反思、批判和重建上，特别是他力图构建的可操作的"真正的民主模式"——"审议民主"上，这种探索和讨论是有价值的，其中隐含着一个尚待求解的中国社会主义民主建设之谜。

第三个分量来自本书作者自身。社会上常常有人把女博士戏称为缺乏女性特征的第三性，而我认识的张翠却是一个纯粹的新女性。她性情温良柔弱，但内心无比坚韧、强大和执著。她从 2003 年进入中南财经政法大学攻读哲学硕士学位，到 2009 年取得哲学博士学位，这期间始终是兢兢业业、心无旁骛地学习，克服了许多困难，几乎是用蚂蚁搬家的方式下苦功、笨功，埋头读书，一本一本地啃原著，完成了令所有老师一致认可的思想的嬗变和飞跃。这个过程是寂寞的、孤独的，有时甚至是苦闷的，但张翠却以快乐的心态去面对，终于修成正果，在哈贝马斯研究中，独树一帜，自成一说。在本书中，我们至少看到了三个方面的创新和努力：1. 视角独辟蹊径。国内外对哈贝马斯政治哲学的研究，多从公共领域、生活世界、市民社会、政治合法性、世界公民社会等角度切入，而本书认为，哈贝马斯政治哲学的中心议题是民主，而非其他，只有民主理论才能串联政治哲学诸范畴，从民主的视角研究哈贝马斯，就能把握他的政治哲学的理论全貌。2. 方法触类旁通。哈贝马斯是一个论战型学者，一个"民主斗士"，他不断挑战，又不断应战，掀起了一场场学术论争，也使自己倍受争议，因此本书不是孤立地研究哈贝马斯个人的思想，而是把他与马克思、西方马克思主义者、后马克思主义者、自由主义者罗尔斯等思想家和学者的理论作比较研究,从对比中把握他的思想真谛。3. 观点鲜明深刻。本书充分论证和最终肯定的是审议民主这一新模式在对自由主义民主和共和主义民主的扬弃中获得的合理性和可行性,以及哈贝马斯政治哲学作为现代性理论的当代价值。虽然我至今不能完全苟同张翠对"审议民主"的有关论断,但我不得不说,在对哈贝马斯民主理论的研究中,与其说她是我的学生,不如说她是我的老师。我从她的研究过程和成果中,学习和领悟到了很多东西。当然,本书也有一些值得商榷的地方,由于张翠毫不掩饰她对哈贝马斯的崇敬和偏爱,这使得她在解读和评价其思想时,难免有所拔高和过头;有时她把自己绕进去了,却绕不出来;在行文风格和语言的锤炼上,稍欠火候,略显晦涩和生硬。

张翠现在在重庆理工大学任教,她有个妹妹叫张霞,在地处武汉的中南财经政法大学任教,同时攻读经济学博士。她们在哲学和经济学这两个让一般女孩子望而却步的学术领域中跋涉和遨游,青春无悔,其乐融融。我因此想起了一副名联,稍作修改,赠给这对博士姐妹花,与她们在崎岖的学术道路上共勉:

翠竹青青,峰回路转疑无径;

霞光灿灿,柳暗花明别有天!

中南财经政法大学副校长、教授、博士生导师
刘可风

目　录

引　言

　　哈贝马斯在政治哲学领域的努力旨在捍卫现代性理想。在反思与重建理性的基础上,哈贝马斯立足于交往行为理论与话语伦理学,建构起一种新的民主模式——审议民主,并坚信审议民主模式扬弃了西方政治哲学史上既往的主流民主模式,在现实政治中能够确保平等、自由与正义等政治理想的实现。可以说,哈贝马斯的政治哲学思想就是围绕民主议题展开的。但是,哈贝马斯的审议民主理论自提出之日起,就受到来自各方褒贬不一的评价。有人认为,在西方民主的发展进程中,审议民主模式的形成确实具有划时代的意义,为解决当代政治的民主问题开辟了新的方向,并提出了一些新的方法。也有人认为,哈贝马斯的审议民主模式只是一种理论上的乌托邦构想,在现实政治中并不具有可实践性,现实政治只能容纳审议民主模式的部分因素。不管怎么样,哈贝马斯的政治哲学思想或者审议民主理论对于考察西方政治哲学与民主理论的当代发展,都是一个绕不开的理论高峰。

　　国内外对哈贝马斯政治哲学思想的研究,主要是从公共领域、市民社会、合法性、民主、国际政治思想等角度展开。① 这些不同视角的研究对于我们全面深入地理解和把握哈贝马斯的政治哲学思想具有重要的意义,但也存在一些问题:其一,除民主外,其他研究视角缺乏代表性,不能达到见微知著之效。其二,就哈贝马斯的民主理论而言,它可以将哈贝马斯政治哲学的诸多范畴相勾连,以此为视角可以形成哈贝马斯政治哲学思想的理

---

　　① 关于国内外对哈贝马斯政治哲学思想研究的综述,见本书"附录"。

论全景。但是,目前学界对民主的内涵理解存在较大分歧,这直接影响到对哈贝马斯民主理论的理论定位以及对其政治哲学思想的理解。其三,过去的研究存在一定的割裂性问题,要么是对哈贝马斯政治哲学思想体系的割裂;要么是将其政治哲学思想与其他思想相割裂,未将其政治哲学思想与现代性理论、交往行为理论、话语伦理学等联系起来考察;或者是使其政治哲学思想割裂于整个西方政治哲学思想史这一宏观背景;或者是缺乏与当代思想家的理论碰撞。这些割裂往往造成"盲人摸象"的效应,影响我们对哈贝马斯政治哲学思想全面而确切的理解。

对此,本书以哈贝马斯的民主理论为视角来考察其政治哲学思想,这首先是因为民主是哈贝马斯政治哲学思想的中心议题,贯穿其政治哲学思想的各个方面,通过民主理论可以实现对哈贝马斯政治哲学思想的整体性把握;其次,其民主理论以交往行为理论和话语伦理学为理论基础,扬弃了政治哲学思想史上两种典型的民主模式,因此,立足于民主理论,可以在西方政治哲学思想史中合理定位哈贝马斯的政治哲学思想;最后,由于其民主理论本身具有重要的理论价值与现实意义,而目前的研究尚处于起步阶段,所存在的一些分歧也有待厘清,比如对"deliberative democracy"的内涵理解、对其民主理论的理论地位的认识等。

研究哈贝马斯的审议民主理论与政治哲学思想,具有重要的理论价值与现实意义。首先,对西方民主理论而言,本书的研究可以展现出其整个历史发展进程,包括各民主模式为适应不同历史阶段的社会政治生活需要而源起、继而发展的历史过程,以及各自的理论得失。其次,对哈贝马斯的思想而言,本书可以以民主为视角,对其政治哲学思想的内在逻辑与理论特色予以整体性把握;在此基础上,促使我们深入思考民主理论在当代所面临的困境与未来可能的发展方向,因为哈贝马斯的理论也并非无懈可击,也还有发展与完善的空间。再次,虽然民主的历史在西方源远流长,但传到中国却是 20 世纪初的事。即使是在西方,占主导地位的自由主义民主也是到了 20 世纪中后期才获得相对稳固的地位。可以说,民主的发展在西方至今仍处于"在路上"的状态,更不用说中国了。中国的民主实践不但历史较短,而且民主模式也与西方极为不同。赫尔德曾经将"以一党领导为基础的社会主义民主制"界定为与西方自由主义民主和共和主义民主相区别的第三种民主模式——"代表式民主"。① 确实,中国在20世纪所进行的新民主主义革命,就是要建立一个人民当家做主的新社会,并且自新中国成立伊始,在政治上实行"全国人民代表大会制度"的政体,就是以民主政治为目标的具体措施。尽管中国在民主化道路上走得异常艰辛——这既有历史上长期专制的原因,也有民主是"舶来品"而且舶来时间很短的原因——但是中国从未动摇过政治民主的目标。因此,对中国而言,西方民主进程中的理论与实践、经验与教训,都是非常重要的"他山之石"!哈贝马斯对西方民主危机的分析以及对此而提出的审议民主解决方案,对中国的政治体制改革和政治文明建设,具有重要的借鉴意义。最后,哈贝马斯结合经济全球化的趋势,将其审议民主理论拓展并运用于国际关系和全球治理领域,思考民主的原则在一个由国家组成的全球社会中赖以持续下去的途径,进而提出一种合乎全球化趋势的"后民族民主"(Postnationale Demokratie)构想——"没有世界政府的世界内政"(Weltinnenpolitik ohne Weltregierung),力图实现国际关系的民主化,这种创造性的理论尝试对于当前亟待建立的国际政治新秩序也具有一定的启发意义。

本书的目的是力图以哈贝马斯的民主理论为视角来考察其政治哲学思想,既与哈贝马斯理论体系的发展逻辑相结合,又与西方民主理论的发展进程相联系,并与当代思想家相比较,由此合理分析哈贝马斯民主理论的真实意蕴和成败得失,以及其政治哲学思想的理论特质。在此基础上,结合当今时代的全球化趋势,考察其民主理论在世界范围内的拓展,以及在建构国际政治新秩序方面的作用与限度。通过研究,获得既有历史感又有现实感、"既见树木又见森林"的关于哈贝马斯政治哲学思想的理论图景。因此,本书主要采用文本解读法、历史与逻辑相一致的方法、理论与实践相结合的方法等。首先,通过深入解读哈贝马斯的理论文本,把握其审议民主理论与政治哲学思想的本真意蕴。其次,将哈贝马斯的民主理论既放到西方民主的历史进程中,又放到哈贝马斯政治哲学思想的形成与发展过程中,从而在该坐标系中合理分析其理论得失。最后,在客观论述哈贝

---

① 参见赫尔德:《民主与全球秩序:从现代国家到世界主义治理》,胡伟等译,上海人民出版社2003年版,"导读"第6页,正文第5、14页。

马斯民主理论与政治哲学思想的基础上,结合当代中国政治与世界政治的现实问题,考察其民主理论与政治哲学思想的当代价值。

本书的研究思路如下:

第一章主要论述哈贝马斯对民主理论的批判。本章首先通过介绍西方民主理论在产生与发展过程中的理论难题与实践困境,揭示哈贝马斯关注民主的缘由。然后分析哈贝马斯从两个角度对既往民主理论的批判。哈贝马斯一方面从经验主义层面通过考察晚期资本主义国家面临的合法性危机,揭示了当代西方民主实践面临着合法化匮乏与导控匮乏的双重困境,并指出这归根结底源于西方的现代性危机;另一方面则从规范主义角度批判性地反思了西方两种规范性民主模式——自由主义民主与共和主义民主,指出这两种民主模式要么强调私人自主的价值,要么强调公共自主的价值,都未能确保民主的真正实现。哈贝马斯认为,不论是经验层面还是规范层面,导致民主困境的哲学根源都在于意识哲学范式对思维的主导作用。

第二、三章考察哈贝马斯对民主理论的重建。第二章主要探讨哈贝马斯重建民主理论的哲学基础与规范基础。由于西方民主的实践困境与理论难题都是由意识哲学范式的思维方式以及由此而造成的理性的不平衡发展所致,哈贝马斯就立足于哲学范式的转换与理性的重建来建构其民主理论的哲学基础与规范基础。哈贝马斯首先通过重建历史唯物主义,为范式转换与理性重建找到了哲学支撑,然后将哲学范式由意识哲学转向语言哲学,创立了独特的普遍语用学,并作为其民主理论的哲学基础,目的在于通过重构可能相互理解的普遍条件,即言语的有效性要求,以实现成功的人际交往,从而确保民主意志的形成。在此基础上,哈贝马斯重建了交往理性并以此作为其民主理论的规范基础,这就将主体间的交往行为引入民主过程;民主的实现在于交往的成功,交往的成功则取决于交往理性的实现,而交往理性的实现除了要遵循言语的有效性要求,更以话语伦理学的基本原则尤其话语原则或者说商谈原则为重要保障,商谈原则由此成为其民主理论中的核心原则。

第三章主要论述哈贝马斯所建构的审议民主理论。生活世界作为交往行为得以进行的背景场域和交往活动的产物,是哈贝马斯重建民主理论的前提。这决定其审议民主以对话与商谈为特征,并以交往理性来确保民主意志的合法性。由此,审议民主理论的商谈机制体现为各种商谈类型及其内在逻辑。商谈机制在法律上的建制化就构成审议民主理论的民主机制,主要体现为政治公共领域的公开商谈与国家议会的立法商谈这两个商谈层次的循环往复。在此交往之流中,可以产生具有合法性的交往权力,并由交往权力产生合法之法。通过法律媒介,交往权力转变为行政权力,政治统治的合法性得以实现,从而实现民主法治的政治理想。

第四章主要论述哈贝马斯将其审议民主理论向世界范围内拓展的"后民族民主"理论。作为公共知识分子的哈贝马斯,在建构审议民主理论以解决一国范围内的人民真正"民主地生活"的问题之后,将其审议民主理论拓展到世界范围,希望通过理性的交往、对话与商谈,解决矛盾,消除敌意,防止冲突,实现人与人、种族与种族、国家与国家以及各种宗教信仰之间和谐共处的大同世界。哈贝马斯结合当代的全球化趋势,在分析民族国家的历史成就与现实挑战的基础上,提出民族国家扬弃论,并立足于"宪法爱国主义"的认同模式,勾勒了他关于世界政治图景的"后民族民主"理想——"没有世界政府的世界内政"。

第五章主要探讨哈贝马斯的审议民主模式与政治哲学思想的特质。哈贝马斯的审议民主模式具有开放性、主体间性、唯程序性、人民主权的生成性与匿名性等特点。根据历史与逻辑相一致的方法可以看出,哈贝马斯结合当代社会现实与政治生活需要所建构的审议民主模式,扬弃了自由主义民主与共和主义民主,并真正确保了自由、平等与正义的实现。哈贝马斯对理性的反思与重建,以及对现代性理想的捍卫与实现,使其政治哲学思想成为一种独特的现代性理论。

第六章主要评析哈贝马斯的审议民主理论与政治哲学思想。哈贝马斯所建构的审议民主理论的贡献被德雷泽克称颂为引领了西方政治哲学的审议转向。尽管在哈贝马斯之前西方政治哲学就有了向审议的转向,但多数尚是一种意向或者说局部的审议转向,哈贝马斯不但刺激了人们对审议的兴趣,而且将审议建立在更加民主的基础之上,从而推动民主理论实现了真正的审议转向。审议民主理论作为扬弃并独立于西方既往两种主流民主理论的一种规范性民主模式,同样面临一定的理论难题与实践困境,这源于哈贝马斯立足于资产阶级立场所建构的审议民主理论仍然具有意识形态的局限性,这将有助于我们对审议本身进行审议。本章最后将哈贝马斯的政治哲学思想与马克思、西方马克思主义者、后马克思主义者以及当代自由主义思想家罗尔斯的思想进行了比较研究,从而在更为广阔的理论语境中来把握哈贝马斯政治哲学思想的独特性。

结束语主要对哈贝马斯建构审议民主理论的运思理路进行了总结,对审议民主理论的发展前景进行了乐观的展望,并根据审议民主理论的理论旨趣——通过民众参与审议来解决政治统治的合法性问题,分析了审议民主理论对于建设中国社会主义民主政治与和谐社会的启示作用。

第一章　哈贝马斯对民主理论的批判

哈贝马斯从两个角度对民主理论进行了批判。其一是从经验主义层面通过考察晚期资本主义国家的合法性危机,及其面临的民主实践危机——"合法化匮乏"与"导控匮乏"的双重困境,并分析了经济学民主与系统间民主这两种民主建设方案在解决民主实践危机上的无能为力,最终揭示了民主的困境根源于社会文化系统,并追溯到现代性的危机。其二是从规范主义角度批判性地反思了西方两种规范性民主模式——自由主义民主与共和主义民主,指出自由主义传统过分强调私人自主的重要价值,将公共自主下降到保障私人自主的工具性意义上,从而将政治国家推向了市民社会的对立面;而共和主义传统则过分强调公共自主的内在价值和国家应当承担的伦理功能,反而在客观上为国家权力对私人自主的侵犯打开了方便之门。在他看来,民主的真正意蕴是人类自己主宰自己的命运,既包括私人自主又包括公共自主,因此这两种民主模式都未能确保民主的真正实现。哈贝马斯认为,不论是经验层面还是规范层面,导致民主困境的哲学根源都在于意识哲学范式对思维的主导作用。

第一节　哈贝马斯的民主情结

民主历来被思想家们视为政治哲学的核心价值而成为他们研究的热点,并成为各国政府所允诺的治理目标。因此,无论在理论上还是在实践中,民主总是一个经久不衰的话题。哈贝马斯作为一名著名的公共知识分子,一生都致力于民主的事业,被誉为"民主斗士"。① 他早期致力于探讨公共领域与市民社会的民主意蕴,在完成交往行为理论这一划时代的理论建构以后,从 20 世纪 90 年代开始,则将理论研究的重心转移到政治哲学与法哲学领域,取得了丰硕的成果,其中最重要的成果就是建构了审议民主理论。可以说,建构审议民主理论既是哈贝马斯思想发展进程中的一条红线,也是其理论研究的旨趣所在。

一、民主的历史

自由、平等、民主与正义是人类政治理想所追求的基本价值目标,其中自由与平等是从价值论角度对人的应然生存状态的经典概括,正义是对社会应然状态的表述,而民主则是这些价值目标的建制化形式。因此,"民主地生活"就成为人类世世代代追求的理想生活方式,尤其在经历了专制的苦难之后,这种追求使民主在今天博得了世界性的话语霸权,赢得了至尊地位。赫尔德(Held)②据此认为,"民主已经成为当今时代政治合法性的基本标准。"③于是,民主的标签随处可见,成为合法性与正当性的根据,甚至掩盖着极权的勾当。最典型的莫过于希特勒通过"民主选举"建立起所谓的"民主政府",却实行着极端的极权统治,给民主蒙上了可怕的阴影。民主概念的滥用与盗用曾使"民主"被施密特(Schmitt)形象地戏称为泛滥于政治市场的"贬值的通货"。④ 因此,如何理解民主、践行民主,仍然是人类在当代面临的重要难题。

从发生学的角度来看,民主最早是人类在生产和生活过程中进行集体活动的一种决策方式,多被用来指称一种集体决策行为。在原始社会,氏族的重大事务通常是由氏族内部相关成员以面对面方式进行商谈而决定的,即所谓"大树底下的民主"。其启示在于:涉及公共利益的重大事务,集

---

① 参见曹卫东:《权力的他者》,上海教育出版社 2004 年版,第 33 页。
② 外国人名首次出现用中外文对照,以后只用中文译名,下同。
③ [英]赫尔德:《民主的模式》,燕继荣等译,中央编译出版社 1998 年版,"英文版序言"第 4 页。
④ 参见[德]施密特:《民主是什么,不是什么?》,见刘军宁编:《民主与民主化》,李柏光译,商务印书馆 1999 年版,第 20—40 页。

体成员应能直接参与决策;参与决策的每个成员享有平等的发言权;平等的意见表达应受保护,但决策需要在协商中寻求共识;集体共识的达成必须遵循一定的规则,比如全体一致或多数决定,等等。这样,参与决策过程的每个成员就可以获得一种当家做主的体验。

从词源学意义来看,"民主"(democracy)一词是由古希腊语 demokratia 演变而来,而 demokratia 则由 demos(人民)与 kratos(统治)两词组成。因此,所谓民主,从字面意思来说就是"人民的统治",即公民自己治理自己,或者说诉诸公民直接参与的民主,与发生学意义上的民主内涵相同。

从民主的历史来看,民主在西方源远流长,并在学理上形成两大流派——共和主义民主与自由主义民主。其中前者代表古典民主理论的传统,发源于古代雅典的城邦民主,复兴于近代卢梭的民主理想中。在古代雅典,城邦是为满足人类的需要而出现的一种最高层次的社会组织形式,具有比日常生活更高的伦理价值。因此,人们只有参与城邦的政治生活,服从城邦的利益,履行对城邦的义务,才能实现人之为人的本质,正如亚里士多德(Aristotle)所说,"人天生是一种政治动物,在本性上而非偶然地脱离城邦的人,他要么是一位超人,要么是一个鄙夫。"[1]这就为城邦民主的产生奠定了政治文化基础。

城邦民主主要表现为政治共同体即城邦的全体公民在议会和公共会议场所集会,以讨论共同体的公共事务,真正体现了"民主"的本意——人民的统治,即公民参政、亲自决定和管理城邦的公共事务,亦被称为"直接民主"。它意味着严格的民主离不开公民的政治参与,真正的政治参与需要公民的亲自"在场",公民的"出场"与意见表达不是被迫卷入而是自愿行为,积极参与政治过程意味着通过行使正当权利而在一种互动情境中作出关乎公共事务的集体决策。因此可以说,"直接民主"就是民主的"理想类型"或者说"纯粹类型"。

但是,随着近代以来政治共同体公民数量的增多,以及内聚性的"共同体"转型为契约性的"社会","理想类型"的直接民主的实现遭遇到多方面

---

① [古希腊]亚里士多德:《政治学》,颜一、秦典华译,中国人民大学出版社 2003 年版,第4页。

的障碍。

首先是空间规模的约束。毋庸置疑,直接民主只有在微型政治规模的条件下才有实现的可能性,最佳的公民规模应当是在一个演说者的听距范围内能够集合起来的公民数目,这是维持直接民主良性运作的一个重要条件。诚如萨托利(Sartori)所言:"字面意义上的真正自治的直接民主,可以说只有在较小的团体——例如议会规模的团体——中才能存在。"①因为"可能得到的自治强度同所要求的自治广度成反比"②。比如雅典城邦只是一个小国寡民的政治共同体,并且共同体当中具有参政议政和出任公职资格的公民只是全体社会成员中的很少一部分,外邦人、未成年人、老人及妇女都不能参与公共事务,作为"会说话的工具"的奴隶就更不用说了,连做人的起码尊严都没有,这才促成了城邦民主的产生。而现代民族国家却是地广人多,并且公民的参政权平等地扩展到除外国人、未成年人和服刑犯人之外的一切社会成员身上。因此,要为巨型规模的民族国家设计一种所有公民都直接参与公共决策的制度安排乃是一种不切实际的梦想。熊彼特(Schumpeter)甚至认为:"在一个任何规模的社会里,特别是在表现出劳动分工现象的社会里,要每个公民为了行使统治或管理的职责,必须在每一个问题上与其他全体公民接触,一定极不方便,这也是真实的。"③

其次是时间维度上的障碍。萨托利认为,"可能的自治强度同所要求的自治的持续性成反比。"④也就是说,最大强度的政治参与冲动通常只能在短时间内密集释放,炽热的政治参与激情会随着时间的延长而逐步降温。雅典城邦的公民自治之所以能做到高强度和长时间的相对平衡,乃是由于城邦的分层与分工,以及推崇公民美德的政治文化。一方面,奴隶承担了繁重的体力劳动,妇女则履行着料理家务的义务,这就使成年男性公民具有足够的时间与精力以政治为业;另一方面,公共领域的政治生活比私人领域的家庭生活具有更高的价值,是人之为人的本质要求。因此,雅

---

① [美]萨托利:《民主新论》,冯克利、阎克文译,东方出版社 1998 年版,第 125 页。
② [美]萨托利:《民主新论》,冯克利、阎克文译,东方出版社 1998 年版,第 73 页。
③ [美]约瑟夫·熊彼特:《资本主义、社会主义与民主》,吴良健译,商务印书馆 2002 年版,第 371 页。
④ [美]萨托利:《民主新论》,冯克利、阎克文译,东方出版社 1998 年版,第 74 页。

典城邦公民能够连续不断地参与政治并保持高昂的热情。而随着近代资本主义的产生和发展，社会的主旋律已不是以政治—论辩为中心的公共事务，而是以市场—交易为中心的私人事务。在这种情况下，要让公众保持职业政治活动家那样持久而高涨的参政议政热情，几乎比登天还难。对此，熊比特的认识可谓一针见血。他说，在公众的心目中，"重要政治问题和他们的够不上嗜好的业余兴趣及不负责任的闲谈主题处于同等地位。"①

最后是决策成本与政治秩序方面的障碍。一般来说，民主的要义在于通过争论和商谈达成共识。问题在于，如果一个国家的全部或大部分公民都直接参与公共商谈，那么集体共识的达成将是一个漫长的时间周期。更重要的是，随着近代社会公民利益的高度分化，诉求有别、立场各异的公民个人或团体亲自参与政治决策，不仅会导致决策的低效率，而且可能演化为持久的争吵而引发政治失序，麦迪逊（Madison）就担忧，公民亲自议决公共事务的"纯粹民主政体"，不但不会制止派别斗争，而且还会刺激派别争斗，直到造成严重的政治瘫痪。② 当然，雅典城邦民主不存在这样的问题，根本原因在于其公民群体的匀质性和政治共同体的内聚性。城邦不是若干孤立个人的原子式集合，而是一个群体本位的生命归属系统。一方面，公共利益在个人利益之上，并作为个体生命的终极归依，潜在地为个人追求赋予意义和价值；另一方面，将"私"的要求带入公共领域，从而把商讨公共事务的政治生活场景变成追求私欲的论坛在城邦时代也断不容许。这样，民主过程就是持守休戚与共原则的公民聚集在一起真诚地寻求促进公共利益的最佳方案的过程，而不是私利之间的公开博弈过程。因此，城邦民主不会造成决策成本的无限增高和政治秩序的颠覆。

鉴于不假任何中介的大众直接民主在近代因遭遇空间、时间、决策成本和政治失序等方面的障碍而难以实现，公民以民选代表为中介手段参与政治事务的自由主义民主模式，即"代议制民主"就应运而生。孟德斯鸠

---

① ［美］约瑟夫·熊彼特：《资本主义、社会主义与民主》，吴良健译，商务印书馆2002年版，第384—385页。

② 参见［美］汉密尔顿、杰伊、麦迪逊：《联邦党人文集》，程逢如、在汉、舒逊译，商务印书馆1989年版，第48—49页。

（Montesquieu）说："握有最高权力的人民应该自己做他所能够做得好的一切事情。那些自己做不好的事情，就应该让代理人去做。"①按照密尔（Mill）的经典定义，"代议制政体就是，全体人民或一大部分人民通过由他们定期选出的代表行使最后的控制权。"②一方面，在归根结底的终极意义上，人民是国家的主人；另一方面，在制度安排和决策过程的操作意义上，国家的内政外交事务则由作为"主人"的人民通过法定程序转交给作为"代表"的政府公职人员来处置。因此，人民与政府就像缔约的双方，其间的关系犹如委托—代理的关系：人民的个体成员用投票等方式表达自己的委托意愿，按照多数原则确定由哪些代理人组成政府；作为代理人的政府经合法授权而从事公共事务的管理活动，并对委托人负责。由于政府的权力来自人民的授予，所以其职权的行使必须以公共利益为依归；由于人民对政府的授权具有时间和效果等方面的约束性，因此他们又可以通过定期的重新委托以及其他方式对政府进行有效的监督和控制。这就是代议制民主的一般运作逻辑③，其核心就是人民选择自己合意的"政治专家"来治理国家，并对其治理过程和治理成效进行监督。这就从根本上改变了直接民主在人数、时间、地域等方面的限制条件，解决了"大国善治"的问题，被奉为既负责又可行的政体，自近代以降一直是民主实践的主导模式。

但是，由于代议制民主将国家权力的"名义归属"与"实际行使"分配给不同的主体——人民和由人民代表组成的政府，因此，"代表"如何作为就直接影响着民主的实现。

如果"代表"是服从性的，即做其选民要求他做的事情，那么这虽然在原初意义上表达了"代表"的本意，但由于它在张扬被代表者意志的同时，压制了代表者的主动性与创造性，使代表者成为丧失任何诠释功能的"徒具形式"的"面具"，从而削弱了议会本应具有的论辩功能；而且无论被代表者有多少人，当代表行为发生时，代表者所呈现的永远只是一种单一的意见和立场，代表者与被代表者之间就存在永远的"不一致性"，从而使"代

---

① ［法］孟德斯鸠：《论法的精神》（上），张雁深译，商务印书馆1961年版，第9页。
② ［英］密尔：《代议制政府》，汪瑄译，商务印书馆1982年版，第68页。
③ 参见［英］密尔：《代议制政府》，汪瑄译，商务印书馆1982年版，第68—83页。

表"无论如何也没有办法如实地"重现"被代表者,这就表现出"代表"的内在悖论。

如果"代表"是独立性的,被赋予高度的自由裁量权,即只需要在政治原则上忠于被代表者,而在具体政治事务中则根据自己的学识、经验和判断去作决定,做他自己认为最好的事情,那么就可能陷入对代表过度信任的制度缺陷中。由于被代表者失去了对代表的有力控制,他们的意志就不能得到充分的表达甚至被窜改,因此可能为"代表"的机会主义留下可乘之机,使代表们假公共利益之名牟取私人利益和集团利益,从而使代议制民主走向反民主。在这一点上,卢梭(Rousseau)当年的感慨发人深省,"英国人民自以为是自由的;他们是大错特错了。他们只有在选举国会议员的期间,才是自由的;议员一旦选出之后,他们就是奴隶,他们就等于零了。在他们那短促的自由时刻里,他们运用自由的那种办法,也确乎是值得他们丧失自由的。"①

综上所述,代议制民主的初衷尽管是想让"在场"的代表真实呈现"不在场"的被代表者的意图,但代表的内在悖论却使得服从性代表成为不可能,而独立性代表却又可能"强奸民意"。该民主模式由于在理论上使"民主"不够纯粹,在实践中则易于沦为"以投票为中心"的政治,从而直接威胁到国家政治统治的合法性,因此仍然受人诟病。本杰明·巴伯(Benjamin Barber)将这种民主模式称为"弱势民主",认为它将普通公民排斥在外,使政治上的公民成为旁观者。"自由主义民主是一种'弱势'民主理论,其民主的价值是谨慎的、也是暂时的、相对和有条件的,它服务于排他性的个人主义企图与私人目的。"②政治就沦为"为了私人利益而从事公共事务的行为"③,最终导致个人自由的丧失。

自由主义民主存在的上述理论难题与实践困境,激发了古典民主理论的近代复兴,卢梭无疑是其中的旗手。出于对古代城邦民主的向往和对代

---

① [法]卢梭:《社会契约论》,何兆武译,商务印书馆2003年版,第121页。
② [美]本杰明·巴伯:《强势民主》,彭斌、吴润洲译,吉林人民出版社2006年版,第4页。
③ [美]本杰明·巴伯:《强势民主》,彭斌、吴润洲译,吉林人民出版社2006年版,第4页。

议制民主的不信任,卢梭认为纯正的民主不需要"代表",否则"主人"就变成虚拟的符号甚至等于零了,"不管怎样,只要是一个民族举出了自己的代表,他们就不再是自由的了;他们就不复存在了。"①在他看来,只有积极参与国家的政治生活,才能过一种完美的自由生活。因此,实行直接民主制的国家就具有政治上的道德人格,同古代城邦一样具有伦理价值性。自由的人民通过缔结社会契约结合而成政治共同体即国家,个人意志就集合而成国家意志,即公意,体现为法律。国家的主权属于人民,并且不可分割与转让;人民作为主权者,通过直接参与制定体现公意的法律来实现和保障个人的权利,从而使人们在参与共同体公共事务的过程中获得个人存在的价值。

诚然,卢梭的民主构想体现了近代共和主义民主对民主本意的恪守,但是不可否认的是,这一构想仍然面临着许多实践上的困难。

首先,就连卢梭自己也不得不承认,直接民主赖以存在的条件难以实现,诸如小国寡民、民风淳朴、地位与财产上的高度平等、没有奢侈等;而且他认为即使这些条件都具备,民主制也往往只能昙花一现,因为人类心灵具有一种天然的腐化倾向,它往往更容易导致专制政治,"没有别的政府是像民主的政府或者说人民的政府那样地易于发生内战和内乱的了……也没有任何别的政府是需要以更大的警觉和勇气来维持自己的形式的。"②

其次,卢梭对直接民主的操作性也存疑虑,因为他认为"我们不能想象人民无休无止地开大会来讨论公共事务"③。这意味着卢梭的民主理想具有浓重的乌托邦色彩和强烈的浪漫气息。萨托利也认为"把人民召集到公民大会,只代表着古希腊政体中壮美的一面,而很难说是它有实效的一面"④。而且"直接民主的规模越大,其真实性就越小"⑤。

最后,由于其主权者与公意概念的形而上学色彩和神秘化倾向,往往导致其民主构想的实践后果与其理论初衷背道而驰。由于主权者是一个

① [法]卢梭:《社会契约论》,何兆武译,商务印书馆 2003 年版,第 123 页。
② [法]卢梭:《社会契约论》,何兆武译,商务印书馆 2003 年版,第 85 页。
③ [法]卢梭:《社会契约论》,何兆武译,商务印书馆 2003 年版,第 84 页。
④ [美]萨托利:《民主新论》,冯克利、阎克文译,东方出版社 1998 年版,第 125 页。
⑤ [美]萨托利:《民主新论》,冯克利、阎克文译,东方出版社 1998 年版,第 126 页。

作为整体性人民的抽象存在物,这就为政治野心家篡夺权力、以主权者自居提供了可能性,因此,从其民主理想到极权主义实践只有一步之遥,只需将抽象的主权者转变为现实的独裁者即可。同理,公意作为全体人民(主权者)的统一意志,具有至高无上的权威,这暴露出一种为了追求整体的一致和利益而不惜牺牲个体的倾向,这种倾向构成了极权主义的重要基础。而且对公意概念理解上的含混性也为一些人提供了可乘之机。按照卢梭的观点,公意并不一定是全体的意志,而很可能是大多数人的意志;公意并不要求全体公民对所通过的决定都表示同意,它只是每个公民的意志中趋于一致的、真正共同的东西。因此,"通过总意志(即公意——笔者注)说,使领袖和他的民众能够有一种神秘的等同,这是用不着靠投票箱那样世俗的器具去证实的。"①这样,以公意的名义建立起来的"合法"权威就可能被利用来实行"多数人的专制"。正是在这个意义上,罗素(Russell)说"希特勒是卢梭的一个结果"②。

由于共和主义民主在现实中被利用而走向其反面,为人类社会带来了极其深重的灾难,所以它不但未能通过弥补自由主义民主的缺陷而动摇自由主义民主的主导地位,反而使自己被卷束在理论的高阁之上,离现实越来越远。当然,共和主义民主毕竟代表了恪守民主本意的一种理念,对其理论与实践的探索并未停止,在当代也产生了新的回响。比如阿伦特(Arendt)就把政治作为人的存在条件,呼吁人们关心政治,积极参与公共政治活动。哈贝马斯也是在面对两种民主模式的上述实践困境与理论难题思入民主理论的。

二、哈贝马斯对民主的思入

哈贝马斯的思想涉猎广泛,包括元哲学、政治学、社会学、伦理学、法哲学、政治哲学、语言哲学等领域,而且在很多领域都因创造性而独树一帜,

---

① [英]罗素:《西方哲学史》(下),何兆武、李约瑟译,商务印书馆 2003 年版,第 243 页。
② [英]罗素:《西方哲学史》(上),何兆武、李约瑟译,商务印书馆 2003 年版,第 225 页。

成为当今时代最伟大的思想家之一。他一生都致力于民主的事业,被誉为"民主斗士"。任何伟大的思想家都有其超越时代的地方,也不可能不受时代的影响。理查德·伯恩斯坦(Richard Bernstein)就说:"如果我们忽视了那些塑造了他们的理论作品的重要的个人成长经历,我们就根本不会理解他们在'维护什么',不会理解他们'感受整体推力的方式'。……对于哈贝马斯来说,最重要的成长经历就是青少年时期当他发现纳粹主义的恐怖时的震惊。这种震惊构成了几乎他所有作品的背景。"①对哈贝马斯而言,少年时代所经历的专制极权之痛是促使他反思资产阶级民主的诱因,其成名作《公共领域的结构转型》可视为这一反思的早期成果。青年时代所经历的学生运动则促使哈贝马斯将对民主的思考转向理论层面,开始着手民主理论的批判与重建工作。而20世纪末国际舞台发生的一系列政治变故:苏联解体与东欧剧变、海湾战争、中东冲突、两德统一等,无疑是哈贝马斯在完成了交往行为理论这一划时代的理论建构以后,将理论研究的重心转移到政治哲学与法哲学领域的直接诱因。当然,哈贝马斯对于民主的关注更重要的是源于作为一名公共知识分子的理性重任。正如他自己所说:"如果说我还保留了一点点乌托邦的话,那完全是因为我相信,民主——此外还有关于它的最佳实现途径的公开辩论——能够解开当今世界似乎无法解决的问题的戈尔迪之结。我不敢肯定我们会成功,甚至不知道我们能否成功,但正因为我们不知道,我们才必须尝试一下。"②可以说,审议民主理论便是哈贝马斯为解开戈尔迪之结(Gordian knot)③在政治哲学上的探索。

哈贝马斯1929年出生于德国科隆附近的杜塞尔多夫。德国法西斯的暴行以及德国人对第二次世界大战的态度对正在形成世界观和人生观的

---

① [美]理查德·伯恩斯坦:《现代性/后现代性的比喻:哈贝马斯与德里达》,江洋编译,《马克思主义与现实》2005年第6期。

② [德]哈贝马斯、米夏埃尔·哈勒:《作为未来的过去:与著名哲学家哈贝马斯对话》,章国锋译,浙江人民出版社2001年版,第97页。

③ 戈尔迪斯(Gordius)是古代费吕加国王。在古希腊神话中,能解开戈尔迪之结者就可以当亚细亚国王,后来此结被亚历山大大帝解开。后人常用"戈尔迪之结"比喻难题、难事,或者问题或故事情节的关键、焦点。

哈贝马斯产生了重要的影响。他曾在回忆当时的迷茫与困惑时说:"十五六岁时,我坐在收音机前收听纽伦堡审判前国人的谈话。一些人非但没有对眼前可怕的灾难感到震惊,而是在辩论审判的正当性、程序和法理学问题,我感到出现了裂痕,真正的裂痕。的确,我因为敏感容易受到伤害,我不能像我的兄长那样对集体犯下的不人道事实熟视无睹。"①这种"裂痕"就是德国文化传统的断裂,暴露了德国文化的阴暗面,即康德(Kant)、黑格尔(Hegel)和马克思(Marx)等人留下的关于理性、公正和自由的文化传统在后代德国人身上发生了断裂,因此出现了纳粹的种族屠杀和其他非人道现象。这使哈贝马斯感到了对德国人进行政治启蒙、进而推动德国向着以普遍道德为基础的民主宪法国家发展的重要性。而"海德格尔事件"②则使哈贝马斯进一步意识到了哲学与政治的密不可分,使他认识到"哲学的任务不再是建立个人的学说,而是专业上的论战和公开批判"③。哈贝马斯将哲学的本质理解为通过批判推动人类的自由和政治的民主,这一理解最终促使他走上了社会批判的哲学道路。

作为法兰克福学派第二代的代表人物,哈贝马斯在对资产阶级民主进行批判反思的过程中,认为社会批判理论的致命弱点之一是"左倾激进主义",比如马尔库塞(Marcuse)等人就因"绝不相信德国社会民主党的内部改革"而寄希望于"大拒绝"。在他看来,法兰克福学派的老一代理论家"从来没有公正地认真对待过资产阶级民主",④而是低估了资本主义国家的民主法治传统和历史成就,对资产阶级民主采取了错误的激进批判立场。他认为社会批判理论不应否认资产阶级民主法治国家的理想,而应揭示现实民主国家中的民主理想与现实之间的矛盾。其理想是国家权力必须得到

---

① [德]哈贝马斯:《哲学—政治剪影》,转引自汪行福:《通向话语民主之路:与哈贝马斯对话》,四川人民出版社 2002 年版,第 3 页。

② 海德格尔 1953 年只字未改地出版了他 1935 年的哲学讲稿《形而上学导论》,该讲稿是对法西斯主义的曲折辩护。其出版不仅表明海德格尔拒绝为其 20 世纪 30 年代在政治上的失足表示忏悔,而且彻底摧毁了政治责任的道德基础。

③ [德]得特勒夫·霍尔斯特:《哈贝马斯传》,章国锋译,东方出版中心 2000 年版,第 9 页。

④ [德]哈贝马斯:《我和法兰克福学派——J.哈贝马斯同西德〈美学和交往〉杂志编辑的谈话》,张继武译,俞长彬校,《哲学译丛》1984 第 1 期。

所有公民自由和普遍的认同,而现实是公民被排斥在政治讨论和决策之外而成为消极的政治旁观者。对此,哈贝马斯考察了理想型资产阶级公共领域所蕴含的人类解放的潜能,即"个人的权威将转化为理性的民主话语:所有成年公民在形成一种政治公共舆论的条件下,通过自身意志的深思熟虑的表达,以及对这种意志的实现实行有效的监督,将社会生活的发展完全掌握在自己手中"①。这是他早期对资产阶级民主进行反思所得的结论。而随后的学生运动使哈贝马斯认识到,现代社会处于后非革命时代,人类解放不能在传统的无产阶级革命语境中来讨论,而应在民主宪法的范围内通过非暴力的形式进行。因此,他将注意力转向资产阶级民主的理想与现实之间的张力。在他看来,资产阶级的自由主义民主模式尽管存在诸多问题,"也有着阴暗面、错误和弱点,并可能带来危险"②,但是仍具潜力。他的努力方向就是要寻求解决资产阶级民主危机的办法,在批判以往民主理论的基础上,重建一种理想的民主模式,推动当代西方民主理论的发展与民主实践的进步。

本着这一理想,哈贝马斯进行了一系列的理论探索。通过重建历史唯物主义,哈贝马斯找到了其理论建构的"阿基米德点"——交往行为,进而建构了划时代的交往行为理论。随着 20 世纪末国际政治局势的变化,哈贝马斯将主要精力转向政治哲学与法哲学领域,其最终成果就是审议民主理论。哈贝马斯审议民主理论的理论旨趣就在于希望通过审议民主的践行,实现一个真正自由、平等和正义的理想社会。当然,他所构想的理想社会不只局限于国界范围之内,还包括突破了国界限制、包容了整个人类在内的全球社会。

具体来看,哈贝马斯在早期著作《公共领域的结构转型》中对公共领域民主意蕴的考察,到后期在《在事实与规范之间》等著作中对民主法治理想和政治哲学思想的完整阐发,都体现了他对民主的执著追求。可以说,民

---

① [德]得特勒夫·霍尔斯特:《哈贝马斯传》,章国锋译,东方出版中心 2000 年版,第 13 页。

② [德]得特勒夫·霍尔斯特:《哈贝马斯传》,章国锋译,东方出版中心 2000 年版,第 12 页。

主是哈贝马斯政治哲学思想的中心议题，不但贯穿其政治哲学思想的各个方面，而且贯穿其整个思想发展的始终，决定着哈贝马斯思想体系的理论特质。

第二节　哈贝马斯论当代民主的实践危机

一、现代性及其危机

哈贝马斯的民主理论主要是针对当代资本主义福利国家所面临的合法性危机而提出的政治谋划。但是，他并不仅仅局限在福利国家的狭窄范围内，而是以现代社会作为时代背景来探讨这些问题的。因此，现代性就构成了哈贝马斯反思民主理论、筹划民主法治国建制的宏观背景。所谓现代性，如泰勒所说只能是复数，是"modernities"，而不是"modernity"，因为它是一个多义性概念，有的将它理解为一种制度安排，有的则从精神层面界定之，有的则把它视为"西方的规划"，还有的认为存在两种现代性——启蒙的现代性和美学先锋派的现代性。① 对于这种见仁见智的概念，要给出一个能获得人们普遍认可的确切定义显然既不可能也无必要。概括起来，对现代性的理解主要有两种不同的角度。其一是在时间维度即编年史意义上将现代性理解为一个史学概念，用来描述文艺复兴以来西方社会的历史沿革和基本特征，即描述"现代"西方社会的客观性。其二是在文化意义上将现代性理解为一个哲学概念，表示一种新的时代意识。因为人们除了对"现代"社会进行客观描述外，更重要的是要表达出自己对"现代"社会的主观感受和价值态度，或者说赋予"现代"社会一定的精神文化内涵和价值意义。这种标识"现代"社会之独特生活品质、生存样式和价值理念的内在的时代意识，就是现代性，简言之，现代性就是一个用来标识"现代"社会之特质的抽象概念。哈贝马斯对现代性的界定无疑属于后者，他关注的是文化的现代性。

---

① 参见傅永军:《法兰克福学派的现代性理论》,社会科学文献出版社 2007 年版,第 19 页。

标识现代社会之特定品质的现代性,实际上是被用来描述支配现代社会政治、经济与文化等领域历史变迁背后的规范和理想。哈贝马斯指出,现代是一个脱离了示范性的过去,并从自身创造所有规范的时代,现代性因而也应该是一个自律的概念。"'现代'一词在内涵上就有意识地强调古今之间的断裂。……由于要打破一个一直延续到当下的传统,因此,现代精神就要贬低直接相关的前历史,并与之保持一段距离,以便自己为自己提供规范性的基础。"①这种断裂实现了社会生活从遵从习俗和经验到笃信理性的转变,这是人类社会生活在生活样式、精神品质和价值秩序等方面发生的一次根本性转变。因此,现代性的自律性就体现在它一扫中世纪的蒙昧与封建传统的僵直,力图以人的理性能力勾画出实现人类彻底解放的理想蓝图。诞生于18世纪启蒙运动时代的现代性理想作为一种觉醒的时代意识,从一开始就以主体性和理性为基础,表现为进步和发展的逻辑,并以人的主体自由为目标。文艺复兴时期对人的发现、人性对神性的取代,促进了人的觉醒和世界的祛魅。以宗教和形而上学世界观为核心的实体理性被人的主体理性所取代,直接导致启蒙思想家将人视为意义的唯一源泉,将主体理性提升为世界的主宰原则,自然则被降低为客体,启蒙时代就自然而然地成为所谓"理性的时代",理性就逐渐取代宗教的地位而成为统合社会的力量。因此,关于现代性的理论观点和关于现代社会规范工程的设计,顺理成章地围绕着理性而构建。

在哈贝马斯看来,启蒙思想家们所构想的现代性事业就是要使科学技术、道德法律和文学艺术发生分裂并使它们按照各自的逻辑——真、善、美——来发展。他说:"18世纪启蒙哲学家所勾画的现代性事业就是,客观化的科学的持续发展、道德和法律的普遍基础的持续发展以及自主艺术的持续发展。所有的这些发展都按照它们自己的内在逻辑进行。"②其中,科学和文化日益摆脱传统宗教形而上学的束缚,把目光从超验的上帝移向自然界和现实社会,人们以客观的态度对待自然界,从而获得科学地认识和

---

① [德]哈贝马斯:《后民族结构》,曹卫东译,上海人民出版社2002年版,第178页。
② 转引自王晓升:《哈贝马斯的现代性社会理论》,社会科学文献出版社2006年版,第324页。

驭外界自然的自由;道德和价值日益摆脱地域、种族、语言和宗教团体的束缚,获得理性论证和反思的能力,理性论证的普遍道德和法律日益成为规范人的行为的准则,从而使人获得自我决定的自由;艺术则把主体内在主观性的表达作为其合理要求,不再把艺术作为服务于宗教和世俗功利的工具。这样,充分享受主体自由的现代人就可以拒绝任何外在的权威而凭借理性来获得解放。这是哈贝马斯对现代性的积极意义的肯定。

然而,在肯定现代性积极意义的同时,哈贝马斯又看到了现代性所产生的问题,即文化现代性中专家文化与大众文化发生了分离。他指出,现代性并未按照启蒙思想家的构想而发展并取得相应的成就,而是造成了现代性后果的二律背反。一方面,启蒙运动以来的传统文化领域发生分裂之后,科学、道德和艺术都按照各自的内在逻辑和方向发展,于是在这些不同的领域出现了不同的专家,这些专家在自己的领域中都提出了自己的理性标准,从而进一步促进了科学、道德和艺术的发展,进而促进了人的自由。但另一方面,当文化成为专家的事情时,文化就脱离了人的生活,脱离了生活世界,从而对人的行动不再发挥作用,于是又产生出许多社会问题,阻碍了主体自由的实现。

对于现代性后果的二律背反及其原因,马克斯·韦伯(Max Weber)在其合理性理论中的论述最具代表性。韦伯通过改造黑格尔的理性概念得出"合理性"这一社会学概念,并将之视为与传统主义相对立的、现代欧洲独特文明的总和,构成了西方经济强盛、工业文明得以形成的最深刻最本质的原因,标志着欧洲的社会发展乃至整个人类历史进程的不可逆转的总趋势。因此,韦伯赋予合理性概念以社会建构的意义,直接把"现代性"等同于"合理性",把"现代化进程"等同于"理性化过程"。在他那里,人类历史的演进和社会变迁就是社会生活的理性化过程,包括人类行为由非理性走向理性、人类社会由世袭制转向理性制度。其中,人类的理性行为又分为目的理性行为(purposive-rational action)和价值理性行为(value-rational action)。前者是指为达到既定目的而作出的理性行动,强调手段的有效性而不管目的是否恰当合理,因此目的理性是关于手段的理性,即工具理性(instrumental rationality);后者则不关心手段与目的的关系,而是强调目的、价值的合理性对于行为的终极意义。人的理性行为不是表现为目的理性行为就是表现为价值理性行为,二者始终处于紧张对立的关系之中。也就是说,工具理性与价值理性也处于紧张对立的关系之中,而这正是现代性内在危机的社会根源。

依韦伯之见,工具理性的伸张必然会导致价值理性的萎缩,从而衍生价值非理性的后果,反之亦然。他说:"从目的合乎理性的立场出发,价值合乎理性总是非理性的,而且它越是把行为以之为取向的价值上升为绝对的价值,它就越是非理性的,因为对它来说,越是无条件地仅仅考虑行为的固有价值(纯粹的思想意识、美、绝对的善、绝对的义务),它就越不顾行为的后果。"①因此,现代人总会不可避免地陷入进退维谷的境地。为了生存和竞争,必须讲求实效,但由此而膨胀的工具理性会导致价值上非理性的生活方式。韦伯认为,西方现代化进程就是工具理性日益突显的过程。在这个过程中,由于把作为手段的工具理性当做终极目标来追逐,因此在社会生活的各个领域造成了各种异化现象。这就是他所说的现代性的"理性的吊诡"或"理性的自我否定"。一方面,理性使现代社会告别了传统社会,促进了社会各方面的进步和发展;另一方面,工业化、现代化和科层制度的高度发展又危害到人类社会的基本价值,即工具理性的伸张又使之成为人和社会自我奴役的"理性铁笼"。由此可见,在韦伯那里,"理性的吊诡"反映了理性化过程中工具理性与价值理性的紧张对立是使现代性成为分裂的、内部相互冲突的现代性的根本原因,即使现代性取得了独特的成就,又使现代性深陷理性化泥潭。

哈贝马斯基本同意韦伯对现代社会理性化的双重后果的认识,肯定了韦伯所揭示的"宰制社会"的"规训中的自由",并借用马克思对自由概念的讽刺论证了理性的双重效应。他说:"马克思早就不无讥讽地指出了自由概念在'自我的雇佣劳动'这一说法当中所具有的矛盾意义:一方面,摆脱了封建的依附关系,另一方面却无法摆脱剥削、贫困和失业等资本主义的宿命。"②但是,哈贝马斯并不同意韦伯关于工具理性与价值理性的紧张对

---

① [德]马克斯·韦伯:《经济与社会》(上卷),林荣远译,商务印书馆1997年版,第57页。

② [德]哈贝马斯:《后民族结构》,曹卫东译,上海人民出版社2002年版,第187页。

立是现代性危机的社会根源这一观点。他认为,现代社会的理性化导致了专家文化的出现,而专家文化不能在大众生活中发挥社会整合的作用,从而使作为前现代社会的"文化共同体"的生活世界的再生产出现了问题。生活世界领域主要是以交往理性为运行原则的文化再生产领域,其再生产障碍必然导致交往理性的萎缩。在此基础上,理性化过程导致社会功能系统的工具理性作用越来越突出,最终使现代性出现了问题。因此,哈贝马斯认为现代性危机根源于工具理性和交往理性的不平衡发展,而不是工具理性和价值理性的紧张对立。

另外,哈贝马斯也不同意韦伯将工具理性与价值理性完全对立的态度,而是以工具理性和交往理性的互补性来解决韦伯的现代性难题。在韦伯那里,现代社会中的工具理性与价值理性似乎在总量上是确定的,一方的扩张必然意味着另一方的收缩,那么如何在总量恒定的结构中实现平衡而不致贬抑任何一方呢?这是韦伯留给自己以及他人的难题。韦伯自己没有提出一个理性的解决方案,对现代性的负面后果深感无奈,把它看做是现代人的"铁的"命运,从而走向了悲观主义,认为现代社会追求工具合理性所造成的普遍异化状态在现代社会架构中是无法得以克服的。而在哈贝马斯那里,工具理性和交往理性是互补的关系,社会进化表现为以工具理性为运行原则的系统合理化和以交往理性为运行原则的生活世界合理化这两个维度,而且交往理性的发展还可以弥补因工具理性过度膨胀而导致的社会问题,从而解决现代性危机。因此,哈贝马斯在现代性问题上尽管深受韦伯的影响,对其合理性理论形成了"路径依赖",但他在破解韦伯的现代性难题上却比韦伯乐观,深信通过发展交往理性能够解决现代社会的种种问题。

二、生活世界殖民化:现代性危机的当代表现

在韦伯的分析中,"理性的吊诡"所造成的现代性危机,最突出地表现为现代社会生活中的"意义丧失"(loss of meaning)和"自由丧失"(loss of freedom)。其中意义的丧失源于宗教的衰落,自由的丧失源于科层制的现代经济与国家组织,而宗教的衰落和现代经济与国家组织的科层化都根源于理性化进程。由于宗教的衰落,以天职观念和入世禁欲精神为核心的新

教伦理就被经济冲动所取代,人的行为动机外在化,这"意味着人本身就不再成为自身的目的,它成了一架赚钱的工具。那种生气勃勃地为自己的使命献身的个人就消失了"。① 这就是意义的丧失。当个人不再把价值合理性作为追求的目标,其行为就会完全工具化;而现代经济与国家组织的科层化则使经济与法律秩序的规则成为行为合理性的准绳,从而使个人进一步失去自由选择人生价值与生活目标的能力,这就是自由的丧失。哈贝马斯认为韦伯对现代性的诊断是不可信的,因为韦伯是从宗教伦理学出发来诊断现代性的,而忽视了现代文化的其他方面,比如社会政治民主、道德的普遍化等。

哈贝马斯采用"系统—生活世界"双重社会架构的方法论对现代性危机的当代表现进行了分析。进行社会研究时,哈贝马斯在方法论上的一个重要特点就是把实证主义方法与解释学方法结合起来。根据实证主义的方法,从社会之外的观察者角度来看社会,社会就是一个系统,包括政治、经济与文化等子系统;根据解释学的方法,从社会中的行动者角度来看社会,社会就是生活世界,包括文化、社会与个性三个要素。其中系统是指人类控制社会环境与自然环境、从事物质再生产以维持自身生存的能力机制。它以人与环境的交换和控制关系为主,目的在于扩大人们在物质世界中的自主性,从而解决人的生存问题。人们作为观察者在系统中主要进行的是目的合理性行为,其实质是工具理性。而生活世界则是指人们进行一切交往活动的领域,人们借助它进行交往活动,以维持文化的再生产、社会的稳定和个人的同一性。它以人与人之间的沟通为主,解决的是人的意义和价值问题。因此,系统和生活世界代表着两种完全不同的社会功能:系统整合和社会整合。前者着眼于行动的后果,根据一个自我控制和自我调节的模式来表现社会;后者着眼于行动者的取向,从交往行为出发并将社会建构为生活世界。但是,哈贝马斯的意思并不是说社会包括系统和生活世界两部分,而是说社会既是一个系统同时又是一个生活世界。这样的区分并不是对社会本身的划分,而只是对我们考察社会的路径的区分:当我

---

① 汪行福:《走出时代的困境:哈贝马斯对现代性的反思》,上海社会科学院出版社2000年版,第128页。

们从系统的角度考察社会时,我们考察的就是社会是如何提高自身的自我控制能力的;而当我们从生活世界的角度考察社会时,我们就要研究社会中的个人是如何相互理解并协调行动的。这是哈贝马斯进行社会研究的一个重要前提,"社会理论最基本的问题是,如何将系统与生活世界这两个概念令人满意地联结起来并引起注意。"①哈贝马斯将社会同时构想为系统和生活世界,其目的在于提出他关于社会进化的独特理论,并以此来分析西方社会的现代化进程,从而展开对现代性危机的理性剖析。

根据社会同时是系统和生活世界的思想,哈贝马斯指出,社会进化包括社会系统控制能力不断提高的过程和社会规范结构不断理性化的过程,并且后一个过程起着决定性作用。用他在《重建历史唯物主义》中的话说,社会进化就是社会在两个层面上的学习过程,一是社会作为系统在控制环境的过程中不断学习,二是社会作为生活世界在社会规范领域进行学习,第二个层面的学习能力决定着第一个层面的学习能力。因此,社会进化一方面表现为系统的进化,即系统内部的分化和系统复合性的不断提高,另一方面表现为生活世界的进化,即生活世界内部的分化和合理性的不断增长,并且这两个维度的进化各自有自己的规律。"系统的进化是根据一种社会控制能力的上升来衡量的,而作为一种象征性结构的生活世界的发展状况则是通过文化、社会和个性的分离来揭示的。"②当然哈贝马斯指出,他这里所说的社会进化是第二序列的分化过程:"我把社会演变理解为两种秩序的一种区分过程,就是说,当一方面复杂性增长,另一方面合理性增长时,体系(即系统——笔者注,下同)和生活世界不仅作为体系和生活世界区分,而且二者也同时相互区分。"③这即是说,在系统和生活世界各自发生内部分化之前还有一个"第一序列"的分化过程,这就是系统和生活世界之间的分化。这与他一直坚持社会是生活世界的基本观点密切相关。他认

① Jürgen Habermas, *The Theory of Communicative Action*, Vol. 2, Translated by Thomas McCarthy, Boston: Beacon Press, 1985, p. 151.

② Jürgen Habermas, *The Theory of Communicative Action*, Vol. 2, Translated by Thomas McCarthy, Boston: Beacon Press, 1985, p. 152.

③ [德]哈贝马斯:《交往行动理论:论功能主义理性批判》,洪佩郁、蔺青译,重庆出版社 1994 年版,第 206 页。

为正是生活世界的理性化,才导致本来内含于生活世界中的系统(即生活世界的"社会"要素)从生活世界中分离出来,也正是分离出来的系统与生活世界的共同进化才促进了西方社会的现代化进程。哈贝马斯通过对生活世界的历史考察对此进行了说明。

按照哈贝马斯的理解,系统并不是从人类社会形成伊始就是独立的领域。在部落社会中,它的系统是生活世界内在的未分化的职能,整个社会就是一个生活世界领域,哈贝马斯称之为"文化共同体"。到了传统社会,随着生活世界的理性化,政治系统从生活世界中分化出来,政治权力制度化了。但是这种制度化的政治权力是由神秘化的宗教世界观来说明其合法性的,制度化的政治权力是建立在生活世界对其合法性的认同基础上的。因此,政治系统与生活世界的分离并未导致政治系统的独立,政治权力的制度化是在生活世界的范围内发生的。而到了资本主义时代,随着商品经济的发展和市场交换领域的形成,经济运行系统也从生活世界中分化出来,并且经济系统的货币这一交换媒介不再需要生活世界来证明其正当性,而可以通过自身来证明自己的正当性,即只需按照效率最大化原则来发挥作用就行了。这样,经济系统就从生活世界的范围内独立出来。在此过程中,政治系统也适应这种需要而从生活世界中独立出来,而且权力媒介和货币媒介的运用还有助于社会子系统的进一步独立与分化。因此,生活世界的理性化,以及在此基础上系统与生活世界的分离在哈贝马斯看来正是西方社会现代化的必要条件。在此条件下,才有社会物质生产能力的大幅提高和生活世界的交往合理化这两方面的社会进化,因为系统"复合性的提高是取决于生活世界的结构区分。而且这种结构变化,正如它的运动,一直可以解乏,又服从于一种交往合理化的特殊意义。"①可见,哈贝马斯并不认为西方社会的理性化过程是导致现代性问题的原因,相反,而是认为理性化是西方社会现代化的前提。

哈贝马斯认为,在现代西方社会,人们对于启蒙运动以来的资本主义社会的反思都有一个共同的基础,这个"共同的基础就是相信,意义丧失,

---

① [德]哈贝马斯:《交往行动理论:论功能主义理性批判》,洪佩郁、蔺青译,重庆出版社1994年版,第229—230页。

无规律性和异化,相信资产阶级社会的病态,以及传统后社会的病态都可以归结为生活世界本身的合理化"①。比如,韦伯直接把意义的丧失和自由的丧失归咎于社会理性化过程的结果,似乎社会的理性化过程必然会导致意义的丧失和自由的丧失。在哈贝马斯看来,这些认识都是对启蒙文化、启蒙理性的错误理解;问题不在于启蒙理性,不在于生活世界的理性化,而在于这种理性化过程中,从生活世界中分化出来的系统对生活世界的影响,即系统和生活世界的关系出现了问题。

系统本来是生活世界的社会要素,如果政治与经济系统仅仅是从生活世界中分化出来而不是独立出来,那么从解释社会学的角度看,这些子系统仍然可以被看做是生活世界,它们不过是生活世界处理自然世界和社会世界的功能子系统。当然,如果从系统的角度看,那么生活世界理性化过程中的结构分化就使生活世界本身成为社会系统中的一个子系统,即社会文化系统。但是这只是看问题的角度不同,并不影响生活世界与从中分化出来的系统的关系,社会进化仍然可以从系统和生活世界这两个维度得以说明。因此,系统与生活世界的分离是社会在两个维度上进化的前提,而不是导致西方现代性问题的原因。只有当这些功能子系统从生活世界中独立出来,并与生活世界发生分裂,摆脱了生活世界的控制,而且其独立自主的要求侵入生活世界并破坏了生活世界的结构,从而控制了生活世界时,现代性问题才会产生。"生活世界的合理化促成了一种体系复杂性的上升,这种体系复杂性的上升是这样的迅猛,以致于自由的体系命令阻碍了被它们工具化了的生活世界的控制力。"②依哈贝马斯之见,这是发生在资本主义社会的特有现象。因为资本主义社会的社会基础是经济系统,货币交往是其制度核心。而货币可以通过自身而不必借助生活世界来证明其正当性,因此经济系统从生活世界中分化出来必然走向独立,脱离生活世界,并随着它的不断扩张而使生活世界领域不断萎缩,政治系统也适应

---

① [德]哈贝马斯:《交往行动理论:论功能主义理性批判》,洪佩郁、蔺青译,重庆出版社1994年版,第200页。
② [德]哈贝马斯:《交往行动理论:论功能主义理性批判》,洪佩郁、蔺青译,重庆出版社1994年版,第208页。

这种需要而独立出来,最终与经济系统一起侵入并控制生活世界。哈贝马斯将现代性危机的表现形象地称为"生活世界的殖民化",因为"自主的子系统必然要从外部进入生活世界,并强迫其同化,就像殖民主义者侵入一个部落社会一样"①。由于系统本身是生活世界的社会要素,因此系统对生活世界的"殖民化"是一种"内在的殖民化",现代性危机就表现为生活世界的文化领域出现了再生产障碍,从而失去了规范经济系统与政治系统的能力。

系统之所以会与生活世界发生分裂并侵入控制生活世界,进而导致"生活世界的殖民化",哈贝马斯认为归根结底源于在生活世界的理性化过程中,社会对于语言的交往和人们之间的相互理解提出了越来越高的要求,或者说生活世界中的人们面临着越来越大的交往压力。为缓解这种交往压力,人们要么通过进一步扩大交往领域与交往范围来努力实现人们之间的相互理解,要么用非语言化的货币和权力来调节人们之间的关系。而在这两种选择中,后一种选择具有显著的优势。因为个人在使用货币和权力这样的交往媒介中,不需要为这种交往媒介负责。这里的"负责任"是指使用语言媒介进行交往的人,应该能够兑现自己在话语中的有效性要求。②个人在使用货币和权力媒介时,是由系统来为这种交往媒介负责任的。也就是说,在购买东西时,货币的购买力不是由他个人说了算,而是由经济系统来说明的;同理,权力的作用也不是由个人魅力或其他个人因素所决定的,而是由政治系统的体系所赋予的。因此,个人不需要对货币和权力的作用作出承诺。正是货币与权力的这种优势,使人们在交往中就更有可能使用货币或权力媒介来进行交往,而不是运用语言。当货币和权力作为独立的力量来调节人们之间的社会交往时,经济系统和政治系统就从生活世界中摆脱出来,成为不受生活世界价值规范约束的自主领域,"生活世界对

---

① Jürgen Habermas, *The Theory of Communicative Action*, Vol. 2, Translated by Thomas McCarthy, Boston: Beacon Press, 1985, p. 355.

② 参见[德]哈贝马斯:《交往行动理论:论功能主义理性批判》,洪佩郁、蔺青译,重庆出版社 1994 年版,第 239、243 页。

于行动的协调就不再是必要的了"①。而当生活世界不断萎缩,当货币和权力完全代替语言而成为人们之间的交往媒介时,"生活世界的殖民化"就发生了。因此,所谓"生活世界的殖民化"就是指生活世界中的语言交往媒介被货币和权力媒介所取代,从而目的合理性行为取代交往行为而成为人的行为的主要模式。这样,人们既无法通过语言交往而相互理解,也无法通过语言交往理解他们身处其中的生活世界,甚至功能系统也"凝结为一种摆脱规范的社会性的第二自然界,这种第二自然界可以作为客观世界中的某种东西,作为一种物化的生活联系加以对待"②。具体而言,"生活世界的殖民化"就表现为各种典型的病态现象:在文化方面,出现了意义的丧失、合法化危机等;在社会统一方面,出现了社会失序、社会冲突加剧、社会统一受损等现象;在个性方面,出现了心理变态、个人同一性缺失、社会化进程受阻等。

综上所述,哈贝马斯认为"生活世界的殖民化"或者说西方的现代性危机,并不是西方社会现代化、生活世界理性化本身的必然结果,而是资本主义现代化片面发展的结果,即社会理性化发展过程不平衡的结果,确切地说是由工具理性过度膨胀、系统的金钱化和官僚化趋势造成的。因此,哈贝马斯用以解决"生活世界的殖民化"的出路就是大力发展交往理性,使之与工具理性相抗衡,从而阻止系统借助货币与权力媒介向生活世界的文化领域侵蚀和蔓延。这是他重建现代性以及重建审议民主理论的共同出发点。

三、资产阶级民主的危机:现代性危机的政治效应

民主是现代性的核心问题,启蒙思想家们的现代性构想就是力图建立一个自由、平等、正义和民主的现代社会。哈贝马斯通过考察现代性危机的产生原因,揭示了现代性危机主要表现为生活世界的社会文化领域的再生产障碍,即"生活世界的殖民化"。联系到现代民主政治实践,哈贝马斯

① [德]哈贝马斯:《交往行动理论:论功能主义理性批判》,洪佩郁、蔺青译,重庆出版社 1994 年版,第 242 页。

② [德]哈贝马斯:《交往行动理论:论功能主义理性批判》,洪佩郁、蔺青译,重庆出版社 1994 年版,第 229 页。

认为社会文化领域的问题必然导致社会的动机危机,从而使公民政治生活的自主性被转化为对政治权力的消极盲从,最终导致民主的危机。哈贝马斯从经验主义层面通过考察晚期资本主义国家的合法性危机,对当代民主实践的危机进行了分析,并考察了相关民主建设方案在解决民主实践危机上的无能为力。

哈贝马斯将合法性概念的应用严格限制在政治秩序领域,认为只有政治秩序才存在合法性问题。"合法性意味着,对于某种要求作为正确的和公正的存在物而被认可的政治秩序来说,有一些好的根据。一个合法的秩序应该得到承认。合法性意味着某种政治秩序被认可的价值——这个定义强调了合法性乃是某种可争论的有效性要求,统治秩序的稳定性也依赖于自身(至少)在事实上的被承认。"[1]这种政治秩序就是国家这个"拥有合法权力的一种制度"[2]。在国家统治的合法性问题上,哈贝马斯深受马克斯·韦伯的影响。同韦伯一样,哈贝马斯也用民众对国家的认可与否来定义合法性,也认为国家的合法性需要论证。韦伯认为,人类历史上国家统治的合法性来源于三大基础:理性基础、传统基础和超凡魅力基础。其中前现代国家的合法性来源于后两种基础,现代国家的合法性则来源于理性基础。因此,作为现代的晚期资本主义国家,其合法性需要在理性的基础上加以论证。对此,哈贝马斯从经验主义的角度,通过考察晚期资本主义的新趋势,指出其合法性基础在于国家干预和科技进步。其中国家干预通过弥补自由资本主义时代因"市场失灵"而造成的社会恶果来重建并确保社会成员对国家的忠诚,科技进步则通过促进生产力的发展、造就一种高标准的生活方式以及与这种生活方式相适应的意识形态来证明国家统治的合理性。哈贝马斯同时又指出,尽管晚期资本主义国家具有新的合法性基础,但它们所确保的合法性仅仅是部分的或暂时的成功,在经济、政治和社会文化系统等领域仍然存在着危机倾向,并未真正实现对晚期资本主义国家的合法化论证,进而导致晚期资本主义国家的合法性危机。

---

① [德]哈贝马斯:《交往与社会进化》,张博树译,重庆出版社1989年版,第184页。
② [德]哈贝马斯:《何谓今日之危机?——论晚期资本主义中的合法性问题》,郭官义译,《哲学译丛》1981年第5期。

哈贝马斯由表及里地描述了晚期资本主义国家在经济、政治与文化系统存在的四种危机倾向。

首先是经济系统的危机。由于国家干预,经济系统不再表现为周期性的经济危机,而是表现为持续性的经济衰退,比如通货膨胀、财政危机、投资中断等,并且这种危机倾向在国家干预的条件下势必造成社会危机与政治斗争,经济危机从而向政治系统转移。

其次是政治系统的合理性危机与合法化危机。哈贝马斯认为,政治系统与经济系统一样,也有其投入与产出,要求投入大众忠诚,产出有效的行政决定。"国家的输出(output)产生于最高行政当局的决定之中。因此,它需要的是群众对它的那种尽可能不那么特殊的诚心诚意的输入(input)。"①合理性危机就是政治系统的产出危机,指国家不能制定和贯彻行之有效的政策,从而无法驾驭经济系统,"即行政系统不能成功地协调和履行从经济系统那里获得的控制命令"②。合法化危机则是政治系统的投入危机,指国家行为不能获得群众的支持,无法在贯彻来自经济系统的控制命令时把大众忠诚维持在必要的水平上。

最后是社会文化系统的动机危机。由于国家干预的范围不仅涉及经济系统,而且深入到社会文化领域,行政手段的控制使文化传统受到损害和削弱,"思想"与"意义"资源日益匮乏,文化系统成为"僵死的系统",从而只能提供僵化的意识形态和价值规范体系,导致所谓的"动机危机"。简言之,动机危机是指国家不能激发其社会成员与政府合作的动机这种危机。

在哈贝马斯看来,社会文化系统对晚期资本主义国家的前三种危机倾向"具有决定性的作用"。③ 也就是说,不论在经济系统和政治系统方面存在着何种威胁国家合法性的危机倾向,也只是表明国家合法性遇到了困

---

① [德]哈贝马斯:《何谓今日之危机?——论晚期资本主义中的合法性问题》,郭官义译,《哲学译丛》1981年第5期。

② [德]哈贝马斯:《合法化危机》,刘北成、曹卫东译,上海人民出版社2000年版,第65页。

③ 参见[德]哈贝马斯:《合法化危机》,刘北成、曹卫东译,上海人民出版社2000年版,第120页。

难,并未转化为实在的危机,危机是否真正出现关键在于社会文化系统。因此可以说,晚期资本主义国家合法性危机的根本原因与主要表现形式是动机危机。正是动机危机使晚期资本主义国家对社会的全面干预未能得到来自社会文化系统的理性审视与规范,致使国家既不能获得大众的忠诚,又不能制定有效的政策以控制经济运行,从而不能实现其合法化论证。

基于此,哈贝马斯认为社会文化系统的动机危机所导致的晚期资本主义国家的合法性危机,也表现为资产阶级民主的实践危机。因为在他看来,民主是私人自主与公共自主的统一,但在晚期资本主义社会中,民众既失去了私人自主,又无法实现参与国家事务的公共自主。具体而言,晚期资本主义的国家干预不仅涉及经济与文化领域,而且渗透到私人生活领域,因此私人自主无从谈起。国家的合法化危机是自下而上的政治意见与政治意志的形成过程没有民众的参与,从而未能得到民众的支持;国家的合理性危机则是自上而下的管理决策没有经过民众的理性审视,从而不能确保其有效性。这两种危机都体现出"独裁"的倾向,公共自主也无从实现。因此,民主对于晚期资本主义社会来说只是一句口号,并未真正落实到政治实践当中。哈贝马斯将资产阶级民主的实践危机界定为合法化与导控的双重匮乏,并考察了两种现实主义取向的民主建设方案——经济学民主与系统间民主——在解决这双重困境上的无能为力。

经济学民主借助个人主义的方法论和理性人假设,将民主政治的合法化问题转化为个体偏好如何可能通过投票式选举和政党竞争被"加和"为统一的社会偏好的问题,从而仅仅在建制化的民主制度中将民主政治理解为众意或偏好的加和机制。哈贝马斯认为这一方案并未解决合法化困境问题,因为它一方面仍然无法解决"霍布斯难题",无力回答"自私行动的个人的自我中心视角的聚合,是怎么可能产生出促使人们考虑别人利益的秩序的"①。另一方面由于仅仅将民主政治过程理解为选举民主与政党竞争,从而遮蔽了在活跃的市民社会基础上形成的公共领域的民主潜力这一考察视野。因此,经济学民主理论仅仅是在私人自主层次上把握了现代社会

---

① [德]哈贝马斯:《在事实与规范之间》,童世骏译,三联书店 2003 年版,第 430—431页。

个体的自主,而没有在公共自主的层次上把握现代人的自治,其危险在于,一旦将公共自主集中在国家建制化层面,国家就可能为实现社会福利的目标而扩大自己的权能,从而产生国家主义的危险。

系统间民主以现代社会复杂性的持续增长而促使社会日益分化为诸多承担各种社会功能的子系统为出发点,将政治权力的循环不再从个体层面去理解,而是从功能系统之间的调试中去理解,从而从系统间的相互协调而不是从作为个体的公民之间的利益和规范性诉求的交往和聚合来理解民主。这在哈贝马斯看来也并未解决导控困境的问题。一方面,具有规范封闭性的子系统之间的协调与兼容难以实现,"霍布斯难题"只是变成了系统论的版本,即"自组织封闭系统在自我指涉的导控圈子之内,是怎么可能完成对自我指涉和自组织性的超越的"①。而且由于各功能子系统不可转译的"解释世界的语法",这一难题变得更加尖锐化了。另一方面,在功能系统封闭的语义逻辑中,被启蒙了的现代人的自主与自治观念很难被充分转译,来自个体的规范性诉求就被系统理论彻底颠覆掉了,因此系统间民主理论很难声称自己是在维护民主。

分析至此,哈贝马斯揭示了现代性危机在政治系统表现为由社会文化系统的动机危机所导致的晚期资本主义国家的合法性危机与当代民主的实践危机。而现实主义取向的民主建设方案由于不能从社会文化系统入手,因而并不能真正解决当代民主的实践危机。而且在生活世界殖民化即社会文化系统再生产发生障碍的情况下,晚期资本主义社会的两大新趋势又会导致民主问题的进一步恶化。一方面,国家全面干预社会生活,导致国家与社会相互融合并最终一体化,从而使公众意见成为多余,政治逐渐专家化;另一方面,"科学技术成为第一生产力"又使得技术统治论盛行,政治逐渐技术化。无论是政治专家化还是政治技术化,都使公众远离政治,导致政治参与意识日趋淡薄,民主的希望只会越来越渺茫。因此,哈贝马斯通过对当代民主实践危机的追溯,将民主的希望寄托于生活世界的社会文化领域,其民主理论的重建也必然以生活世界的重构为前提。

---

① [德]哈贝马斯:《在事实与规范之间》,童世骏译,三联书店2003年版,第431页。

第三节　哈贝马斯对自由主义民主与
共和主义民主的理论批判

　　自由主义民主与共和主义民主是西方政治哲学中的主流话语,也是西方现实政治传统中最具有生命力的传统。哈贝马斯对民主理论的重建是以对这两种传统规范性民主模式的批判和继承为前提和基础的,因此他在不同的著作中多次从规范主义的角度对自由主义民主和共和主义民主进行了批判性反思。他的审议民主理论就是在这种反思过程中逐步表达出来的,并力图扬弃这两种民主模式。值得一提的是,进入哈贝马斯批判性反思视野的自由主义和共和主义仅仅是指思想史上最典型的那种传统,用他的话说就是"理想型的"①,即由洛克(Locke)开创的英美传统的自由主义和由卢梭所复兴的共和主义传统。事实上,自由主义不是一个一成不变的思想体系,更不是一种内部高度统一的观念体系,而是一种具有相同倾向的思想观念系统的总汇,具有诸多形式,除了由洛克开创的古典自由主义传统外,还有当代的新自由主义传统,比如罗尔斯、德沃金(Dworkin)等。共和主义也是如此,在当代有以阿伦特为代表的共和主义主张。哈贝马斯所考察的民主模式,并不包括这些当代的自由主义与共和主义形式。在他看来,只有古典的自由主义民主与共和主义民主,以及他自己的审议民主,才算得上真正的规范性民主模式,也就是他在《包容他者》中所讨论的"民主的三种规范模式"。哈贝马斯对自由主义民主与共和主义民主的批判是从分析它们各自的社会观与政治观开始的;在此基础上,通过考察二者对合法化与人民主权的理解,哈贝马斯一针见血地指出了它们的缺陷所在。

一、两种民主模式的社会观与政治观

　　所谓社会观,就是对社会的基本看法,其关键在于国家与社会的关系问题。哈贝马斯之所以要考察自由主义与共和主义传统的社会观,是因为

---

　　①　参见[德]哈贝马斯:《包容他者》,曹卫东译,上海人民出版社 2002 年版,第 279 页。

社会观或者说国家与社会的关系问题是民主理论得以建构的前提,正是对国家与社会关系的不同看法,才导致这两种传统在民主政治理论上的不同政治观。

在哈贝马斯看来,这两种规范性民主模式的社会观都是"把国家看做社会之中心",即以国家为中心的社会观。其中自由主义民主把国家看做是经济社会之监护人与守卫者,共和主义民主则把国家视为一个在全社会范围内建制化的伦理共同体。自由主义强调国家与社会的分离,认为只能用民主过程来沟通二者间的缺口——在民主过程中,私人利益相互博弈,最后形成一种妥协,而政府就按照这种妥协来行动。它还主张宪法应该通过一些规范性规定来约束国家行政,并推动国家去通过政党之间、执政者和反对派之间的竞争而充分考虑社会利益和价值,国家存在的理由仅在于它对个人权利的平等保护。其核心是法治国家对于经济社会的规范化,进而满足那些忙于生产的私人们的幸福期望,并以此来确保一种本质上非政治性的共同福祉。共和主义则对国家与社会的分离持有异议,而是主张社会从一开始就是一个政治社会,社会的核心是国家,因为共同体在公民的政治自决实践中达到了自觉状态,并通过公民的集体意志而自主地行事。因此,社会就凭借公民的意见形成和意志形成过程这一中介而将自己构成为一个政治性整体。哈贝马斯援引阿伦特的主张对此予以说明,"在阿伦特的政治著作中,可以看到共和主义论证火力所指的方向:与非政治化的人民的公民唯私主义相对立、与国家化的各党派对合法化的生产相对立,政治性公共领域应该被复兴到这样的程度,即重新焕发活力的公民能够以分散自治的形式(再次)掌握科层主义的异化的国家权力。通过这样的途径,社会才会发展成为一个政治总体。"①

通过社会观的分析可以看出,自由主义模式的政治观超越了有能力进行集体行动的全体公民这样一种不切实际的假定,其取向不是政治意志形成过程这种输入,而是总体上成功的政府行动这种输出。也就是说,自由主义所要达到的目标是国家最终能够输出一种充分考虑社会利益的政策,

---

① [德]哈贝马斯:《在事实与规范之间》,童世骏译,三联书店2003年版,第369—370页。

而这既有赖于民主过程对选民利益的反映,还有赖于宪法所规定的基本人权以及政党政治等对国家的限制和推动。因此,"自由主义的矛头指向是妨碍私人间自发社会往来的国家权力所造成的分裂可能。"①而共和主义模式的政治观则是将民主等同于社会作为一个整体的政治性自我组织,即把公民积极参与国家政治生活视为能够真正实现自我的道德生活。因此,哈贝马斯指出自由主义与共和主义的"决定性区别在于对民主过程之作用的理解"②。

其中自由主义将民主进程的作用理解为根据社会的不同利益来安排国家,为政府制定规划。在此过程中的国家是指公共管理机器,社会是私人及其社会劳动按照市场经济规律进行交换的系统。公民政治意志形成意义上的政治的作用就在于联合和贯彻私人的社会利益,以对抗运用政治权力来实现集体目标的国家。而共和主义认为政治对于整个社会过程具有构成性意义,是一种道德生活的反思形式。借助于政治,自发的团结共同体的成员可以意识到他们之间的相互依赖关系,并把已有的相互承认关系有意识地发展成为一个自由平等的公民联合体。自由主义模式将民主过程的作用理解为通过对抗国家以实现个人,共和主义模式则将民主过程的作用理解为实现国家这一伦理共同体。这种政治观上的冲突决定了自由主义与共和主义在公民概念、法律概念以及政治过程之本质等方面的差异。

在公民概念上,自由主义认为公民的地位是由公民面对国家和其他公民所固有的消极的主观权利而确定的。公民只要在法律规定的范围内追求自己的私人利益,就不受国家的非法干预。"政治权利具有相同的结构:它们能使公民的私人利益得到充分的满足,以致这些私人利益最终经过选举、议会以及政府的形成与其他私人利益融合成为一种政治意志,并对行政权力产生影响。这样,公民就可以断定国家在行使暴力过程中是否代表了公民的利益。"③共和主义则认为公民的地位不能按照消极自由的模式来

---

① [德]哈贝马斯:《在事实与规范之间》,童世骏译,三联书店 2003 年版,第 370 页。
② [德]哈贝马斯:《在事实与规范之间》,童世骏译,三联书店 2003 年版,第 331 页。
③ [德]哈贝马斯:《包容他者》,曹卫东译,上海人民出版社 2002 年版,第 281 页。

确定,因为消极自由是私人所享有的。公民权利首先应是政治参与权与政治交往权,是积极自由,保护的不是免于外部强制的自由,而是公民参与共同实践的可能性。公民只有积极参与共同的政治实践才能使自己成为真正意义上的公民。因此,公民必须从属于一个政治共同体,成为一个政治共同体所希望他成为的那种人,即具有政治自主性和责任感的主体。只有完成这种身份认同,自由而平等的公民才能够就共同关心的问题达成共识,其取向才不是各自的私人利益,而是共同体内所有人的共同利益;制度化了的公共自由才能保护公民的这种自决实践,并维护共同体的最高目标。

在法律概念上,"自由主义认为,法律秩序的意义在于明确具体情况下一定主体所具有的实际权利;共和主义则认为,这些主体权利应归功于一种客观的法律秩序,它促使并确保公民在平等、自主和相互尊重基础上共同生活,并达成一致。"①因此,在前者看来,法律秩序建立在主体权利的基础上,法律是由个人主观上享有的个人权利构成的;而在后者看来,主体权利的客观内涵更为重要,法律是由客观的伦理秩序决定的。哈贝马斯引用米歇尔曼(Michelman)的一段话,更为清楚地说明了二者在法律概念上的不同:"对共和主义者来说,权利说到底不过是主要政治意志的抉择,而对自由主义者来说,权利则是超政治理性或启示的'更高法则'。……共和主义认为,共同体的对象,共同的善,在于其政治成功地确定、建立、实现和坚持了一系列的权利,而且十分合乎共同体的语境和习俗;而自由主义则不然,他们主张,更高的法律权利为权力要求提供了先验结构和先验条件,以便使对不同利益的多元追求尽可能地获得允许。"②哈贝马斯认为它们都没有从公民们相互承认的权利体系的主体间意义上来理解法律秩序,而对法律秩序的意义的主体间性理解在哈贝马斯看来是最关键的,因为他认为只有在对等的承认关系中,对权利和义务的相互遵守才会成为可能。

在政治过程之本质的理解上,自由主义认为政治在本质上是一场围绕行政权力而展开的不同立场之间的斗争,民主过程是以利益妥协的形式实

---

① 〔德〕哈贝马斯:《包容他者》,曹卫东译,上海人民出版社 2002 年版,第 281—282 页。
② 〔德〕哈贝马斯:《包容他者》,曹卫东译,上海人民出版社 2002 年版,第 282 页。

现的;形成妥协的规则是用自由主义的基本权利加以辩护的。共和主义则将政治设想成为一种规范性活动,认为民主的意见与意志形成过程采取的是伦理政治的自我理解的形式。

因此,在自由主义那里,政治意见和政治意志在公共领域和议会中的形成过程,受到策略行为者为了捍卫或争取一定权力职位而进行斗争的影响,其成功是用选民对个人和纲领的赞成来加以衡量的,即用选票数量来衡量的。选民在投票过程中表达自己的偏好和倾向,其选择类似于目的行为者在市场参与中的选择行为。所以"选票的投入和权力的产出,同样都是策略行为"①,即各政党为了争夺权力职位而进行的竞争活动,与选民为了自己的利益而进行的投票活动,都是策略性行为。当然,正如有学者所指出的那样,这种策略行为在客观上也能实现行为的道义后果——自由主义民主所造就的公共意志虽然是个人偏好的总和,但这种总和却能最大限度地实现公共利益;当公民能够以选举形式监督或选择政府时,政府对公民个人权利的保护就会成为政府义不容辞的义务和责任。

而在共和主义那里,公共领域和议会中的政治意见和政治意志的形成过程所依循的并不是市场的结构,而是一种取向于理解的公共交往的独特结构,其目的是为了通过商谈达成沟通。"公民自决实践意义的政治范式不是市场(Markt),而是对话(Dialog)。"②按照米歇尔曼的观点,政治就是关于价值问题而不仅仅是关于偏好问题的争论,是一个理性的过程而不是意志的过程,是一个说服的过程而不是一个权力的过程,其目标是用一种好的、正义的、不管怎么样是可以接受的方式来管理生活中那些包含着人们的社会关系和社会本性的方面。也就是说,在共和主义者看来,政治不是利益的交换,而是观点、思想和价值的交换;政治意志也不是个人利益和主观偏好的总和,而是基于社会的共同价值观而形成的集体意志,即卢梭所说的"公意"。因此共和主义总是把政治过程与实现人类的某个宏大目标联系在一起,把政治权威与某种反映了共同体最高价值的理想联系在一起。所以他们认为产生于政治交往的商谈基础上、即公民自我立法实践中

①　[德]哈贝马斯:《包容他者》,曹卫东译,上海人民出版社2002年版,第283页。
②　[德]哈贝马斯:《包容他者》,曹卫东译,上海人民出版社2002年版,第284页。

的交往权力,与国家机构所行使的行政权力之间存在着结构上的差异,其中交往权力是政治权威产生与存在的基础:交往权力不但在授权获得权力意义上对行政权力具有合法化力量,而且对于行政权力的行使方式也具有约束性力量,从而在政治权力的输入与输出两方面确保了政治统治的合法性。正是在这个意义上,哈贝马斯指出共和主义民主赋予民主过程的规范性色彩强于自由主义民主,而他自己重建的审议民主则居于其中。

二、两种民主模式的理论缺陷

自由主义与共和主义在政治观上的上述主张,直接影响了它们对于合法化和人民主权的正确理解,从而未能在规范意义上确保民主的实现,这正是它们的理论缺陷所在。

首先是对合法化的理解。自由主义强调国家对经济社会的管理要以实现私人福祉为目的,因此投票、选举等政治意志形成过程的功能仅仅是对政治权力之行使加以合法化,选举结果仅仅是对获得执政权力的核准,而政治权力本身的合法化则无法论证。共和主义的政治意志形成过程的合法化功能更强一些,“那就是把社会构成为一个政治共同体,并通过每次选举而使这种立宪性行动的记忆经久不衰。”①由于公民的自决实践被赋予了全社会范围内的主体,全体公民是一个反映全体并为了全体的集体行动者。因此,政府对行政权力的获得与运用都能获得合法化说明,“它与其说是一个国家机关,不如说是一个委员会,是一个自我管理的政治共同体的组成部分,而不是一个单独的国家权力机构的顶端。”②但是共和主义的这种强大的合法化功能在现代大型社会显然是难以实现的。

再来看对人民主权的理解。自由主义认为在民主法治国中,来自人民的政治权威的行使仅仅是通过选举和投票,以及专门的立法机构、行政机构和司法机构而实现的;共和主义则主张人民(至少是潜在地在场的人民)是原则上无法委托的主权的承担者,人民作为主权者是无法让别人来代表

---

① [德]哈贝马斯:《在事实与规范之间》,童世骏译,三联书店 2003 年版,第 372 页。
② [德]哈贝马斯:《在事实与规范之间》,童世骏译,三联书店 2003 年版,第 372—373 页。

的,因此宪法之权威的基础在于公民的自决实践而非公民的代表。前者将人民主权放逐到匿名的宪法当中,未能真正实现人民主权;后者则将人民主权落实到具体的人民头上,难以真正实现人民主权。

哈贝马斯指出,这两种民主模式都具有一定的合理性,也存在相当的片面性。其中自由主义的合理性在于它抓住了现代法律的规范核心,即法律作为普遍的具有外在约束力的行为期待,必须以保护个人的自由为目的。为了确保这一目的的实现,法律必须通过个人权利系统来体现。宪政民主国家是个人权利的法律化,法律规定的个人权利必须保护个人道德和人格尊严的完整性,确保个人在不违反法律规定情况下的行为自由。其不足在于以过时的自然法为其理论基础,把道德与法律的关系理解为等级关系,认为道德规范高于法律规范。"实在法是有时间限制的,它在法律等级体系中一直都从属于永恒有效的道德法,并接受道德法的引导。"①但是,一方面,在多元社会中,各种同一的世界观和具有集体约束力的伦理早已分崩离析,形而上学性质的终极合法化基础也已丧失;另一方面,现代法律就其形式属性便拒斥后传统道德的直接控制。因此,自由主义不得不诉诸超民主的自然理性或超验理性如上帝来为自己的合法存在进行辩护。至于共和主义的合理性与片面性,哈贝马斯集中地阐述为:"共和主义民主模式既有其优点,也有其不足。优点在于,坚持通过交往把公民联合起来,并坚持社会自我组织的激进民主意义,而且不把集体目标完全还原为不同私人利益之间的'调和'。不足则是过于理想化,并让民主过程依附于公民的道德趋向(Tugend)。因为政治的核心不仅仅在于,或者说主要并不在于道德的自我理解问题。用道德来约束政治话语,是大错特错的。"②

具体而言,自由主义民主与共和主义民主的理论缺陷主要体现为对个人或整体、法治或民主、人权或人民主权、私人自主或公共自主等的片面强调,从而导致这些相关范畴的相互对立,最终使这两种民主模式也处于对立状态之中。

首先是对个人或整体的片面强调。自由主义立足于个人主义立场,坚

① [德]哈贝马斯:《包容他者》,曹卫东译,上海人民出版社2002年版,第296页。
② [德]哈贝马斯:《包容他者》,曹卫东译,上海人民出版社2002年版,第284—285页。

持个人至上,即个人相对于任何社会集体的道德至上性,因此强调公民个人权利的重要性,把国家看做个人实现自己权利的一大障碍,希望建立一个最弱意义上的国家,以维护个人利益的合法实现。"'自由主义'认为,民主进程的作用在于根据社会的不同利益来安排国家,其中,国家是公共管理机器,社会是私人及其社会劳动按照市场经济规律进行交换的系统。这里,公民政治意志形成意义上的政治,其作用在于联合和贯彻私人的社会利益,用以对抗国家,因为国家追求的是用行政手段行使政治权力,以实现集体目标。"①共和主义则强调集体的价值和意义,将国家视为一个伦理共同体,而且总是把国家神圣化,认为国家存在的理由与保护个人的权利无关,只是与保护集体意志所形成的交往条件和因此而形成的集体价值密切相关,并认为个人只有在参与国家公共事务的过程中才能够实现自己的价值。因此相对于个人权利,共和主义更看重社会的融合、政治的集体认同、个人成为特定共同体的成员以及个体参与政治公共生活的能力。"'共和主义'则认为,政治的功能不仅仅在于管理;相反,政治是整个社会化进程的构成因素。政治是一种道德生活关系的反思形式。政治是一种媒介,有了政治,自发的团结共同体的成员就可以意识到他们相互之间的依赖性,就可以作为公民把已有的相互承认的关系有意识、有意志地发展和塑造成为一个自由和平等的法人联合体。"②

其次是对法治或民主的片面强调。自由主义强调个人权利,重视个人自由,捍卫私人财产的神圣性,并特别警惕公共权力对私人事务的无限制侵犯和干预。因此,自由主义诉诸以天赋人权为基础的无人称的法治,主张以法律来维护和保障个人权利。而共和主义由于强调政治自由和公共生活的价值,因此诉诸公民积极的民主参与来确保个人政治自由和共同体伦理价值的实现。自由主义与共和主义对法治与民主的片面强调导致了它们在法治与民主关系上的紧张与对立。在哈贝马斯看来,法治与民主的统一是宪政民主制的重要基础。"以国家制裁作为后盾的规范,可以追溯到政治立法者的灵活决定那里,这一事实是与合法化要求密切联系在一起

① [德]哈贝马斯:《包容他者》,曹卫东译,上海人民出版社2002年版,第279页。
② [德]哈贝马斯:《包容他者》,曹卫东译,上海人民出版社2002年版,第280页。

的。按照合法化要求,所制定的法律应该保障所有法人都享有同等的自主性;反之,立法的民主程序应当能够满足这一要求。这样,实在法的强制性和变易性,与提供合法性的立法模式之间的内在关系便建立了起来。因此,从规范角度看,法律理论与民主理论之间存在着的是一种概念上的内在联系,而非单单是一种历史的偶然联系。"①但自由主义民主的法治原则却明显是给人民的主权施加了种种限制,"法律统治"要求民主的意志形成不可同人权抵触,因为人权是基本法权;而共和主义民主的"主权在民"观点又要求共和国的法律是联合起来的公民的无限制的意志表达,它只有经过公民多数的同意才是有效的。因此,自由主义与共和主义对于法治与民主的关系的认识是相互对立的:自由主义把法律视为先于政治共同体形成的道德秩序的外化,因此法律并不依赖于人们的意志,而是依赖于不证自明的道德规范;共和主义把法律视为公民集体意志的自我规定,是政治共同体自我实现的工具,因此法律依赖民主的公共意志。

再次是对人权或人民主权的片面强调。自由主义与共和主义在法治与民主关系上的紧张与对立,可视为贡斯当所说的"现代人的自由"与"古代人的自由"之间冲突关系的延续。所谓"现代人的自由"是指受法律保障的、不受任何个人与国家政府干预的个人权利,这是自由主义所强调的;"古代人的自由"则是指依据公民资格而享有参与公共事务辩论与决策的权利,这是共和主义的主张。二者大致对应于伯林所说的"消极自由"与"积极自由"。关于这两种自由的争论大体上又对应于关于人权与人民主权的争论:自由主义把人权理解为"道德性自我决定的表达",认为天赋的个人本位的人权是最终的合法性来源,它基于道德,先于任何伦理生活,因此强调人权高于人民主权,目的是为了防止"多数暴政"的危险;共和主义则把人民主权理解为"伦理性自我实现的表达",认为人民自行组织起来建立共同体、自己掌握自己的命运才是最重要的,所以人民主权所代表的集体意志才是最高的合法性来源,它不受任何约束,离开具体而实在的伦理生活,抽象的人权毫无意义,因此强调人民主权优于人权。"按照共和主义的观点,人权之所以具有合法性,是由于政治共同体中道德自我理解和主

---

① [德]哈贝马斯:《包容他者》,曹卫东译,上海人民出版社 2002 年版,第 295 页。

权自决取得了预期的效果。而自由主义则认为，人权从一开始就构成了合法性的障碍，阻止了人民的主权意志进入神圣不可侵犯的个人自由领域。"①也就是说，共和主义并不是主张不要人权，而是说在逻辑上，人权之所以重要乃是因为自我组织起来的人民认为它重要；如果人民的主权意志不再认为人权重要，那么剥夺个人的人权也是可以的。而自由主义则认为人权是先验地就重要的，无论人民的主权意志是否认为人权重要，人权都是不可剥夺的。因此，在自由主义那里，由于人权本身是重要的，所以人民主权才应该尊重人权；而在共和主义那里，人权的重要性在于人民的主权意志认为它重要，其意义仅仅是派生性的。基于上述分析，哈贝马斯指出，现代"政治哲学未能在人民主权与人权之间，'古代人的自由'与'现代人的自由'之间达成平衡。公民的政治自主被认为是体现在共同体的自发组织之中，而共同体是通过人民的主权意志为自己立法的。另一方面，公民的私人自主被认为是采取了确保公正法治的基本权利的形式。"②

最后是对私人自主或公共自主的片面强调。自由主义强调私人自主，共和主义则强调公共自主，这一方面体现在它们对人权与人民主权的片面强调中，另一方面体现在它们对主观权利和客观法之间关系的认识上。第一方面已在前面进行了分析，这里只对后一方面进行考察。自由主义主张主观权利对于客观法的合法性意义，即主观权利为客观法提供合法性，而它自身的合法性则独立于、甚至高于政治立法过程。主观权利的独立性就在于它可以从自身的形式中获得合法性——因为它划出了私人自主的支配领域，从而保障了个人自由——所以它不依赖于国家的政治立法。主观权利为客观法提供合法性，意味着客观法仅仅是主观权利在国家层面上的反映而已，如果客观法不保障主观权利，那么客观法就无合法性而言。这种权利观实质上就是主张一种消极自由，保障个人的"私域"不受侵犯，其合法性直接源于私人自主。这样，客观法和公共自主的地位在自由主义那里就没有受到足够的重视。共和主义则强调客观法对于主观权利的合法性意义，即主观权利是因为得到客观法的授权或保障才获得了合法性，或

---

① ［德］哈贝马斯：《包容他者》，曹卫东译，上海人民出版社2002年版，第300页。
② ［德］哈贝马斯：《包容他者》，曹卫东译，上海人民出版社2002年版，第299页。

者说其合法性是从客观法中获得的,而客观法的合法性则来源于公共自主,即人民意志的表达,它依赖于国家强制得以推行,因而具有异己的客观性。如此一来,主观权利和私人自主在共和主义那里就成为第二位的东西。

综上所述,哈贝马斯认为自由主义民主与共和主义民主的上述对立,最终导致了私人自主与公共自主的割裂。自由主义强调个人至上,主张用法律来保障和维护个人权利,用内含基本人权的宪法来限制人民主权,强调投票选举等民主过程只是使国家权力的行使取向于保障个人权利这一策略目标。因此,自由主义过分强调私人自主的重要价值,将公共自主下降到保障私人自主的工具性意义上,从而将政治国家推向社会的对立面。而共和主义强调整体至上,主张公民通过直接参与政治自决实践来实现自己的主权,从而在实现国家整体价值的过程中实现个人的价值。因此,共和主义过分强调公共自主的内在价值和国家应当承担的伦理功能,这就在客观上为国家权力对私人自主的侵犯打开了方便之门,私人自主毫无保障可言。在他看来,民主的真正意蕴是人类自己主宰自己的命运,既包括私人自主又包括公共自主,既要实现人权与人民主权的统一,又要实现主观权利与客观法的统一。从这个意义上讲,自由主义民主与共和主义民主都未能确保民主的真正实现。当然,哈贝马斯也从技术层面对两种民主模式提出了疑虑。自由主义模式的成功有赖于国家能够成功地考虑社会利益并作出相应的决策,但这一点在他看来是可疑的,因为高高在上的国家不可能充分认识社会的总体利益。社会科学的研究表明,政府仅仅是诸多社会子系统中的一个子系统,它并没有特殊的优势来获取整个社会的信息。即使它是负责的、受到有效约束的,但它对社会利益的认识和鉴别能力,以及由此而作出合理决策的能力却是值得怀疑的。就共和主义民主而言,哈贝马斯认为它预设了一个不切实际的国家,没有考虑到系统论的洞见,没有意识到国家也只是诸多子系统中的一个子系统。要把全体公民都组织起来,既不现实也无必要,尤其是在现代大型社会。

第四节　哈贝马斯论民主困境的哲学根源

从哲学上探源,哈贝马斯认为当代民主实践的危机以及西方两种主流民主模式的缺陷,最根本的原因在于以强调主体中心化理性的意识哲学范式为其哲学基础。所谓意识哲学范式,是指由笛卡尔(Descartes)开创、并由洛克和康德尤其是康德确立起来的,在黑格尔那里达到了顶峰的近代主体性哲学,即以主体为中心的理性主义哲学。意识哲学的前提在于坚持主、客体的二元对立结构,坚持主体具有反映客体并作用于客体的能动性,旨在反对以往本体论哲学的非知性化和对人的思维能力的漠视。其核心是认识论的思维方式,将以主体为中心的理性理解为一种能够帮助主体有效地控制客体和占有自然的认知工具。因此,意识哲学范式的思维方式是一种通过理性经验的运用来思考存在或世界的统一性的思维模式。当然,哈贝马斯认为意识哲学早在古希腊就开始起源了,更确切地说,苏格拉底(Socrates)之后的西方哲学就有了本体论与认识论合二为一的倾向。那时的哲学家们意识到哲学家只有思想、并且只能依靠思想才能接近无限和本真,而不能像上帝那样无需思想就可以直观到世界的本真存在。所以思想是哲学家用以发现存在的本质和认识真理的唯一工具,人的意识的内在规定性与存在的本质就被等同起来。"自巴门尼德以来,抽象的思想同其结果即存在之间便建立起了一种内在联系。"①但是,意识哲学范式的真正形成在他看来始于 17 世纪,奠基者是笛卡尔。"自笛卡尔以来,自我意识,即认知主体与自身的关系,提供了一把打开我们对于对象的内在绝对想象领域的钥匙。"②笛卡尔将思维理解为对现象进行把握的一般意识,思维将现象纳入意识,主体自我的确定性就为现象奠定了确定性基础。这种从主观

---

① ［德］哈贝马斯:《后形而上学思想》,曹卫东、付德根译,译林出版社 2001 年版,第 29 页。

② ［德］哈贝马斯:《后形而上学思想》,曹卫东、付德根译,译林出版社 2001 年版,第 31 页。

方面为现象奠定基础的立场依赖于近代哲学对主体的发现。文艺复兴和宗教改革通过对人的创造力的空前弘扬缔造出一种新观念——将人即主体变成意义的唯一源泉,从而取代神成为世界的中心,人的理性就被提升为世界的主宰原则;人从世界中分离出来,无所不包的自然就被降低为客体,人就成为自然客体的对立面。这种新观念直接为近代启蒙哲学家所继承,从而使得近代哲学把一切存在都纳入主、客体分离与对立的框架,并以此来解释一切现象,形而上学思想因此主要表现为主体性理论。"自我意识不是作为先验能力的本源被放到一个基础的位置上,就是作为精神本身被提高到绝对的高度。观念本质变成了一种具有创造性的理性的规定范围,以至于现在在真正的反思转向过程中一切都和这个独一无二的创造主体性发生了关系。"①主客二分、主体及其自我意识、主体性、主体理性等就成为近代意识哲学的核心范畴。按照哈贝马斯的理解,正是受到这种意识哲学思维方式的影响,以往的民主理论才存在难以解决的难题,当代的民主实践才会出现危机。

从民主实践来看,哈贝马斯通过分析晚期资本主义国家的合法性危机,指出当代资本主义国家的民主实践既不能确保私人自主,又无法实现公共自主,从而使民主面临深刻的危机,而这一危机在他看来正是由于以意识哲学为基础的现代性出现了问题,这些问题反映在政治系统就表现为民主的危机。前面谈到,作为标识现代社会之独特生活品质、生存样式和价值理念的现代性,其实是对支配现代社会历史发展背后的规范与理想的描述,它从一开始就与主体性与主体理性联系在一起,体现了现代社会的根本特质与发展动力就在于崇尚理性,而这正是近代意识哲学在理念上支配社会生活的具体反映。在意识哲学的框架下,现代性理想立足于主、客体关系,设定了自主的理性主体,与作为客体的整个世界相对立,并以主体性与主体理性为核心,力图通过人的理性能力来实现人类的彻底解放。但哈贝马斯认为,在主客二分的前提下,主体性意味着是从认知主体和行为主体的角度而非被感知和被控制的客体对象的角度来表现主客关系的;对

---

① [德]哈贝马斯:《后形而上学思想》,曹卫东、付德根译,译林出版社 2001 年版,第 31 页。

主体理性的强调则意味着主体与客体之间是征服与被征服的关系,关注的是如何利用主体理性去认识自然、占有自然和控制自然。如此一来,对主体主宰客体的关注就必然导致理性的工具性使用,从而导致工具—目的理性行为的盛行与工具—目的理性的膨胀,理性的其他表现形式(比如韦伯所说的价值理性、哈贝马斯所说的交往理性)及其应有的位置就不在人们的视野之中。这种狭隘的理性观念和主体性概念的片面发展,就造成了社会的分裂,造成某些领域如政治权力与商品经济领域对其他领域如文化教育舆论的侵蚀和"殖民",从而导致现代生活意义丧失和自由萎缩的现代性危机。现代性危机在政治系统中表现为民主的危机,其关键环节在于现代性危机体现为生活世界之社会文化领域的再生产障碍,从而不能为政治系统提供足够的动机,公民对政治生活的参与热情逐步淡化,最终导致民主的危机。

从民主理论来看,共和主义与自由主义的民主概念利用了以国家为中心的、目的取向的宏观主体的社会整体这一观念,它们或者把这个整体设想成为由全体独立的公民所组成的集合体,或者把这个整体设想成为一个根据市场模式无意识地调节权力平衡和利益平衡的宪法规范体系。这种以国家为中心的社会观是意识哲学的产物,因为意识哲学区分主体和客体,把社会设想成为一个整体,就把它视为像主体一样能够形成自我意识,并能自己对自己施加影响。这种意识哲学所导致的结果,或者是把公民的自决实践赋予一个全社会范围的主体,或者是把匿名的法治加于彼此竞争的众多单个主体之上。前一种理路把全体公民看做是一个反映全体并为了全体而行动的集体行动者,后一种理路把权力过程看做是盲目发生的,因为个人选择之外存在着充其量是聚合起来的、但并不是自觉形成和执行的集体决定,而单个行动者们的作用则相当于这个权力过程中的应变量。"意识哲学认为,公民的自决实践属于一切社会主体,或者说,法律的匿名统治与个别主体之间的冲突是联系在一起的。一方认为,公民是一个集体行为者,他代表整体,也服务于整体;而另一方则认为,每一个行为者在权力过程中都是相互依赖的变量,权力过程是盲目的,因为在个体的选择行为之外,不可能有明确的集体抉择(除非是在纯粹比喻意义上来说)。"①正

---

① [德]哈贝马斯:《包容他者》,曹卫东译,上海人民出版社 2002 年版,第 288—289 页。

是受意识哲学的这种思维模式的影响，才导致自由主义民主与共和主义民主在个人至上与整体至上、法治与民主、人权与人民主权、私人自主与公共自主等方面的相互对立，从而不能在规范意义上确保民主的真正实现。

　　基于上述分析，哈贝马斯力图使其审议民主放弃意识哲学范式所运用的所有主题，尤其是主体理性这一范畴，而转向一种以交往理性为核心的交往范式，即一种语言哲学范畴。因此，范式转换和理性重建就是他重建民主理论的首要工作。

第二章　哈贝马斯重建民主理论的
哲学基础与规范基础

　　西方民主遭遇的实践困境与理论难题,在哈贝马斯看来是意识哲学范式的思维方式以及由此而带来的理性的不平衡发展所致。与其他思想家对现代性、理性、资产阶级民主的大加斥责与彻底否定不同,哈贝马斯认为现代性理想仍然是人类的希望所在,理性本身并无问题,问题在于理性的运用出现了偏差,民主理想仍然具有潜力。他指出,现代性问题与民主的问题尚有解决的希望,这个希望就在于对意识哲学范式和主体理性,尤其是工具理性的抛弃,并引入新的哲学范式和规范基础,即语言哲学范式和交往理性。因为他认为,"穷竭的是意识哲学范式。果真如此,我们就必须从意识哲学范式转向交往范式,因为只有这样才能消除穷竭的症候。"①因此,哈贝马斯把范式转换和理性重建作为重建民主理论的首要工作。而要实现范式转换与理性重建,哈贝马斯必须为其找到哲学支撑,这一支撑就是历史唯物主义,但并非马克思建构的历史唯物主义,而是哈贝马斯所重建的"历史唯物主义"。

第一节　重建历史唯物主义:哈贝马斯
重建民主理论的出发点

　　哈贝马斯作为法兰克福学派的代表人物之一,不但深受其他西方马克

---

　　①　[德]哈贝马斯:《现代性的哲学话语》,曹卫东等译,译林出版社 2004 年版,第 347页。

思主义理论家的影响,而且深受马克思的影响。因此,他常常宣称历史唯物主义是其理论研究的出发点。当然,在他看来,理论应是可实践的,而晚期资本主义社会的两种趋势——国家全面干预社会生活和科学技术成为第一生产力——使马克思的阶级斗争理论、劳动价值理论和剩余价值学说都过时了,历史唯物主义已经不能解释晚期资本主义的社会实践。尽管如此,哈贝马斯认为"其鼓舞人心的潜在力量仍旧(始终)没有枯竭",因而对于该理论的正确态度就不应是全盘否定或全部接受,而只能是"重建",即"把一种理论拆开,用新的形式重新加以组合,以便更好地达到这种理论所确立的目标。"①从而避免了"复辟"(回到已经腐朽了的最初状态)与"复兴"(对已被抛弃了的传统的更新)的不合理态度。因此,哈贝马斯提出"重建历史唯物主义",以期实现历史唯物主义的理论目标——"唯物地"说明人类社会的历史发展,包括对晚期资本主义的社会现实予以说明,并成为解决当代社会问题的出发点。

一、交往范式取代劳动范式:历史唯物主义理论基础的置换

马克思历史唯物主义得以建立的理论基础是劳动范畴的确立。由于劳动在从猿到人的转化过程中起了决定性的作用,因而被马克思视为人区别于猿的根本标志。同时,马克思把社会劳动概念同"类的历史"相联系,认为当人们通过社会劳动维持自己的生命时,他们同时也就生产了他们的物质的生活关系,生产了他们的社会和社会进程,在这个进程里,个人和他们的社会一起发生变化。人类社会发展的奥秘也就隐藏于人通过劳动自我生成与发展的历史进程之中,因此恩格斯认为历史唯物主义"在劳动发展史中找到了理解全部社会史的锁钥"②。但是,由于哈贝马斯对马克思社会劳动概念的不同理解,使他抛弃了社会劳动范畴,以相互作用(即交往行为)范畴来说明人类生活的再生产和人类社会的历史发展,从而实现了历史唯物主义的理论基础由劳动范式向交往范式的转换。

---

① [德]哈贝马斯:《重建历史唯物主义》,郭官义译,社会科学文献出版社2000年版,第3页。

② 《马克思恩格斯选集》(第4卷),人民出版社1995年版,第258页。

哈贝马斯在考察作为历史唯物主义理论基础的社会劳动范畴时，虽然肯定了社会劳动范畴在人类社会产生和人类生活再生产中的重要意义："有组织的社会劳动是人类用以同动物相区别和再建其生活的特殊方式"①，但同时又指出："马克思的社会劳动概念适用于区分灵长目的生活方式和原始人的生活方式，但却不适合于人类特有的生活方式的再生产。"②对此，哈贝马斯结合"人类的历史"考察了"社会劳动"。在他看来，人类经历了从灵长类动物到直立人（原始人）、再到现代人的发展，其进化模式分别对应于纯粹的生物进化（即物种进化）、生物—文化的进化、纯粹的社会进化（包含了社会与文化两种进化机制）。其中前两种进化模式即灵长类动物与原始人的进化模式都包含了自然的进化机制，二者的不同在于原始人的进化增加了文化的机制，即原始人"早就以通过社会劳动来适应再生产的形式和组建起经济——成年男子组成以狩猎为生计的原始部落"③。因此社会劳动适合于说明原始人生活方式的再生产，可以将原始人同灵长类动物相区别。而只有"当我们把社会劳动概念同家庭的组织原则联系起来时，我们才能充分地表达人类特有的生活方式"④。因为在他看来，家庭组织原则的出现意味着角色行为的出现，后者标志着一个新的进化阶段——现代人的发展阶段——的出现，这才是真正的人类社会。可见，哈贝马斯是在现代人的意义上界定人类，即仅仅把现代人视为真正的人，从而把原始人的生活方式排除在人类的生活方式以外。因此，适合于说明原始人的生活方式再生产的社会劳动，并不能说明人类特有的生活方式的再生产。在现代人的发展阶段，社会劳动的结构发展成为角色行为的结构，而角色行为是一种交往行为。因此，只有交往行为概念才能说明人类生活方式的再生产，才能描述人类生活的本质特征。这是哈贝马斯以交

---

① [德]哈贝马斯：《重建历史唯物主义》，郭官义译，社会科学文献出版社2000年版，第140页。

② [德]哈贝马斯：《重建历史唯物主义》，郭官义译，社会科学文献出版社2000年版，第144页。

③ [德]哈贝马斯：《重建历史唯物主义》，郭官义译，社会科学文献出版社2000年版，第143页。

④ [德]哈贝马斯：《重建历史唯物主义》，郭官义译，社会科学文献出版社2000年版，第148页。

往行为取代社会劳动作为历史唯物主义理论基础的历史根据。

　　哈贝马斯对马克思社会劳动概念的内涵与性质的独特理解,是其置换历史唯物主义理论基础的根本原因。他认为,"马克思对相互作用和劳动的联系并没有作出真正的说明,而在社会实践的一般标题上把相互作用归于劳动。"①根据他对劳动与相互作用的性质的区分——"我把'劳动'或曰目的理性的活动理解为工具的活动,或者合理的选择,或者两者的结合。工具的活动按照技术规则来进行,而技术规则又以经验知识为基础","另一方面,我把以符号为媒介的相互作用理解为交往活动。相互作用是按照必须遵守的规范进行的,而必须遵守的规范规定着相互的行为期待,并且必须得到至少两个行动的主体(人)的理解和承认。"②——哈贝马斯认为马克思以社会实践的名义把相互作用归于劳动,就是"把交往活动归之为工具活动",混淆了体现人与人之间关系的交往与体现人与自然之间关系的劳动,从而抹杀了人的科学与经验科学之间的差别,导致建立在社会劳动基础上的历史唯物主义没能成为一门真正的关于人的科学,不能对人类社会的历史发展作出合理说明。因此,他竭力批判马克思忽视交往在人类社会发展中的重要作用、以至于以劳动来消解交往、并将历史唯物主义建立于劳动之上。在他看来,只有把历史唯物主义建立于交往行为的基础上,才能使历史唯物主义成为真正的关于人的科学,也才能实现其说明整个社会发展进程的宏伟目标。

二、交往理性置换"工具理性":历史唯物主义的系统重建

　　马克思基于人类历史的第一个前提——"人们为了能够'创造历史',必须能够生活。但是为了生活,首先就需要吃喝住穿以及其他一些东西。因此第一个历史活动就是生产满足这些需要的资料,即生产物质生活本身"③,——开始通过剖析"市民社会"来理解"法的关系"和"国家的形式",

---

① [德]哈贝马斯:《作为"意识形态"的技术与科学》,李黎、郭官义译,学林出版社 1999 年版,第 33 页。
② [德]哈贝马斯:《作为"意识形态"的技术与科学》,李黎、郭官义译,学林出版社 1999 年版,第 49 页。
③ 《马克思恩格斯选集》(第 1 卷),人民出版社 1995 年版,第 79 页。

并由此发现了解决人类社会发展奥秘的唯物史观:生产力决定生产关系,作为生产关系总和的经济基础决定上层建筑,从而生产力构成了人类社会发展的最根本动力;生产力与生产关系的辩证关系和矛盾运动、经济基础与上层建筑的辩证关系和矛盾运动,构成了人类社会发展的基本规律,其中前一个规律是根本性的;人类社会的发展就表现为由生产力的发展所推动的物质资料的生产方式的更替,即社会形态由低级向高级的进化。哈贝马斯认为,马克思的这种理论是对社会历史发展的一种"经济学解释",只能解释经济结构在社会进化中起领导作用的社会,或者说"只适用于资本主义社会",不具有说明整个社会历史发展进程的普遍性。因为"基础"并不总是经济结构,在原始社会中,行使基础职能的是血缘系统;在文化高度发达的社会里则是政治系统;在后资本主义社会又是教育和科学系统;只有在资本主义主义社会,基础领域才始终与经济系统是一致的。另外,哈贝马斯认为,由于马克思错误地把作为工具—目的理性活动的"社会劳动"当做社会历史发展的根本基础,因而只是从生产力发展的意义上来理解社会历史的发展,将人类的"交往行为"排除在社会发展的动力系统之外。即马克思的理解意味着"生产技术不仅制约着劳动力的组织和动员的一定形式,而且通过劳动的社会组织,也制约着与之相适应的生产关系。"在他看来,"生产关系'产生'于生产力的构想,首先表现为工具的行为模式",马克思是"用'技术至上'的思想去理解生产力和生产关系之间的辩证法"①。因此,马克思的历史唯物主义具有"工具理性"倾向,其基本概念和原理都具有"技术至上论"色彩,这是哈贝马斯所竭力反对的。因为工具理性行为的特征是只求达到目标而不考虑手段是否合理,往往会造成对社会整体的危害,西方近代理性化过程中工具理性占主导地位所造成的一系列环境问题和社会危机就是明证。

当代一些思想家在进行工具理性批判时,往往达至对理性本身的彻底批判,走上了非理性甚至反理性的道路。早期法兰克福学派也在批判工具理性的过程中对理性进行了彻底否定,最终导致社会批判理论规范

---

① [德]哈贝马斯:《重建历史唯物主义》,郭官义译,社会科学文献出版社2000年版,第155—156页。

基础的瓦解,致使批判理论陷入危机,留给哈贝马斯一项重建批判理论规范基础的工作。因此,他在重建历史唯物主义的过程中,尽管同样反对工具理性,但却并没有从根本上否定理性在社会历史发展进程中的作用,而是主张以交往理性来置换"工具理性","重建"交往行为在社会发展中的基础性作用。在他看来,交往行为所遵循的交往理性是不同利益主体通过交往、对话与商谈达成合作与协调、寻求共存与互利发展的心理趋向和行为取向,能够克服工具理性所导致的各种危机。这既可以避免重蹈西方近代的覆辙、陷入对工具理性和生产力的过度推崇中,又可以释放理性的批判潜能,使重建的"历史唯物主义"能够真正地解释人类社会的发展。因此,哈贝马斯就以交往理性为指导,对历史唯物主义进行了系统重建。

关于人类社会的发展动力:尽管哈贝马斯不认同马克思以社会劳动范畴作为历史唯物主义的理论基础,但他并没有完全否定社会劳动在人类社会发展中的重要作用。在他看来,社会发展包含着作为工具—目的理性行为的"社会劳动"领域和作为"交往行为"的"道德实践领域"的合理化过程两个向度。前者意味着生产力的发展,后者意味着道德意识和实践能力的提高,两者具有同等重要的意义,因此不能把社会发展仅仅归因于生产力的发展。由于生产力的发展取决于技术与组织知识的增长,交往水平的提高依赖于道德实践知识的增长,因此"知识的内在增长,是社会进化的一个必要条件"①。在此基础上,哈贝马斯根据皮亚杰的个体发生学理论,认为知识的增长依靠的是学习。哈贝马斯由此把社会发展的动力归结为一种"学习机制",包括技术与组织知识的学习和道德实践知识的学习。社会劳动领域中对技术与组织知识的学习可以使社会通过"(遵循技术规则的)工具行为"来增强对外部自然的控制能力,从而提高生产力;交往领域中道德实践知识的学习则可以使社会通过"(遵循有效规范的)交往行为"促进对内在自然的控制,即通过个人的社会化而使社会制度系统的正确性要求得到满足,从而提高交往水平。其中,道德实践知识的学习对于社会发展起

---

① [德]哈贝马斯:《重建历史唯物主义》,郭官义译,社会科学文献出版社2000年版,第158页。

着更大的作用,因为"只有有了新的制度框架,迄今未能解决的体制问题,才能借助于积累起来的潜在认识能力加以解决,而生产力的提高就是从体制问题得到解决的过程中产生的"①。也就是说,技术与组织知识的增长只具有促进生产力发展的"潜在能力",道德实践知识的增长才能使这种潜在的能力得到充分利用,才能使生产力的提高成为现实。因此哈贝马斯认为,人类社会的发展不需要扩大我们对外部自然的控制,它需要的是体现在相互作用结构中的知识,由此赋予了规范结构与道德实践领域以社会"起搏器"的作用,规定着社会发展的方向。同时,哈贝马斯又认为不管何种知识的学习,都源于学习能力,只有具备一定的学习能力,人们才能学习。而学习能力的获得与提高是通过以语言为中介、以达成相互理解与意见一致为目的的交往行为实现的。哈贝马斯就这样通过强调社会发展的两个合理化过程,实现了对马克思"生产力决定论"的"学习机制决定论"重建,并最终肯定了交往理性的发展和交往水平的提高在社会发展中所具有的根本性的决定意义。

关于人类社会的发展机制:基于其"学习机制决定论"观点,哈贝马斯主张用社会劳动和相互作用的关系取代马克思历史唯物主义的两个基本假设来说明人类社会的发展规律。哈贝马斯认为,马克思关于生产力决定生产关系、经济基础决定上层建筑的观点并不能解释历史上的许多事实,比如在同样生产力水平上,可以存在不同的社会制度与社会形态,这说明交往关系在社会发展、社会形态的演变中起着重要作用。因此在他看来,"我们可以把生产力的发展理解成为产生问题的机制,它尽管可以引起,但却不能导致生产关系的变革和生产方式的革新",比如欧洲资本主义的形成就"并没有把生产力的可观发展作为条件,而是作为结果"②。哈贝马斯用类似于生产力与生产关系、经济基础与上层建筑的辩证关系来分析社会劳动与相互作用的关系以及它们促进社会发展的机制。首先,社会劳动领

---

① [德]哈贝马斯:《重建历史唯物主义》,郭官义译,社会科学文献出版社 2000 年版,第 158 页。

② [德]哈贝马斯:《重建历史唯物主义》,郭官义译,社会科学文献出版社 2000 年版,第 157 页。

域中的学习,可以促进技术与组织知识的增长,从而"潜在认识能力"得以积累,生产力的发展成为可能;相互作用结构中的学习,则可以促进道德实践知识的增长,从而促进人们建立新的规范结构与制度框架,只有有了规范,才能实现主体间的有效合作,潜在的认识能力才能得到充分利用,生产力的发展也才能变成现实。其次,生产力的发展会向规范领域和制度系统产生挑战而产生体制问题,比如生产资料的支配权与社会财富的分配问题,类似于马克思关于生产关系不适合生产力进一步发展的论述,这就提出了社会变革的要求。但生产力的发展只是引起而并不能解决这类问题、不能直接造成制度变革的实现和社会形态的转变。社会变革必须借助于人们交往活动和交往关系的发展,即必须依靠道德实践领域中的学习来提高人们的交往水平,从而使社会形成新的制度框架,建立新的社会一体化形式来实现。所谓社会一体化,就是"社会的生活世界关于价值和规范的统一性的保障",表现为社会的规范结构与制度系统。因此,社会发展最终是通过道德实践领域中的学习、建立新的社会一体化形式、解决体制问题并进而促进生产力的发展而实现的。最后,社会劳动作为工具理性行为对社会整体所造成的危害问题,也有赖于道德实践知识的学习来解决。因为道德实践知识的增长可以导致交往理性的发展,提高交往能力,从而将社会劳动领域的工具理性行为限制在合理化交往的约束性规范范围之内,促进整个社会向前发展。综上所述,哈贝马斯认为人类社会的发展不是由于生产力的发展导致生产关系从而整个社会结构发生变革,而是以相互作用结构为主导的社会劳动与道德实践领域的共同进步。据此,哈贝马斯分析了晚期资本主义社会存在的问题及其解决办法。由于科学技术成了第一生产力,科技进步不仅推动了社会物质生产的发展,而且渗透到政治领域,具有了使统治合法的意识形态功能。加上国家对社会生活的全面干预,相互作用结构的发展受到极大的限制。这样,晚期资本主义社会的问题就体现为以社会劳动领域为核心的经济与政治的大力发展和相互作用结构的滞后发展之间的矛盾,哈贝马斯以"生活世界的殖民化",即系统对生活世界的侵蚀来界定之。其中系统就是社会的物质再生产领域,以工具理性为运行准则,包括经济子系统与政治子系统;生活世界则是相互作用结构的再生产领域或者说社会文化再生产领域,以交往理性为运行准则。因此,晚期资本主义社会的问题,包括当代民主的实践危机,就在于工具理性过分膨胀而交往理性不发达,解决问题的关键是诉诸交往理性的发展以限制工具理性的扩张,通过交往理性恢复生活世界的再生产动力,实现生活世界的复兴,从而实现系统与生活世界两大领域的合理化发展。这就是哈贝马斯后来立足于交往行为以及蕴含于其中的交往理性来建构其民主理论的根本原因。

　　关于历史进步的衡量标准与社会形态的划分标准:历史唯物主义用以衡量历史进步的标准是生产力的发展水平和社会交往形式的成熟程度,并根据生产关系中生产资料的所有制形式将迄今为止的人类历史划分为原始公社的、古代的、封建的、资本主义的和社会主义的生产方式这五个时代,社会形态的演进就表现为生产方式的更替,实质上是基于生产力发展基础之上的生产关系尤其生产资料所有制形式的更替。在哈贝马斯看来,生产方式的概念,在准确地表达社会发展水平的普遍性上不够抽象,因为它对社会形态的描述存在单线范式的缺陷——认为一个社会形态中只存在一种生产方式,社会形态的转换是一种生产方式向另一种生产方式的更替,不能解释由"多种生产方式的组合"而形成的"混合形态和过渡形态的问题"。他认为,"只有在少数情况下,既定社会的经济结构,才同单一的生产方式相一致。无论是文化的相互渗透,或是时间上的重叠,都使复合的结构得以产生,而这些结构必然被解释为多种生产方式的组合。"①而且"占有生产资料和不占有生产资料的观点,其结果仅仅是把社会划分为具有阶级结构的社会和不具有阶级结构的社会"②。这样,"对于社会发展的逻辑来说,生产方式的概念也许不是一把错误的钥匙,而是一把尚未充分打磨的钥匙。"③在他看来,社会的发展应当按照一个社会的"复合性"的增加来评价——"一种制度(系统),它能够容纳的情况越多,它在实际情况中

---

① [德]哈贝马斯:《重建历史唯物主义》,郭官义译,社会科学文献出版社2000年版,第163页。

② [德]哈贝马斯:《重建历史唯物主义》,郭官义译,社会科学文献出版社2000年版,第165页。

③ [德]哈贝马斯:《重建历史唯物主义》,郭官义译,社会科学文献出版社2000年版,第164页。

能够同化环境,能够在这种环境面前保住自己的存在的复合性就越大。"①因此他认为应该通过制度(系统)来评价社会发展,制度的核心体现的是社会组织原则的特征,而"社会的组织原则是借助于学习能够成为现实并把社会的某种新的学习水平制度化的种种革新"②,它由许多规则组成,所以它所确定的社会形态能够容纳许多具有同等功能的生产方式。由此哈贝马斯认为,"任何一种社会形态都是由基本的组织原则所决定的,而这种组织原则为社会状况的改变提供了抽象的可能性……标志着不同阶段上的新的发展水平。"③社会的组织原则就代替了生产方式范畴,作为衡量社会进步与划分社会形态的标准。具体而言,哈贝马斯根据体现社会组织原则特征的"制度的核心"(包括一般的行为结构、世界观的结构、制度化的法律结构和具有约束力的道德观念结构三项内容)将人类社会的发展划分为新石器社会、早期的高度文化、高度的发达文化和现代社会四个形态。由于制度的核心确定着各个时期占统治地位的社会一体化形式,因此每一个形态就表现为一个不同的社会一体化形式,社会形态的演变就是社会一体化形式的转换,而不是生产方式的更替了。在他看来,这比马克思历史唯物主义的描述"更有希望获得成功"。因为不论是体现制度核心的社会组织原则,还是由制度核心所确定的社会一体化形式,都强调的是规范结构与制度系统在社会发展中的重要性,从而突显了交往行为和交往理性的重要作用,克服了只注重生产力作用的"经济决定论"弊端。

三、重建历史唯物主义的理论旨趣

哈贝马斯在对晚期资本主义社会进行深入考察的基础上提出重建历史唯物主义,无疑体现了他随着时代变化继承和发展历史唯物主义的初衷。而正是在对历史唯物主义基本概念与原理进行批判考察的过程中,他

① [德]哈贝马斯:《重建历史唯物主义》,郭官义译,社会科学文献出版社2000年版,第151页。

② [德]哈贝马斯:《重建历史唯物主义》,郭官义译,社会科学文献出版社2000年版,第165页。

③ [德]哈贝马斯:《合法化危机》,刘北成、曹卫东译,上海人民出版社2000年版,第9页。

发现了交往行为在人类社会发展进程中的重要作用。可以说,这对当时正致力于探索一种具有规范基础的社会批判理论的哈贝马斯而言,是一个重要的启发。从这个意义上讲,哈贝马斯对历史唯物主义的反思不能不说是他创建交往行为理论的动机之一。从他对历史唯物主义的重建来看,不论在方法上还是内容上都已经具有了交往行为理论的萌芽。从方法上看,他以交往行为理论的核心范畴——交往行为与交往理性——为基础来重建马克思始终具有"潜在力量"的历史唯物主义,使之"更好地达到这种理论所确立的目标",并由此来证明作为重建基础的核心范畴的合理性,从而最终服务于交往行为理论的建构与论证。从内容上看,哈贝马斯以交往范式取代劳动范式、以交往理性置换"工具理性",对历史唯物主义的基本概念与原理进行了系统重建。可以说,交往行为理论才是哈贝马斯重建历史唯物主义的理论归宿。因此,继承和发展历史唯物主义只是哈贝马斯重建历史唯物主义的表层动机,其重建论的真正旨趣是在历史唯物主义与交往行为理论的核心范畴之间构架起一种逻辑联系,从而为其交往行为理论找到哲学支撑。而正是立足于交往行为理论,哈贝马斯才重建了民主理论的哲学基础与规范基础,即语言哲学与交往理性。重建的"历史唯物主义"也就成为其民主理论哲学基础与规范基础的哲学支撑。可以说,哈贝马斯正是在重建历史唯物主义的过程中为其民主理论的建构找到了"阿基米德点"——交往行为以及蕴含于其中的交往理性。

第二节 哲学范式的转换

既然西方民主的实践困境与理论难题根源于意识哲学范式,因此,西方民主的问题不可能在意识哲学的范式内得到解决。哈贝马斯认为,早期社会批判理论的根本失误就在于其工具理性批判和社会批判未能超越意识哲学范式主客二元关系的基本框架,因而新的社会批判理论必须以分析主体间的交往沟通过程为前提才能建立,即批判只有以交往为前提才是可能的。这是哈贝马斯通过重建历史唯物主义所确立的理论基点。因此,他力图跳出传统哲学的范式,在当代西方哲学向"语言哲学转向"的影响下,建构了普遍语用学,力图从交往主体间的沟通活动来建构一种理想的民主模式。

一、从意识哲学转向语言哲学

从哲学史来看,西方哲学的发展经历了三个阶段,即本体论、认识论和语言哲学阶段。这三个不同的发展阶段代表着不同的哲学范式、不同的哲学思维方式和不同的哲学主题。以古希腊哲学为代表的本体论哲学侧重于探究世界的本源和宇宙的形而上学本体,这种本体论思维方式是一种客观思维,关注的是传统的客观理性。到了近代,由于主体人的发现,近代哲学发生了认识论转向。以主客二分并对立为出发点的认识论哲学强调主体的理性能力,确信主体能够从客体中获得关于客体的科学知识,并能够运用这些知识有效地控制和利用客体。这种主体性哲学或者说以主体为中心的理性哲学就是哈贝马斯所竭力反对的意识哲学。这种哲学把意识视为认识世界和产生知识的可能性条件和可靠性保证,这种主体—客体思维方式强调的是主观理性。以主体为中心的认识论哲学或者说意识哲学在现代受到了来自现象学、存在主义和解释学等哲学力量的冲击,从而导致了文化哲学意义上的语言哲学转向,西方哲学从关注"认识如何可能"转向"语言如何表达",从关注知识的起源、认识的能力和限度等转向探究人类自身所使用的语言的意义和本质以及语言使用者之间的理解和交流等。

20世纪初西方哲学由认识论转向语言哲学,标志着哲学思维方式的深刻革命与哲学论题的重大转换。认识论哲学的主体—客体思维模式让位于语句意义的辨析、语言表达的分析和言语行为的探析,哲学的论题也从主客体关系转向语言与世界的关系。哲学的语言学转向在英美分析哲学和欧洲大陆哲学中都有明显的表现,尤其是英美传统中的人文主义思潮深刻地影响了哈贝马斯。哈贝马斯也十分赞同欧洲大陆哲学家视语言为理解的媒介的观点,这种把语言放在更大的社会背景下来研究的思路,正是哈贝马斯所着力倡导的。当代西方哲学的语言学转向在20世纪中期引起了关于语言学的热烈论争,哈贝马斯正是在60年代与伽达默尔(Gadamer)的论战中开始关注语言的。在这种论争中,哈贝马斯创建了其独特的语言哲学即普遍语用学,为其交往行为理论以及建基于其上的政治哲学、法哲学等思想奠定了理论基础。

当代西方哲学的语言学转向在英美传统中主要表现为三种理路。一是以逻辑经验主义为代表的句法—语义学分析模式；二是以奥斯汀（Austin）、塞尔（Searle）的言语行为理论和维特根斯坦（Wittgenstein）后期的"语言游戏说"为代表的语用学分析模式；三是乔姆斯基（Chomsky）的理想语法的构造模式。第一种理路是英美传统中科学主义思潮的代表，第二、三种理路则是英美传统中人文主义思潮的代表。"语言学转向最初是在语义哲学范围内完成的，它付出了抽象化的代价，但也保护新范式解决问题的潜力不被消耗殆尽。"①语义哲学不考虑说话者的言语情境、措辞及其语境、要求、对话角色和所持立场，其形式化把语言格式化了，从而使语言的自我关涉特征变得模糊不清。随着逻辑经验主义解释模式走向衰落，语用学分析模式逐渐成为主流解释模式，这就是我们通常所说的"语用学转向"。哈贝马斯主要受到英美传统中人文主义思潮、尤其是语用学分析模式的影响。

语用学转向在语言哲学中具有重要的意义。首先，它改变了我们对语言的看法。以往的句法学研究的是语言符号与语言符号之间的关系，语义学研究的是语言符号与它所指称的对象之间的关系，而语用学则研究语言符号与语言符号的解释者之间的联系。因此，根据语用学的观点，语言的本质就不是语言符号与句子的集合，而是言语行为的集合。正如奥斯汀所说，语言就其功能而言不仅在于"有所表达"，更重要的是要"有所作为"，即语言具有集行事与命题于一身的双重结构。其次，语用学把交往职能引入语言分析，从而形成了特有的"主体"概念。与以往的实体性主体概念不同，语用学把主体理解为一个构造性概念，这一构造性主体概念就是"交往主体"。所谓"交往主体"，是指交往者要想达到相互理解的目的，首先要预设相互理解的规范性条件，遵守这些语言规则的共同体就是一个交往主体。哈贝马斯深受语用学传统的影响，他所实现的哲学范式转换正是在这个层面上而言的，即从意识哲学转向语用学，从而建立了他的语言哲

---

① ［德］哈贝马斯：《后形而上学思想》，曹卫东、付德根译，译林出版社 2001 年版，第44—45 页。

学——"普遍语用学"（universal pragmatics）。普遍语用学与交往行为密切相关，是其交往行为理论的重要前提和基础，因而他将新的哲学范式称为"交往范式"。

哈贝马斯普遍语用学的创立，深受奥斯汀和塞尔的言语行为理论以及后期维特根斯坦的"语言游戏"语用学的影响。言语行为理论的影响主要体现在它是哈贝马斯创建普遍语用学的出发点，这一点我们放到后面来谈，这里先谈后期维特根斯坦对哈贝马斯转向语用学分析的影响。维特根斯坦的前期哲学是以"逻辑"为中心进行构架的逻辑实证主义哲学。他认为逻辑语言的界限就是思维和世界的界限，哲学的目的就在于通过语言的逻辑分析来把握语言的本质，解决语言如何能够表达和描述世界这一认识论问题。但随着逻辑神话的破灭，维特根斯坦认识到，从逻辑上探讨语言的本性和语言的表象功能是一种哲学观念上的失败，即错误地把哲学看做是对命题形式进行逻辑的、语义的一种分析，并认为这种分析能够揭示世界的逻辑结构。他开始认识到哲学的任务是对日常语言的语法规则进行研究，并通过考察词与句子在不同语境中的用法来确定它们的意义，这促使他在后期提出"语言游戏说"来重新界定语言的性质和功能。后期维特根斯坦把语言视为一种游戏，或者说生活的形式，而不只是哲学分析的对象，这就从根本上否定了从语言与实在的对应关系中去寻求意义的观点，使对语言的分析从语义层面转向了语用层面。在语用层面上，不存在语言之外的任何意义实体，语言的意义就在于它的使用，语言只有在使用中才有价值。因此，其语用学的本质就在于把语言、知识和科学置于人类生活实践的具体语境中来理解和认识，哲学的目的就是搞清楚日常语言在具体语境中的用法。

受维特根斯坦的影响，哈贝马斯转向于研究语言的使用，研究以语言为媒介、通过对话达成沟通与相互理解的人与人之间的交往行为。其"语用学转向"的目的在于试图"通过对语言的运用所作的具体考察，恢复语言作为'交往行为'的中介的地位，并建立一种可能的、有效的、理想化的语言使用规范"①，即建立"普遍语用学"。所谓普遍语用学，哈贝马斯是这样定

---

① 陈学明：《哈贝马斯的"晚期资本主义"论述评》，重庆出版社 1993 年版，第 410 页。

义的:"我已经提议用普遍语用学来指称那种以重建言语的普遍有效性基础为目的的研究。"①从这个定义中可以看出其普遍语用学与通常的经验语用学的区别。

经验语用学的任务是分析语言使用的特殊的上下文关系,而不是对语言使用的或在话语中运用句子的普遍特征的重建。它认为一个话语(言语)单位的意义仅仅是由运用语言的特定的情景来决定的,因而主张对言语行为进行经验分析,比如后期维特根斯坦的"语言游戏理论"就只满足于对现实情景条件的描述。而普遍语用学则认为,一个言语表达式所表达的意义,并非决定于语言使用的特殊情景,而是决定于语用学规则,即运用语句的规则,所构成的言语的一般情景的规范性质,从而主张对言语行为必须进行规范分析。也就是说,经验语用学关注的是"现实的交往"及其特定制约条件,普遍语用学关注的是"理想的交往"及其一般限制条件。而理想性条件总是伴随着现实性条件而出现,甚至往往被后者所遮蔽,因此普遍语用学必须采用规范分析法或者说重构的方法,即通过对现实性条件的反思与批判构造出理想性条件。因此,普遍语用学的创立虽然深受后期维特根斯坦的影响,但又超越了其语言游戏理论。后期维特根斯坦的经验语用学分析的是特定环境下典型的言语行为,而哈贝马斯的普遍语用学分析的是在任何言语行为中处置句子的普遍规则,这也正是哈贝马斯在"语用学"前面加上"普遍"二字来修饰其语言哲学的原因所在。

简言之,普遍语用学就是分析言语行为,研究语言的交往职能,探讨说话者和听者之间的关系,阐述他们二者之间如何达到相互理解的规范性、一般性的前提条件的学说。因此,"普遍语用学的任务是确定并重建关于可能理解(verstandigung)的普遍条件(在其他场合,也被称之为'交往的一般假设前提')。"②而理解是交往的本质和目的,因此我们澄清理解就是为了成功地交往。这里的澄清不是指语义上的解释,而是对理解提出相应的限制条件。交往者遵从这些规范条件不是为了知道什么叫理解,而是为了知道应该如何去理解。"达到理解(verstandigung)的目标是导向某种认同

<hr>

① [德]哈贝马斯:《交往与社会进化》,张博树译,重庆出版社1989年版,第5页。
② [德]哈贝马斯:《交往与社会进化》,张博树译,重庆出版社1989年版,第1页。

（einverstandnis）。认同归于相互理解、共享知识、彼此信任、两相符合的主观际相互依存。"①因此可以说，哈贝马斯创立普遍语用学的目的就在于通过重构可能相互理解的普遍条件，以实现成功的人际交往。这也是他用以解决民主问题的关键。

我们先来看哈贝马斯普遍语用学的理论构造。

首先，以言语行为理论为出发点来创建普遍语用学。马丁·杰伊（Martin Jay）指出，"与受结构主义语言学深刻影响的德国马克思主义者不同，哈贝马斯认为理性的重建工作只能合法地集中在言说的层次上，也就是奥斯汀说的言语行为或索绪尔说的言语而非语言的深层结构。"②因此，哈贝马斯在创立普遍语用学的过程中，首先区分了语言和言语。在他看来，"语言"是某种为了形式表达而建立的规则系统，是一种静态结构，句子作为一种构造完美的表达，是语言的基本要素或基本单位；而"言语"或"言说"是指在话语中使用句子的语言行为，是一种动态的过程，"话语"或"言语行为"（speech act）是它的基本单位。在他看来，言语行为才是语用学的研究对象。所谓言语行为，是指人们为实现交往目的而在具体语境中借助语言实施的行为，因此言语的首要功能不是表明所述的命题内容，而是通过说出某一句话或若干句话来实施某种行为，比如陈述、请求、感谢、反对等，并以此来建立人际关系。言语行为有三种语用学功能：呈现事实、表达自我意向和建立合理人际关系。传统语言哲学更多地关注言语的前两种语用学功能，即关注语言对世界的真理性表征和对主体的意向性表达。但哈贝马斯认为，对于交往活动和生活世界的理性化而言，建立合理人际关系才是最核心的。在这方面，奥斯汀和塞尔的言语行为理论超越了传统语言哲学狭隘地关注于语言使用的表征和表达，包括了语言使用的施为性意义，它假设了主体在言语行为中去使用句子的交往能力。正是在这个意义上，哈贝马斯认为言语行为理论"表征了一种范式的转变"，是"语言哲学中

---

① ［德］哈贝马斯：《交往与社会进化》，张博树译，重庆出版社1989年版，第3页。
② 韩红：《交往行为理论视野中的普遍语用学——"哈贝马斯语言哲学思想探幽"之一》，《外语学刊》2006年第1期。

向前发展的重要一步"。① 因此,他将奥斯汀和塞尔的言语行为理论作为其普遍语用学研究的出发点。

但是,奥斯汀和塞尔的言语行为理论并没有达到普遍语用学的层次,不可能提出关于可能理解和普遍条件的问题,因为它未能实现充分的概括化,只是停留在经验和偶然的层面,未上升到一个先验或者至少是"准先验"的层次。在哈贝马斯看来,只有上升到"准先验"的层次,我们才能设定交往的先决条件,同时才能为这一设定行为的有效性进行辩护。也就是说,在以语言为中介的交往过程中,言者总是要首先假定某种先验条件,以保证理解的可能和交往的成功,听者则根据拥有的某种经验去理解或质疑言者的话语。可见,普遍语用学虽然要求设定某种先验的东西,但并不将这种在先之物本体论化而视为终极的东西,而是融合了经验的因素。其普遍语用学是对先验的东西进行经验的构造,先验与经验的融合正是其独特之处。从这点来看,哈贝马斯超越了奥斯汀和塞尔停留于经验层面的言语行为理论,对该理论作了重大的修改。奥斯汀把言语行为分为"以言表意行为"和"以言行事行为"两种类型,而哈贝马斯则认为这两种行为是不可分离的,所有言语行为都包含"以言表意"与"以言行事"两种结构性成分,只是言语行为的这双重结构处于不同的交往层次并发挥着不同的功能:以言表意成分处于表述内容的层次,发挥陈述事实情况的功能;以言行事处于交往的主体间性层次,起着建立人际关系的作用;而且"以言行事力量的运用似乎构成了所有语言应用形式的基础"②。即以言行事成分居于支配性地位,以言表意成分则处于依赖性地位。正是对言语行为双重结构的这种认识,哈贝马斯才成功地重建了交往话语的有效性要求,后者正是其普遍语用学的内核。

其次,将言语的有效性要求作为普遍语用学的核心。哈贝马斯把以达到理解为目的的交往活动看做最基本、最重要的活动,作为交往之最小单位的言语行为,其语用功能的实现,尤其是合理人际关系的建立,关键就在

① Maeve Cooke, *Language and Reason: a Study of Habermas's Pragmatics*, Cambridge: The MIT Press, 1994, p. 56.

② [德]哈贝马斯:《交往与社会进化》,张博树译,重庆出版社 1989 年版,第 35 页。

于言语内在地产生的各种有效性要求能否得到满足。普遍语用学就是要从理论上重建作为交往活动之普遍前提条件的言语有效性要求。所谓"有效性要求",就是指在任何以达成理解为基本取向的交往行为中,为了使交往获得成功,言语者必须自觉地遵守的若干有效性条件或者说普遍的基本预设。在考察言语的有效性要求之前,哈贝马斯分析了交往活动的发生以主体人的"交往性资质"为前提条件。在他看来,交往以达成理解为目的,而要达到理解,一个参与交往活动的人必须 a. 说出某种可理解的东西;b.使自己成为可理解的;c. 与他人达成相互理解或共识。为此,一个人必须具备三种能力:"1. 选择陈述性语句的能力:通过这种选择,或是被陈述命题的真实性条件,或是被提及命题内容的存在性先决条件,被假设得到满足,从而使听者能够分享言说者的知识。2. 表达言说者本人的意向的能力:所用的语言学表达呈示出被意向的东西,使听者能够相信言说者。3. 实施言语行为的能力:该行为与被认可的规范或被接受的自我—影像相一致,使听者能够在共同具备的价值取向中认同言说者。"①这三种能力就是哈贝马斯所说的"交往性资质",这是交往活动的主体所应具备的前提条件,只有交往主体具备了"交往性资质",即具备了交往能力,言语行为的有效性要求才有实现的可能。哈贝马斯指出,交往行为要想获得成功,除了交往主体具有交往能力外,交往的言语者还必须遵守言语行为的四种有效性要求:其一是可理解性,即说出某种可理解的东西,以便为他人所理解;其二是命题的真实性,即提供真实的陈述,以便与他人共享知识;其三是意向的真诚性,即真诚地表达自己的意向,以便自己能为他人所理解和信任;其四是言说的正确性,即说出本身是正确的话语,以便得到他人的认同。这四种有效性要求,哈贝马斯概括为:"言说者必须选择一个可领会的(verstandlich)表达以便说者和听者能够相互理解;言说者必须有提供一个真实(wahr)陈述(或陈述性内容,该内容的存在性先决条件已经得到满足)的意向,以便听者能分享说者的知识;言说者必须真诚地(wahrhaftig)表达他的意向以便听者能相信说者的话语(能信任他);最后,言说者必须选择一种本身是正确的(richtig)话语,以便听者能够接受之,从而使言说者和听者能

---

① [德]哈贝马斯:《交往与社会进化》,张博树译,重庆出版社 1989 年版,第 29—30 页。

在以公认的规范为背景的话语中达到认同。"①其中，第一个要求不是严格意义上的有效性要求，而是一个相互理解的规则，是后面三个有效性要求的前提。因为一般而言，话语只要能够符合某种语言的语法规则，它就是可理解的。这里，哈贝马斯将乔姆斯基关于理想语法规则的语言学理论也纳入到有效性要求里面了。就有关施行能力的语用学规则而言，言语行为的四种有效性要求可以还原为三种：真实性、真诚性与正确性。可见，一个成功的言说行为不仅要求在语法方面合乎规则，更重要的是要根据语用的规则（真实性、真诚性与正确性）与他人建立起合法的人际关系。以达成理解为基本取向的交往行为，必然要求有交往能力的言语者自觉遵守这三种有效性条件。只有在预设并满足了这些普遍的不可避免的条件时，交往行为才能得以持续。

最后，设计交往模式是普遍语用学的基本目标。前面谈到，正是由于哈贝马斯对言语行为的理解不同于奥斯汀和塞尔，才使他成功地重建了交往话语的有效性要求，这里结合普遍语用学对交往模式的设计具体谈谈。奥斯汀和塞尔将言语行为分为以认知为目的"以言表意行为"和以交往为取向的"以言行事行为"两种类型，这种认识未能把言语行为与各种有效性要求连接起来，而只是把众多的施行模式包含于命题的真实性这一种有效性要求中，从而片面地强调与世界的认知关系，损害了与世界的其他关系和相应的语言功能，其交往模式也仅限于对客观世界的认知。而由于哈贝马斯认为每一个言语行为都包含"以言表意"和"以言行事"两种成分，有效性要求就不再仅限于命题部分的真实性要求，而是开放于所有的真实性、真诚性和正确性要求，这就在言语行为与各种有效性要求之间建立起了全面的连接。一方面，所有的言语行为都会提出所有的有效性要求；另一方面，对于每一个有效性要求而言，言语行为都有一个相应的结构性成分来与之相对应：命题的、表态的、施行的。但哈贝马斯同时又特别强调，尽管在说明言语行为的有效性时，会同时提出三个有效性要求，但它们并不需要被同时强调，因为不同的言语行为总有一个居于核心地位的有效性要求。哈贝马斯区分出三种最基本的言语行为：认识式、表达式和规范调节

---

① ［德］哈贝马斯：《交往与社会进化》，张博树译，重庆出版社 1989 年版，第 3 页。

式言语行为。其中真实性的有效性要求主要是在认识式言语行为中,命题的真实性有赖于被陈述命题是否提供了关于"客观世界"的事实;真诚性的有效性要求主要是在表达式言语行为中,表达内容的真诚性有赖于被表达的意向是否与言说者"主观世界"的实际意向相一致;而正确性的有效性要求则主要存在于规范调节式言语行为中,所表达内容的正确性依赖于是否说出了与"社会世界"的规范相符合的话语。这样就发展出三种交往模式:认知的、表达的和互动的,它们分别涉及客观世界、主观世界和社会世界。由于每一个言语行为除了要满足居于核心地位的有效性要求外,还要满足其他的有效性要求,因此三种有效性要求或者说三种交往模式就同时存在于每一个言语行为中,从而使话语呈现事实、表达自我意向和建立合理人际关系的三项语用学功能得以全面实现。这是成功交往的关键所在。当然,哈贝马斯也指出,话语的有效性要求只是成功交往的关键性前提。"在以理解为目的的交往活动中,首先,说话者在言说时必定已经包含有效性要求了,不然的话,他就不能说是以理解为目的的。其次,说任何话语都必定包含了有效性要求,这仅仅是指逻辑的必然性,至于该话语在实际场合是否有效,究竟能否得到认可,还要由听者的肯定或否定的态度来决定。"①只有当交往双方达成同意时,话语的有效性要求才得到了兑现,交往才是有效的。而当听者对言说者的话语提出广泛质疑时,就表明听者对话语的有效性要求提出了怀疑,有效性要求无法兑现,从而影响到交往的持续进行。这时言说者要么为自己的话语辩护,要么对自己的话语作出修正,直到双方最终共同认可。这个过程说明,有效性要求的提出与被认可,不是强制的,也不是无理性的,而是在相互协调、相互同意基础上通过理性谈话实现的。因此,交往的成功既要以话语满足有效性要求为前提,更取决于话语有效性要求在实际场合被兑现。这对于理解哈贝马斯的普遍语用学以及建基于其上的交往行为理论相当重要。

通过考察哈贝马斯在现代西方哲学语言转向的背景下所实现的语用学转向,我们不难看出,哈贝马斯的语用学与结构主义、后结构主义的语言学的根本不同在于,它关注的不是语言自我满足的能指—所指系统,而是

---

① 盛晓明:《话语规则与知识基础——语用学维度》,学林出版社 2000 年版,第 138 页。

在不受强迫控制的环境中的交往。语用学转向的最大成果是确立了一种科学的语用思维。现代哲学的追求已不再是传统意识哲学意义上的理论建构,而是一种活动,是在生活世界中有规则的语言游戏,因此是参与者(包括说者与听者)之间的对话和交流,而不是单纯的主客体模式。从这个意义上讲,语用思维构成了"当代思维的基本平台"①。这个平台就是言语交往的平台。"当今几乎所有的文化热点问题,包括一体化与多元主义、局域性与普遍有效性的科学、知识与权力、技术官僚的统治与无政府主义等问题都能在这一新的言语交往的平台上汇集,并能得到妥帖的讨论与处理。"②因此,这个平台对于解决民主政治的问题也具有非常重要的意义。哈贝马斯正是在创建普遍语用学、实现哲学范式转换的基础上,创立了著名的交往行为理论,从而使交往理性获得了规范性地位,为解决现代性问题和民主危机,以及重建民主理论做了理论上的准备。

二、从主体性到主体间性

近代意识哲学以主体性、主体理性等为核心范畴,从意识哲学范式转向交往哲学范式即语用学范式,最根本的在于对主体、自我意识和理性的理解要实现从主体性向主体间性的转变,即从主体理性转向主体间理性或者说交往理性。意识哲学关注的根本问题是作为主体的人的意识与作为客体的世界的关系问题,以及前者对后者认识的可能性,表现为唯物主义与唯心主义两种基本形式。其中唯物主义主张世界是独立于意识的客观存在,人的一切认识和知识都是对客观世界的反映;唯心主义则宣称意识是世界的本源,世界及其意义是意识所赋予世界的。尽管它们的出发点不同,但都设立了思维与存在、意识与对象的同一。但在哈贝马斯看来,这种同一只是毫无根据的先验假设,在认识论的逻辑上并不能成立,因此意识哲学的主体仅仅是一个纯粹思辨的抽象概念,是形而上学的先验主体,在

---

① 盛晓明:《话语规则与知识基础——语用学维度》,学林出版社 2000 年版,"前言"第2页。

② 盛晓明:《话语规则与知识基础——语用学维度》,学林出版社 2000 年版,"前言"第2页。

人的现实社会实践中根本无法得到证明。意识哲学对主体的这种理解是在主体性意义上的理解。

所谓主体性,肇始于笛卡尔的"我思故我在"命题以及由此而展现的自我意识运动,德国古典唯心主义哲学则进一步发挥了自我意识的地位,以至于黑格尔把从康德开始的德国古典唯心论称为"自我意识运动的过程"。可以说,近代西方哲学的主体性,就是指由笛卡尔开创、并发展于德国古典唯心论的"自我意识论"。尽管如此,哈贝马斯并不赞成彻底抛弃主体概念,因为他认为任何哲学批判与思维都内在地隐含着主体的立场与作用,体现出主体的认识兴趣。因此,他主张从实践的角度考察主体,扬弃主体的思辨性,使主体的形成与作用在人的实践活动中得到证明。随着哈贝马斯的哲学转向交往范式,他对主体的考察就落脚于人的交往实践活动,从而在主体间性的意义上来理解自我主体、重建主体。从这个意义上讲,主体间性概念的提出源于意识哲学的衰落和当代哲学的语言学转向。在哈贝马斯看来,对语言的回归可以使单独的个人的意识状态不再孤独,也可以使先验意识回到生活世界的实践中并呈现出来,由此,在主体问题上,主体性转向主体间性。

所谓"主体间性",从广义上是指人作为主体在对象化的活动方式中,与他者的相关性和关联性,也可称为交互主体性。其具体内涵包括人作为认知主体、生存主体、伦理主体和实践主体,超越自身界限,涉及同样作为认知、生存、伦理和实践主体的他者的方面和维度。哈贝马斯主要是从社会历史的交往实践角度来阐述其主体间性思想的。主体间性问题早在德国古典哲学那里就被提出来了,但总体上只是作为认识论中的潜在性问题,被淹没于主客体问题的框架内。比如康德考察的主要是主体间的一致对于真正知识的重要性,以及主体间性对于确立道德本质与审美本质的重要意义;费希特(Fichte)将他人的存在作为确证自我意识的手段和中介,因而只是发现自我意识的外在性因素与条件,其主体间性表达的不过是一种相互承认、相互发现与相互制约的关系,并未真正超越以自我意识为基础的意识哲学;黑格尔通过对精神运动的辩证分析,揭示了自我意识的为他结构,即其非自足性,超越了近代哲学中关于自我意识的空洞理论,但他是在主体与对象之间的意义上来看待自我意识的确立,所有他人的意识都不过是客体而已,因此黑格尔的主体间性仍未摆脱主客体的思维框架。

主体间性问题真正成为西方哲学的一个重大问题,是伴随着对"生活世界"的重视而实现的,胡塞尔(Husserl)无疑是引领这一潮流的先驱。胡塞尔对生活世界中主体与他人主体的"同感"经验的探究,揭示了任何主体意识都不可能孤立地形成,而只能在主体与他人主体之间的交往中形成。只不过,胡塞尔从现象学的纯粹性出发,其所谓的主体都是经过"先验还原"的"先验主体",生活世界作为研究的出发点,属于先验的原发境域,能够随着个体自我主观视域的运动而发生变化,并非纯粹客观的现成的世界。其现象学的目的乃是寻求一种终极的科学的哲学,因而没有真正摆脱传统形而上学的影响。哈贝马斯的交往行为理论在摆脱传统形而上学的影响方面则向前迈进了一大步。他更加注重实践和有效性,以及语言哲学转向中的语用学意义,从而使其生活世界更加贴近本真,使主体间性更加富于真实的互动意义。这就超越了胡塞尔侧重于语义学的"意义理论",实现了对交往中真实互动的理解。正如他所说:"把理论活动放到其实际的发生和应用语境当中,这就唤醒了人们注重行为和交往的日常语境的意识。"[1]并且"只有从交往参与者的行事立场中才能找到进入历史—文化世界的途径"[2]。

哈贝马斯把交往行为视为人类最基本、最重要的活动,因此,他在批判意识哲学把一切都纳入"主体—客体"分离与对立的分析模式的基础上,提出"主体—主体"的分析模式,即在人与人之间的交往活动中把握这个世界的一切事物与现象,创建了作为交往行为的重要前提与基础的普遍语用学,从而实现了哲学范式的转换。前面提到,语用学转向的重要意义之一是把交往职能引入语言分析,从而形成了特有的"主体"概念——交往主体,因此,语用学中的"主体性"实质上就是"主体间性"。

哈贝马斯的普遍语用学强调的是不受强迫控制的环境中的交往,目的

---

① [德]哈贝马斯:《后形而上学思想》,曹卫东、付德根译,译林出版社 2001 年版,第 33 页。

② [德]哈贝马斯:《后形而上学思想》,曹卫东、付德根译,译林出版社 2001 年版,第 35 页。

是为了从根本上解决主体间的对话与交流的问题,所以他考虑的是对话的普遍性而非如康德所考虑的独语的普遍性,关注的是语言交流的主体间性和理解,而不是独语的主体性。具体而言,交往行为的本质和目的是达成相互理解,而普遍语用学以重构和确证可能相互理解的普遍条件为任务,因此,普遍语用学必须立足于理解而不是观察来分析言语行为。哈贝马斯指出,理解指向话语的意义,话语意义的理解者同时也就是说话者,他不可能独立于交往过程来建立自己的客观视角,不可能作为观察者独立于被观察事件来确保观察的客观性。因此,每一个交往者都处于与他人共同建立起来的、以语言为媒介的主体间联系之中,客观性只能在主体间性中得以体现;同时,主体间性也保障每一个交往者都保留主观差异的权力。哈贝马斯还指出,相互理解的规范条件即话语有效性要求的提出与兑现,是以交往参与者在相互协调、相互同意基础上通过理性谈话实现的,只有通过这种主体间的认可,以理解为基本取向的交往活动才能获得成功。这样,对主体的理解就被赋予了主体间性的意义,"自我"的核心意义就不是孤立的个人,而是"自我"与"他人"的关系。哈贝马斯认为,对"自我"与主体的主体间性理解非常重要,因为任何人都不可能单独地自由存在。没有与他人的关联,任何人都不可能过一种有意识的生活,甚至一种属于自己的生活;没有人能成为仅属于自身的主体。"'自我'是在与'他人'的相互关系中凸显出来的,这个词的核心意义是其主体间性,即与他人的社会关联。惟有在这种关联中,单独的人才能成为与众不同的个体而存在。离开了社会群体,所谓自我和主体都无从谈起。"①在他看来,现代性的规范内涵只有在主体间性的标志下才能被解读。

应该说,哈贝马斯提出主体间性或交互主体性概念,并不是对主体性的完全抛弃,而是在扬弃基础上的超越。所谓"交互主体",就是主体与主体的相互承认与尊重。交互主体性就体现在从主体交往的互动中去把握主体和主体意识,从而使这种把握更具有本真性和实践的有效性。因此,主体间性的实现并非对主体和主体性的否定,真正的主体性只有在主体与

---

① [德]哈贝马斯:《历史唯物主义的重建》,转引自章国锋:《关于一个公正世界的"乌托邦"构想:解读哈贝马斯〈交往行为理论〉》,山东人民出版社 2001 年版,第 40 页。

主体相互承认和尊重的时候才可能确立起来,没有这种交互性,谁也不是真正的主体。哈贝马斯认为,语义学并未真正摆脱传统形而上学的影响,单纯从语义出发,还不能进入实际的交往,更不是交往中主体的互动。必须从语义学转到语用学,在语用中营造出主体间得以沟通和形成共识的语境,才能构造出真实有效的"客观世界"。这即是说,真实有效的语义,只有在语用中,在交往的主体间的语用中,才能具体地体现出来。当然,对哈贝马斯来说,特别重要的还在于他强调"以言行事"的原则,即在主体间经过语用而达成沟通和共识。在他那里,构造出真实有效的"客观世界"还不是最终目的,"行事",即在实践中完成共识的计划才是最终目的。由此可以看到,哈贝马斯对马克思实践学说的继承和发挥。

第三节　交往理性的确立

为解决现代性问题与民主危机,哈贝马斯对以主体理性为核心的意识哲学提出了质疑,并实现了哲学基础的语用学转向。在这个过程中,他对理性的态度不同于其他当代思想家彻底批判与否定的消极倾向,而是一种在批判基础上进行理性重建的积极态度,以期为其现代性和民主的解决方案提供科学的规范基础。

不可否认,启蒙以来的理性时代正是在大力弘扬主体理性的基础上实现了划时代的社会进步与发展。但另一方面,以主体为中心的理性观又导致了主客体的分离与对立、对自然的横征暴敛、对他人的奴役和自我压抑等"宰制社会的黑暗图景"①,这也是不争的事实。理性的这种悖论为当代思想家提供了反思理性的空间,它直接产生的问题就是:社会理性化过程中所产生的各种问题究竟是理性发展的必然后果,还是理性运用的偏差所致? 如果是前者,那么放弃理性就是必然的选择;如果是后者,那么这就是一个社会实践问题,对理性的反思性重建应是最佳选择。对此,韦伯持前一种观点。他认为现代社会的各种问题就在于理性化过程中工具理性与

---

① [德]哈贝马斯:《后民族结构》,曹卫东译,上海人民出版社 2002 年版,第 187 页。

价值理性发生了分离并相互对立,形成了此消彼长的关系,现代社会的理性化主要是工具理性的伸张,从而衍生价值非理性的后果,这在理性化过程中是不可避免的。

受韦伯的影响,当代各种哲学与政治思潮尽管立场各异,但都找到了一个共同的批判对象——西方理性主义,对理性大加斥责与否定。福柯(Foucault)把理性视为权力意志,实现着对现代社会的隐蔽统治。海德格尔(Heidegger)则直接将现代社会视为技术统治的社会。德里达(Derrida)把启蒙主体的自由理想称为逻各斯中心主义。与哈贝马斯同属法兰克福学派的早期理论家霍克海默(Horkheimer)与阿多诺(Adorno)看到了理性内涵自己的反面,并认为正是理性自身包含分裂的内因导致了启蒙理性的辩证结果:"历来启蒙的目的都是使人们摆脱恐惧,成为主人。但是完全受到启蒙的世界却充满着巨大的不幸。"①因此,他们通过对现代社会理性化后果的分析,认为理性已经堕落为工具理性,从而全面否定理性。

面对理性概念在现代资本主义社会中所处的悲惨境地,哈贝马斯既不愿放弃社会批判理论,即不愿放弃理性,因为理性是批判的基石,它赋予批判以合理性,又不愿像老一代法兰克福学派理论家那样拒斥理性概念。他确信启蒙理性仍然是人类社会的希望所在。因此,对于前面的问题,哈贝马斯持后一种观点。他认为,现代社会的问题并不在于西方社会的理性化过程本身,而是源于理性的工具化使用所致的理性的不平衡发展。因此,哈贝马斯坚决反对上述简单而激进的理性批判,认为否定理性并不能解决理性运用上的偏差所导致的社会问题。"包容性理性和排斥性理性的空间隐喻表明,所谓的激进理性批判仍然立足于主体哲学的前提,而它想要摆脱的正是这些前提。一种理性,只有当我们赋予它绝对权力的时候,它才可能包容或排斥。因此,内和外是与统治和臣服联系在一起的;而克服掌握权力的理性则和砸破监狱的大门、确保进入无拘无束的自由联系在一起的。所以说,理性的他者始终都是权力理性的镜像。献身和命令始终是与控制欲联系在一起的,如同反抗权力依赖于压迫的权力一样。那些想要把

---

① [德]霍克海默、阿多尔诺:《启蒙辩证法》,洪佩郁、蔺月峰译,重庆出版社1990年版,第1页。

一切范式连同意识哲学范式统统抛在一边,而直接迈入后现代性的澄明境界的人,根本无法摆脱以主体为中心的理性概念及其直观形态。"①所以,哈贝马斯对启蒙理性仍然满怀信心,相信只要坚守理性的基本价值,通过重建理性就能解决现代社会的各种问题。按照哈贝马斯的理解,理性本身包含工具与价值的双重维度,但这两个维度并不像霍克海默与阿多诺所认为的那样是对立的两极,而是矛盾着但可以互补的双方。社会的理性化过程既是工具理性不断发展的过程,也是价值理性不断发展的过程。前者体现为社会系统的整合能力不断提高,后者表现为生活世界的社会整合能力不断提高,其中系统整合能力的提高又以社会整合能力的提高为基础,工具理性的发展就扎根到价值理性当中,现代社会的问题由此得以解决。同时他又认为,生活世界是交往地建构起来的领域,因此只有在合理交往中,社会整合能力才会不断提高,并通过法律的框架而使系统整合能力得到提高。显然,哈贝马斯把合理交往视为解决因工具理性片面发展所导致的社会问题的有效手段。由此,他重建了以交往主体为中心的交往理性,取代了以主体为中心的主体理性观。交往理性不再以控制自然和其他主体为旨趣,而是"在主体间的理解与相互承认过程中表现为一种约束力量。同时,它又明确了一种普遍的共同生活方式"②。因此,它可以解决以主体为中心的工具理性所导致的社会问题,当然包括西方社会的民主问题。他说:"我们就必须返回到黑格尔在耶拿时期所放弃的选择——回到一种交往理性的观念,从而换一种方式来思考启蒙辩证法。"③交往理性就成为哈贝马斯批判和重建民主理论的规范基础。

一、交往行为:人的理性化行为

要全面准确地把握交往理性,首先必须考察交往理性得以产生和赖以存在的交往行为,这始于哈贝马斯对人的社会行为类型的分析。"行为者

①　[德]哈贝马斯:《现代性的哲学话语》,曹卫东等译,译林出版社 2004 年版,第 361 页。

②　[德]哈贝马斯:《现代性的哲学话语》,曹卫东等译,译林出版社 2004 年版,第 376 页。

③　[德]哈贝马斯:《现代性的哲学话语》,曹卫东等译,译林出版社 2004 年版,第 86 页。

的行为具有多大程度的合理性,主要取决于我们为行为所设定的世界关联。"①哈贝马斯根据行为者与世界之间的不同关联,将主体在社会中的各种行为归纳为四种基本行为类型,由此来揭示交往行为的真实意蕴。②

哈贝马斯认为,行为者与客观世界相关联的行为是目的行为或策略行为。目的行为是指在一定情况下,通过使用有效的手段和恰当的方法而实现某种目的的行为,其前提是一个行为者与一个实际存在的客观世界之间的关系。"如果把其他至少一位同样具有目的行为倾向的行为者对决定的期待列入对自己行为效果的计算范围,那么,目的行为模式也就发展成为策略行为(Strategisches Handeln)模式。"③也就是说,策略行为至少需要两个有目的的行为主体,他们一边把其他行为者的决定作为准绳,一边又对其他行为者的决定施加影响,以此来实现自己的目的,因而遵循的是效用最大化原则。这里,哈贝马斯把其他人的行为作为一种客观的事态来理解,将它视为人的目的行为所面对的客观世界的一个方面,因此,分化为策略行为的目的行为也始终都是"一个世界的概念"。

行为者与社会世界和客观世界这两个世界相关联的行为被哈贝马斯视为规范调节的行为。它是指行为者不是孤立地与另一个行为者打交道,

---

① [德]哈贝马斯:《交往行为理论:行为合理性与社会合理化》,曹卫东译,上海人民出版社 2004 年版,第 83 页。

② 在 1973 年发表的《合法化危机》中,哈贝马斯把人的行为初步划分为工具行为和交往行为,"面对外部自然,社会系统用(遵循技术规则的)工具行为来捍卫自身,面对内在自然,则用(遵循有效规范的)交往行为来捍卫自身。"(《合法化危机》第 15 页)因此,哈贝马斯这时实际上是把工具行为视为处理人与自然之间关系的行为,把交往行为视为处理人与人之间关系的行为。这与后来的论述差别较大,可以说这里涉及的是关于人处理三个世界的方式,而后来涉及的是人运用语言来处理三个世界的不同特征。在 1976 年发表的《普遍语用学》中,他又把人的社会行为区分为符号行为、策略行为和交往行为三种。其中符号行为指音乐、舞蹈等与"非命题式的符号表达系统联系在一起的"行为。策略行为"是以行为者的成功为目标的,更一般地说,这种行为模式是与目的合理的行为的功利行为模式一致的"。而交往行为是"以理解为目标"的行为。这里交往行为不再狭义地理解为遵循规范的行为,而是把认知、互动与表达式的言语行为都包括在交往行为之中了。在 1981 年出版的《交往行为理论》中,哈贝马斯才把人的社会行为划分为四类。可以说,前两本著作都是其创立交往行为理论的准备性工作,从中也可以看到其思想历程的发展和变化。

③ [德]哈贝马斯:《交往行为理论:行为合理性与社会合理化》,曹卫东译,上海人民出版社 2004 年版,第 83 页。

而是作为一个社会群体的成员与其他社会行为者发生互动,他们同属一个社会世界,都被期望遵循这个社会世界的既有规范而行动,符合这种规范的行为就被视为正当的行为。社会规范的存在意味着它被这个社会的成员看做是有效的,是"社会群体中共识的表现"①,包含着某种价值观念,这些价值观念发挥着社会整合的作用,因为社会规范要求社会群体的成员向着一定的方向行动。哈贝马斯尽管认为规范调节行为的前提是两个世界——客观世界和社会世界,即"参与者对于事实或非事实可以采取一种客观化的立场,或者,参与者对于正义的要求或非正义的要求采取一种符合规范的立场"②。但他同时也强调,在这种行为模式中,行为者与世界的关系主要"发生在行为者与社会世界之间",行为者属于社会世界,并在其中扮演规范接受者的角色,此外还可以建立起正当的人际关系。③

考察了行为者分别与客观世界和社会世界相关联的行为模式之后,哈贝马斯指出,无论是目的行为还是规范调节行为,行为者本身都没有被设定为一个可以加以反思的世界,即这两种行为模式都没有涉及行为者的主观世界,他由此提出另一类行为模式——戏剧行为。戏剧行为涉及的"既不是孤立的行为者,也不是某个社会群体的成员,而是互动参与者,他们相互形成观众,并在各自对方面前表现自己。"④表现的目的是给自己的观众一个具体的形象和印象,以达到吸引观众或听众的目的。为此,他必须把自己的主体性多少遮蔽起来一些。而只有本人才有特殊的渠道进入自己的主体性领域,即行为者在进入自己的主观世界时比其他人具有优先性,所以他要表现自己,就必须和他自己的主观世界建立起联系。这样,重在自我表现的戏剧行为的核心就不是直觉的表达行为,而是面对观众对自

---

① [德]哈贝马斯:《交往行为理论:行为合理性与社会合理化》,曹卫东译,上海人民出版社2004年版,第84页。

② [德]哈贝马斯:《交往行为理论:行为合理性与社会合理化》,曹卫东译,上海人民出版社2004年版,第89页。

③ 参见[德]哈贝马斯:《交往行为理论:行为合理性与社会合理化》,曹卫东译,上海人民出版社2004年版,第89页。

④ [德]哈贝马斯:《交往行为理论:行为合理性与社会合理化》,曹卫东译,上海人民出版社2004年版,第84页。

身的经验表达加以修饰的行为。因此,戏剧行为要求一个主观世界作为前提条件,行为者在行为过程中本身就构成了背景,并与主观世界建立起联系。

通过考察行为者分别与客观世界、社会世界、主观世界的关联,哈贝马斯把人的社会行为区别为目的行为或策略行为、规范调节行为、戏剧行为三种,它们分别侧重于三个不同的世界。在此基础上,哈贝马斯提出一个同时涉及三个世界的"交往行为"概念。所谓"交往行为",是指至少两个以上具有言语和行为能力的主体,借助语言符号作为相互理解的工具,以期在行为上达成一致的行为。他说:"我把以符号为媒介的相互作用理解为交往活动。相互作用是按照必须遵守的规范进行的,而且必须遵守的规范规定着相互的行为期待(die Verhaltenserwartung),并且必须得到至少两个行动的主体[人]的理解和承认。"①这样,"人与人之间通过符号协调的相互作用,在规则的范导下,进入人的语言的世界,从而以语言为媒介,通过对话,进而达到沟通与相互理解。"②因此,交往行为实际上就是以语言为媒介、以理解为目的的行为。"交往参与者相互就某事达成沟通,他们不仅仅与客观世界建立起了联系,经验主义占据主导地位的前交往模式已经说明了这一点。他们也不仅仅与客观世界中存在或能够表现以及被创造出来的事物发生联系,而且也和社会世界或主观世界中的事物发生联系。言语者和听众所使用的是一个具有相同来源的世界系统。"③所以,交往行为的核心是以三个世界和语言媒介为前提,也就是说,在交往行为中,行为者通过语言而与三个世界都发生了关联。因此,言语者与三个世界的关联不是直接发生的,"而是用其表达的有效性可能会遭到其他行为者的质疑这一点来对自己的表达加以限制。"④这即是说,言语者是通过他者对其话语有

---

① [德]哈贝马斯:《作为"意识形态"的技术与科学》,李黎、郭官义译,学林出版社1999年版,第49页。

② 魏敦友:《释义与批判:哈贝马斯的"交往合理性"述评》,《江汉论坛》1995年第7期。

③ [德]哈贝马斯:《交往行为理论:行为合理性与社会合理化》,曹卫东译,上海人民出版社2004年版,第82页。

④ [德]哈贝马斯:《交往行为理论:行为合理性与社会合理化》,曹卫东译,上海人民出版社2004年版,第99页。

效性要求的态度来调整自己与世界的关系的。正是由于处于交往活动中的人在以语言进行交流时必须满足三个普遍的有效性要求,即命题的真实性、意向的真诚性与言说的正确性,而这三个有效性要求又分别指涉三个世界,即客观世界、主观世界与社会世界,因此,以语言为媒介的交往行为就同时涉及三个世界。

当然,哈贝马斯也承认在前述三种行为模式中,行为者也需要使用语言而与各自所涉及的世界发生联系,但这三种行为模式分别用不同的方式片面地理解了语言。目的行为把语言当做众多交往媒介中的一种,语言就被视为服务于行为者目的的手段;规范调节行为把语言看做传播文化价值的手段,以及通过文化上的理解达到观念上的共识的手段;戏剧行为则把语言视为自我表现的手段,从而压制了其认知功能与人际互动功能。这三种行为模式的语言概念的片面性就表现在:"它们各自所代表的交往类型都是交往行为的临界状态,具体而言,第一种是间接的沟通,参与者眼里看到的只是自己的目的;第二种是共识行为,参与者只是把已有的规范共识付诸实现罢了;第三种是与观众相关的自我表现。它们都只是分别揭示了语言的一种功能,即或发挥以言表意效果,或建立人际关系,或表达经验。"①相反,哈贝马斯认为只有在交往行为模式中,语言才被视为一种达成全面沟通的媒介。在沟通过程中,言语者和听众同时从他们的生活世界出发,即基于他们自己理解的、用他们自己的语言表达的经验,"同时论及客观世界、社会世界和主观世界中的事物,以研究共同的状态规定"②。也就是说,"在任何一种言语行为中,言语者都与客观世界、共同的社会世界以及主观世界中的事物建立起了联系。"③交往行为通过语言同时与三个世界发生关联,意味着通过不同的言语命题,交往行为同等地关注并实现了言语的所有语用学功能:呈现事实、表达自我意向和建立合理人际关系。因

---

① [德]哈贝马斯:《交往行为理论:行为合理性与社会合理化》,曹卫东译,上海人民出版社 2004 年版,第 95 页。

② Jürgen Habermas, *The Theory of Communicative Action*, Vol. 1. 转引自傅永军:《法兰克福学派的现代性理论》,社会科学文献出版社 2007 年版,第 266 页。

③ [德]哈贝马斯:《现代性的哲学话语》,曹卫东等译,译林出版社 2004 年版,第 366 页。

此,交往行为全面地把握了社会行为中的各种行为角色,协调地考虑了三个世界,比其他行为模式在本质上更具合理性。人的行为需要理性化,以使之具有一种理性结构。而人的理性化行为不应仅仅体现在目的合理的行为中,更应该向交往行为扩展,因为理性化主要"体现在交往行为的媒介性质上,体现在调解冲突的机制、世界观以及同一性的形成上。"①因此,只有交往行为才是能够被理性化而且必须被理性化的行为。其意义就在于通过对话达到人与人之间的相互理解和一致,以形成有效的社会规范,从而协调行动。

二、交往理性:理性的统一

从哈贝马斯对人的社会行为,尤其交往行为的相关论述,我们可以进一步分析他对理性的重建。这个理性就是蕴含在人类最基本的社会行为——交往行为——中的"交往理性"。所谓"交往理性",是指体现于交往行为的背景中和生活世界的结构中的人的生活理性。意识哲学范式的基本概念是以主体为中心的工具—目的理性,它关注的是个人行动所追求的目的,其主体主要是具有认知能力和行为能力的主体。哈贝马斯把以相互理解为核心的交往行为视为最基本的社会行为,而语言是达到相互理解的交往手段,体现了其哲学向语言范式的转换——不是句法或语义系统中的语言,而是使用中的语言即言语。这种语用哲学范式的主体是交往主体或者说主体间性主体,以交往主体为中心的理性就是交往理性,它所衡量的就是互动参与者能否把主体间相互承认的有效性要求作为自己的行为取向。因此,交往理性实质上"是建立在言语有效性基础上的理性潜能的体现"②。

根据哈贝马斯所论述的交往行为的特征,可以将交往理性的特点概括如下。

首先,交往理性并不是理性的一个本质概念。交往行为涉及的是主体

---

① [德]哈贝马斯:《交往与社会进化》,张博树译,重庆出版社 1989 年版,第 123 页。
② [德]哈贝马斯:《现代性的哲学话语》,曹卫东等译,译林出版社 2004 年版,第 367 页。

与主体间的关系,不再像意识哲学那样因关注主体与客体间的关系而把知识仅仅理解为关于客观世界的知识,而是理解为主体之间以交往为中介的知识。因此,交往理性不是可以一劳永逸地建立所有知识的形而上学理性基础,它不是知识的一种属性,而是指语言和行为中知识的使用。它也不再是那种位于社会生活复杂性之上的抽象理性概念,而是运行于社会生活日常交往实践之中的生活理性。

其次,交往理性克服了西方哲学的"逻各斯中心主义"。西方哲学传统一直固守于命题真实性的单一论域上,形成了逻各斯中心主义的统治。哈贝马斯的交往行为以话语的三大有效性要求为前提,因此,交往理性不仅包含了命题真实性,而且包括表达的真诚性和表述的正确性。这种多论域性要求有更多类型的话语,从而有效地克服了单一论域、单一话语所致的极端性和统治性,既避免了系统和工具理性的过度膨胀,又为主体的互动交行提供了鲜活的语境基础。

最后,交往行为是主体与主体之间以语言为媒介、以理解为导向、并遵循一定社会规范、通过对话形式以期达成共识并协调行动而进行的行为。因此,"交往理性是一种通过语言实现的、具有主体间性的、符合一定社会规范的、在对话中完成的、能在交往者之间达成协调一致与相互理解的程序性的理智能力。"①交往理性的程序性决定了其功能只是从形式上为达成一致的对话与商谈等规定一个可操作的原则。该原则以社会规范为依托,是主体之间行之有效的、并以一定形式巩固下来的行为规范,不能用工具行为的规则来解释。

综上所述,交往理性克服了工具—目的理性的局限,将理性概念的内涵扩大到主体说话与行动的一切能力,而不仅仅是获得真理与实现特定目的的手段。

由于交往行为涉及行为者与三个世界的关联,而且通过语言中介,个人不同目的的行动可以协调起来。因此,交往行为内含了目的的行为、规范调节行为和戏剧行为中的各种行为角色,交往理性也就融目的取向的工具—目的理性于自身之中,并且"由于包含了道德—实践内涵和审美—表

---

① 傅永军:《法兰克福学派的现代性理论》,社会科学文献出版社 2007 年版,第 268 页。

现内涵,这个理性概念要比局限于工具—认知因素的目的性理性概念更加丰富多彩"①。简言之,交往理性实现了价值理性与工具—目的理性的统一。同时,由于交往理性"包含着一种话语所具有的非强制性的一体化力量和共识力量,而在这种话语中,参与者为了建立一种具有合理动机的共识,克服掉了其最初的有限的主观观念"②。因此,交往理性又克服了行为者自己最初的工具—目的理性所带来的问题。哈贝马斯由此为自己所重建的交往理性进行了规范论证,使之成为其民主理论的规范基础。

三、交往理性的实现:普遍语用学与话语伦理原则

交往理性是交往主体所具有的说话与行动的一切理智能力,其核心诉求是主体间能够相互理解并达成共识,从而协调行动,实现成功的交往。主体间的交往以语言为媒介,而对话活动必然是在一定的前提下进行的,必定以某种形式承认和遵循一些规范的要求。因此,交往理性诉求的实现,或者说交往行为的成功,哈贝马斯诉诸于"理想的言语情境"(ideal speech situation),包括恰当的语言和共同的社会规范。一方面,交往者必须能够使用恰当的语言进行以相互理解为目的的对话;另一方面,交往者应该承认、尊重并遵守共同的社会规范。前者以普遍语用学的成果为前提,后者则由话语伦理学的成果来实现。

关于普遍语用学,我们在考察哲学范式的转型时已有详细的论述,这里对普遍语用学的论述只是就恰当的语言与共同的社会规范之间的关系及其对交往理性的实现而言的。普遍语用学旨在从理论上重构理想交往的普遍前提条件,为成功的人际交往奠定理论基础。交往活动的普遍前提条件除了交往主体的"交往性资质"外,关键在于话语的有效性要求。只有话语满足了真实性、真诚性和正确性的有效性要求时,话语呈现事实、表达自我意向和建立合理人际关系的语用学功能才得以全面实现,交往行为也

---

① [德]哈贝马斯:《现代性的哲学话语》,曹卫东等译,译林出版社 2004 年版,第 367 页。

② [德]哈贝马斯:《现代性的哲学话语》,曹卫东等译,译林出版社 2004 年版,第 367 页。

才能得以进行。当然,话语有效性要求在哈贝马斯看来只是成功交往的必要前提而不是充分条件。在以理解为目的的交往活动中,言说者在言说时必须包含有效性要求,否则他就不能说他是以理解为目的的。但是,仅仅确保话语的有效性要求,还不能充分实现交往的成功,因为话语在实际场合是否有效还取决于有效性要求的兑现,即取决于听者的态度。只有当交往双方达成同意时,话语的有效性要求才得到了兑现,相互理解也才得以实现,交往才是成功的。因此,交往的成功既要以话语满足有效性要求为前提,更取决于话语有效性要求在实际场合被兑现。简言之,在以导向社会主体间相互理解的交往行为中,相互理解使不同人的不同观点、主张与行为相互协调起来,主要体现为达成意见一致即共识,否则交往行为就不是相互理解的行为,而是相互误解的行为;这种相互理解以话语的有效性为基础,而以另一方表示同意为完成。这样,交往行为的成功有赖于一方的合理性建言与另一方的承认性纳言。当然,交往行为中的建言与纳言是相互的,即交往双方的话语有效性要求都需要得到对方的相互承认。因此,普遍语用学的成果作为交往行为的重要前提和基础,必须与话语伦理学的成果相结合,方能实现理性交往的成功。

满足话语有效性要求的言语行为,要获得其他交往主体的同意并被接受,交往主体之间必须承认并共同遵守一定的社会规范,从而在这种社会规范的框架下相互承认对方的话语有效性要求,以达成相互理解与意见共识,并根据共识协调行动。在这点上,哈贝马斯主要受到帕森斯的影响。帕森斯认为要在市场或者其他任何一个领域中建立起正常的人际关系和秩序,社会成员必须承认、重视并遵守社会规范。因为这些被大多数社会成员所认可和遵循的社会规范不仅影响而且制约着每一个社会成员的行为,是人们在相互交往中达到相互承认和相互理解的前提。因此哈贝马斯认为,在人们相互交往的社会关系中,社会规范起着行为导向的作用,人们只有以共同的社会规范为自己的行为导向,才能与他人发生关系,同他人对话与交流,并达成相互理解。他说:"与有目的—理性的行为不同,交往性行为是定向于主观际(即主体间性——笔者注)地遵循与相互期望相联系的有效性规范。在交往行为中,言语的有效性基础是预先设定的,参与者之间所提出的(至少是暗含的)并且相互认可的普遍有效性要求(真实性、正确性、真诚性)使一般负载着行为的交感成为可能。"①这里，"相互期望"是指对各自话语有效性要求的承认的相互期望，"与相互期望相联系的有效性规范"就是交往参与者为了实现相互承认对方的话语有效性要求而必须遵守的共同的社会规范，只有在共同遵守这些社会规范的基础上，各自的话语有效性要求才能得以兑现。那么，交往主体间共同遵守的究竟是什么样的社会规范？或者说是否存在为人们普遍接受并遵守的社会规范或道德原则呢？对此，哈贝马斯同康德一样，认为这种为人们所普遍认可的社会规范、道德原则是存在的。只不过康德是把实践理性看做普遍的道德原则的基础，而哈贝马斯则是从语言学上，在人们的交往行为中为普遍的道德原则寻找基础，由此创立了研究交往主体间所共同遵守的社会规范的话语伦理学。

所谓"话语伦理学"，是指这样的理论：在规范的制定中，通过反复论证达成公正的话语规则与程序，使合理的交往前提体制化，目的是使交往共同体中的所有人获得平等话语权利，且每个人的话语都受到同等重视。哈贝马斯接受了阿列克赛(Alesy)的观点，认为公正的话语规则与程序包括三条：1."每一个具有言语和行为能力的主体都应该被允许参与对话。"2."a.每一个人都被允许对任何主张提出疑问。b.每一个人都被允许在对话中提出任何主张。c.每一个人都被允许表达其态度、愿望和需要。"3."没有人能以任何内在的或外在的强迫方式阻止言说者履行其由第一条和第二条所规定的权利。"②其中第一条确保了交往的开放性，任何具有交往能力的人都可以参与交往；第二条保障了交往参与者的机会均等；第三条则试图消除欺骗和权力对对话的影响，从而确保第一条和第二条的实现。因此，这些对话规则提供了交往参与者为实现成功交往而必须遵守的社会规范的程序性前提。这决定了哈贝马斯的话语伦理学是一种形式伦理学而非实质伦理学。实质伦理学相信可以从某种终极价值中得到具体的规范，比如罗尔斯以自由与平等这两种价值为前提，通过道德推理而得出两个正

---

① ［德］哈贝马斯：《交往与社会进化》，张博树译，重庆出版社 1989 年版，第 121 页。

② Jürgen Habermas, *Moral Consciousness and Communicative Action*, Translated by Christian Lenhardt and Shierry Weber Nicholsen, Cambridge: Polity Press, 1990, p. 89.

义原则。哈贝马斯的形式伦理学则认为道德原则的内容不能来自某种先定的价值,而只能由所有相关者在对话、商谈和论辩过程中达成,伦理学的使命只是为规范证明提供程序,即为达成关于道德原则的共识提供公平的对话规则与程序。因此,哈贝马斯的话语伦理学涉及的是普遍规范的论证程序,至于道德原则的具体内容,则是不确定的,是通过对话协调达成的。其伦理学的基本原则就接近于康德的道德法则,可以视其为一种没有内容的形式主义原则。只不过康德的道德法则完全排斥了实质性内容,哈贝马斯却并未完全排斥道德规范的内容,而只是认为其内容是不确定的,需要通过对话参与者的协商选择。这使哈贝马斯既区别于坚持纯粹形式主义道德规范的康德,又区别于既坚持道德原则的形式普遍性又坚持道德原则可以拥有确定性内容的罗尔斯。我们现在具体来看看其形式主义伦理学的基本原则。

根据前述程序性前提,哈贝马斯引出了作为规范论证程序的话语伦理学的基本原则:普遍化原则以及由此引出的话语原则。所谓"普遍化原则"(principle of universalization,简称 U 原则),哈贝马斯表述为:"普遍遵守一切期望满足每个参与者的利益的规范所产生的结果和附带效果,能为所有相关者接受,对于那些知道规则具有可供选择的可能性的人来说,这些结果是他们所偏爱的。"①该原则表明的是,"一个规范的有效性前提在于:普遍遵守这个规范,对于每个人的利益格局和价值取向可能造成的后果或负面影响,必须被所有人共同自愿地接受下来。"②这就是说,所有有效的规范必须满足普遍化原则,普遍化原则对一个规范的有效性检验是以它是否公平地考虑到每个人的个人利益为标准的。可见,普遍化原则不过是康德伦理学中绝对命令的哈贝马斯表述。但他又看到康德诉诸先验论证的缺陷,因为后形而上学时代对形而上学想象力的拒斥,使道德规范普遍性的先验论证不再可能。因此,哈贝马斯转向通过实践话语来论证道德规范的普遍性。

---

① Jürgen Habermas, *Moral Consciousness and Communicative Action*, Translated by Christian Lenhardt and Shierry Weber Nicholsen, Cambridge: Polity Press, 1990, p. 65.

② [德]哈贝马斯:《包容他者》,曹卫东译,上海人民出版社 2002 年版,第 45 页。

把普遍化原则作为实践话语的规范来论证,哈贝马斯提出了"话语原则"(principle of discourse,简称 D 原则):"只有那些得到或能够得到所有实践话语的参与者同意的规范,才能声称是有效的。"①即"有效[gultig]的只是所有可能的相关者作为合理商谈的参与者有可能同意的那些行动规范"②。话语原则与普遍化原则一样,都不涉及规范的具体内容,而只是关于论证规范的程序。普遍化原则涉及的是规范的有效性前提,即公平地考虑每个人的个人利益;话语原则强调的则是满足有效规范的论证条件,即对话与商谈;根据对话与商谈展开的论证实践揭示了能够满足每个参与者的利益并获得普遍赞同的规范就是有效性规范。"如果话语实践本身是公正判断道德问题的唯一资源,那就必须用话语实践的自我指涉形式来代替道德内涵。正是这样一种观念概括了话语原则'D':只有那些在实践话语当中得到所有当事人赞同的规范才可以提出有效性要求。这里的'赞同',是在话语前提下得到的,意味着一种用认知理由建立起来的共识;我们不能认为,赞同就是所有人从自我中心主义角度作出的协商。"③这里,哈贝马斯特别强调,规范论证是为了取得理性共识,而理性共识正是"协调行为的机制"。

哈贝马斯在其话语伦理学中,揭示了交往主体之间必须共同遵守的社会规范就是以对话规则为程序性前提,并通过普遍化原则与话语原则这两个规范论证程序而获得的规范。哈贝马斯指出,只有在遵循对话规则与这两个基本原则的前提下,才能产生共同的社会规范;也只有在遵循共同社会规范的前提下,交往主体之间才能就对方的话语有效性要求达成共识,从而兑现话语的有效性要求,实现成功交往。不难看出,无论是为社会规范提供程序性前提的对话规则,还是作为社会规范论证程序的两个基本原则,都贯彻和体现了交往行为的主体间性,这表明社会规范和道德原则的精神特质与运用条件不是独白式的,而是对话式的,是一切有关参与者的

---

① Jürgen Habermas, *Moral Consciousness and Communicative Action*, Translated by Christian Lenhardt and Shierry Weber Nicholsen, Cambridge: Polity Press, 1990, p. 66.
② [德]哈贝马斯:《在事实与规范之间》,童世骏译,三联书店 2003 年版,第 132 页。
③ [德]哈贝马斯:《包容他者》,曹卫东译,上海人民出版社 2002 年版,第 44 页。

相互承认。因此,哈贝马斯将他的话语伦理学概括如下:"向原则引导的道德判断的转化,只是一种初始的、需要补充的步骤,通过这一步骤,成人会使自己脱离开现存规范的传统世界。因为评判种种规范所依据的原则(例如均衡的正义的诸原则),现在是以复数形式出现,并且本身需要作论证。道德的观点不能在某个'第一'原则或某一'终极的'论证中来找,因而不能是在论证本身的范围外来找。只有带来规范性效准要求(即有效性要求——笔者注)的理智商谈程序持有论证力量,而论证之具有这一力量,最终要归于它以交往行动为根本。所寻求的先于一切争论的'道德观点',是产生于一种基础性的、内筑于按理解来定向的行为中的相互性。正如我们已经看到的,这种相互性最初出现于权威所支配的补偿性形式和利害意趋所支配的对称性形式,尔后又出现于各种行为期望的相互性,这些期望与那些社会性角色相联系,同样地它也出现于与各种规范相联系的权利与义务间的相互性;而最后,它又出现于理智论谈的理想性角色交替,这种交替应保证拥有普遍参与讨论论证途径的权利和机会均等地参与讨论论证的权利都无所强制地和均等地体验到。在这一第三个相互作用阶段,一种相互性的理想形式成了一个原则上无限定的交往社会合作寻求真理的规定。"①

哈贝马斯所设想的交往是交往参与者在说出符合话语有效性要求的语言的前提下,将自己的行为纳入经所有交往参与者通过对话与商谈而建立起来的普遍同意的社会规范之下,通过接受规范的指导而使自己的行为合乎理性。体现在这种交往行为中,并实现于恰当的话语和共同的社会规范中的交往理性,就成为哈贝马斯在实践领域进行理论建构的规范基础。其政治哲学,或者更具体地说,其审议民主理论,也以交往理性为其规范基础。他说:"普遍化原则'U'是一个内涵丰富的话语原则,主要适用于解决一个特殊的问题,那就是道德问题。当然,话语原则也适用于其他类型的问题,比如政治立法者的协商问题或法律话语问题等。"②具体而言,哈贝马

---

① [德]哈贝马斯:《道德意识和交往行动》,转引自薛华:《哈贝马斯的商谈伦理学》,辽宁人民出版社 1988 年版,第 27—28 页。

② [德]哈贝马斯:《包容他者》,曹卫东译,上海人民出版社 2002 年版,第 49 页。

斯重建的民主理论就是将他始终强调的交往过程的主体间性在政治层面上得以落实,从而使政治共同体成员的交往理性得以实现,使民主过程始终处于交往理性的观照之下。他将话语原则或者说商谈原则作为民主政治的核心,重建了包含公共领域与国家议会这两层商谈过程的审议民主,旨在通过交往理性的实现,形成合法的民主意志。

第三章 审议民主理论：哈贝马斯重建民主理论的新模式

从实践上看,通过对现代性问题的反思,哈贝马斯揭示了当代民主实践的危机主要在于生活世界的文化领域被系统领域殖民化,出现了再生产障碍,不能为社会整合提供动机,从而致使公民的政治自主变成对政治权力的消极盲从,民主意志变成一种虚假意志,民主成为一种表演性与符号化的形式;而生活世界的殖民化归根结底源于西方社会理性化进程中理性的不平衡发展,即工具理性的过度膨胀与交往理性的极度萎缩。与其他思想家对西方社会理性化进程的悲观态度相反,哈贝马斯对生活世界文化领域的交往理性持积极的乐观态度。他把生活世界视为交往行为得以进行的背景场域和交往活动的产物,并认为在主体间交往过程中所体现的交往理性足以克服工具理性过度膨胀所带来的社会问题,其中包括民主的问题。因此,哈贝马斯在实现了语用学转向、论述了交往理性的规范性力量之后,着手于重构生活世界来建构其民主理论。

从理论上来看,哈贝马斯将生活世界作为其重建民主理论的出发点,也是为了克服以往两种规范性民主模式的理论缺陷。自由主义与共和主义民主模式受意识哲学思维方式的影响,主张一种"以国家为中心"的社会观,导致在政治观上对国家寄予厚望:自由主义希望通过国家管理来实现个人权利;共和主义则认为国家本身具有伦理价值,个人只有通过参与国家事务才能实现个人价值。前者忽视了国家有可能损害个人利益或因能力问题无法保障个人权利,后者又在客观上为国家权力对个人权利的侵犯打开了方便之门。对此,哈贝马斯主张要让国家发挥恰如其分的作用。在系统理论的启发下,哈贝马斯提出自己"非中心化的社会观",主张以一种既区别于政治国家又区别于经济领域的市民社会来弥补国家的不足,而市民社会正是扎根于生活世界之中、以公共领域为其核心建制的社会文化领域。以卢曼(Luhmann)为代表的系统理论主张社会是诸多功能子系统的集合体,各子系统之间彼此相互影响,但谁也不能声称它能代表或者说能掌握所有其他子系统而成为社会系统的中心,因此整个社会难以形成自己统一的自我意识。哈贝马斯同意系统理论前面的观点,也认为社会是一个由诸多功能子系统组成的平面结构,作为政治系统的国家仅仅只是社会诸系统之中的一个,既不是社会的顶点,也不是社会的中心,既不具有统摄全局、掌控一切的影响力,也无法成为形成社会总体性自我意识的合理场所。但是,他不同意系统理论的结论,因为他认为在非中心化的现代社会,其总体性自我意识尽管不能在国家层面上形成,却可以在生活世界的文化领域中,即市民社会或者说政治公共领域中形成,从而使社会成为一个具有统一性的整体。他说:"与商谈的民主理论相对应的社会观是一种非中心化的社会观,尽管在这个社会中,政治公共领域已经作为一个感受、辨认和处理影响全社会的那些问题的论坛而分化开来。"①当然,哈贝马斯认为尽管政治公共领域具有"感受、辨认和处理影响全社会的那些问题"的能力,但它本身并不具有集体行动能力,也不能作出具有集体约束力的决策,具有集体行动能力的只能是国家。在公共领域中"通过民主程序而形成为交往权力的公共舆论,是无法亲自'统治'的,而只可能对行政权力之运用指出特定方向"②。因此,他主张将具有集体行动力的国家与对影响全社会的问题具有感受、辨认和处理能力的公共领域(市民社会)相结合,从而使国家行为遵循具有合法性力量的人民意志,使民主即人民的统治既是正确的统治,又是人民自主的统治,私人自主与公共自主都得以实现。

从哈贝马斯立足于生活世界来重建民主理论的动机可以看出其民主理论的基本机制。首先,民主过程是在不受强制的环境中的交往与商谈过程,因此其规范有效性涉及的是对话的普遍性而不是独语的普遍性,是主体间性而不是主体性。独语的普遍性是康德追求的目标,对独语普遍性的

---

① [德]哈贝马斯:《在事实与规范之间》,童世骏译,三联书店2003年版,第374页。
② [德]哈贝马斯:《在事实与规范之间》,童世骏译,三联书店2003年版,第373页。

考验是绝对命令的伦理。哈贝马斯的目标是对话的普遍性，对对话普遍性的考验是话语的有效性要求与话语伦理的对话规则和基本原则，由此形成了一种交往理性观照下的民主意见和民主意志。这种民意既是合法的，又是合理的。其中，合法性在于有广泛的参与，合理性在于通过理性的检视而实现了正确性，我们通常用合法性来概括这两层意思。其次，所谓政治，在哈贝马斯看来是民主的意见和意志形式。在他所重建的民主政治中，他所关注的是民主意见和意志的形成过程，这个形成过程包括两个层次的商谈过程，其一是公民在政治公共领域中的公开商谈，其二是国家议会中的立法商谈。正是这两个层次的商谈过程的循环往复确保了交往权力的合法性以及由交往权力所体现的人民意志的合法性，进而保障了法律的合法性以及由交往权力转化而来的政治权力的合法性，从而实现了民主法治国的理想政治形态。哈贝马斯将这种民主理论称为区别于自由主义民主和共和主义民主的"第三种民主"的规范模式，即程序主义的审议民主（deliberative democracy）政治，他本人则习惯于称它为"审议政治"（deliberative politik）。①

第一节　哈贝马斯建构审议民主理论的前提：重构生活世界

　　哈贝马斯为了克服民主实践危机与解决民主理论缺陷而重建的审议民主理论，是以重构生活世界为前提的。这一方面缘于生活世界所蕴含的交往理性能够确保人民民主意志的合法性与合理性，另一方面是因为生活世界公共领域中的公开商谈是审议民主理论两个商谈过程的首要层次，是确保民主意志合法性的重要保障。

　　具体而言，由于生活世界是交往行为的背景场域，并由交往活动得以再生产，因而生活世界具有交往行为的理性结构，或者说是以交往理性为

---

① 参见［德］哈贝马斯：《包容他者》，曹卫东译，上海人民出版社 2002 年版，第 280 页。这里译为"话语政治"。

其运行准则,而交往理性正是哈贝马斯用以确保民主意志合法性与合理性的关键所在。交往理性不仅是生活世界公共领域的运行准则,而且在生活世界去殖民化以后,也成为生活世界的社会成分(政治系统与经济系统)的运行准则,从而确保了审议民主理论两个层次的商谈过程都处于交往理性的观照之下,产生出具有合法性与合理性的民主意志。通过生活世界中公共领域的公开商谈可以形成非正式的、经验的、具有合法性力量的人民民主意志;将这种民主意志输入作为政治系统的国家议会,经议会的立法商谈就可以形成正式的、理性的合法民主意志。在他看来,只有扎根于生活世界的政治公共领域并形成于国家议会中的人民意志,即经历了两个层次的商谈过程的人民意志,才是真正的民意,才可以成为一种对政治权力具有构成作用的交往权力。

因此,重构生活世界就成为哈贝马斯重建民主理论、确保真正民主的首要的基础性工作,正如他所说:"受法治国规范的、因而是官方的权力循环的经验意义……首先取决于市民社会[zivilgesellschaft]能不能通过共鸣的、自主的公共领域而形成一种活力,足以把种种冲突从边缘带入政治系统中心。"①哈贝马斯对生活世界的重构主要落脚于振兴以公共领域为核心建制的市民社会这一文化领域,并通过市民社会的振兴与交往理性的发展而使生活世界的社会要素(政治与经济领域)重新被纳入生活世界的规范结构之中,实现生活世界的"去殖民化",从而使政治系统——主要是国家议会——的建制化民主过程也遵循交往理性这一运行准则。审议政治就在非建制化的公共领域的公开商谈过程与建制化的国家议会的立法商谈过程中实现了民主的目标。

一、交往与生活世界

基于对交往理性的理性潜能的坚定信念,哈贝马斯将其审议政治的民主过程置于交往主体间的商谈之中。对交往行为与商谈活动的考察必然涉及生活世界,这是由哈贝马斯对生活世界概念的独特理解所决定的。在

---

① [德]哈贝马斯:《在事实与规范之间》,童世骏译,三联书店 2003 年版,第 411—412 页。

阐述哈贝马斯对现代性危机当代表现的分析时,已从方法论的角度在"系统—生活世界"的双重社会架构中介绍了生活世界,现在我们再从交往的角度看看哈贝马斯对于生活世界的理解。

哈贝马斯首先将生活世界视为区别于客观世界、主观世界和社会世界的独特世界。在他看来,交往行为是人类最基本最重要的社会行为,处于交往活动中的人在用语言进行交流时,必须满足三个普遍的有效性要求,它们是:1. 命题的真实性,即提供真实的符合客观世界的陈述,以便与他人共享知识;2. 意向的真诚性,即真诚地表达自己主观世界的意向,以便自己能为他人所理解和信任;3. 言说的正确性,即说出符合社会世界之规范的正确的话语,以便得到他人的认同。因此,这三个有效性要求分别指涉了客观世界、主观世界与社会世界这三个世界,从而使交往行为以语言为媒介而与三个世界打交道。同时,他认为交往行为根植于生活世界之中,"交往行动者总是在他们的生活世界的视野内运动;他们不能脱离这种视野。"①因此,交往关系就不是行为者与三个世界中的任何一个世界的关系,而是行为者之间通过对三个世界的解释而达致相互理解、取得一致意见的关系。哈贝马斯由此将其"生活世界"概念与三个世界概念相区别。

由于哈贝马斯认为交往行为根植于生活世界之中,"生活世界"概念就被他视为交往行为理论完备化的不可缺少的补充性概念。他说:"我顺带,并且按照一种重建的研究展望,引进了生活世界的概念。它构成了交往行动的一种补充的概念。"②生活世界概念的"引入"意味着该概念并不是哈贝马斯的首创,而是哈贝马斯对他人的"生活世界"概念的借鉴与改造。

"生活世界"是德国现象学大师胡塞尔晚年提出的一个概念,是指科学研究的出发点与基础,属于前科学的、先验的原发境域,是"我们之中与我们的历史生活之中的一种精神结构"③。哈贝马斯继承了胡塞尔关于生活

---

① ［德］哈贝马斯:《交往行动理论:论功能主义理性批判》,洪佩郁、蔺青译,重庆出版社1994年版,第174页。

② ［德］哈贝马斯:《交往行动理论:论功能主义理性批判》,洪佩郁、蔺青译,重庆出版社1994年版,第165页。

③ ［德］胡塞尔:《现象学与哲学的危机》,吕祥译,国际文化出版公司1988年版,第138页。中译本将"Umwelt"译为"周围世界",参见该书第136页。

世界的非课题性、前科学性与奠基性特征,但突破了胡塞尔对生活世界的单纯现象学解释,清除了构成生活世界的先验的原始自我,认为仅仅以意识为中心的行为与世界均不足以称为生活世界。同时,哈贝马斯还批判地接受了舒茨(Schutz)与卢曼关于生活世界的三个契机理论,即生活世界被赋予经验的主体、具有相互理解的主体间性、其限度不能被超越。如此一来,哈贝马斯就从日常生活的交往活动来理解生活世界。

按照哈贝马斯的理解,生活世界既是主体之间进行交往活动的背景预设,又是交往行为者相互理解的"信念储存库"。

一方面,交往主体在交往过程中必须有一个交往的场所与背景,这个背景为交往行为提供了绝对的界线。在他看来,交往行为者不可能走出的背景场域就是其生活世界,因为生活世界是交往活动的参与者一直始终运行于其中的视域,它提供了前人积累下来的知识与意义资源,因此是交往活动所预设的无可争议的背景性场域。它具有非课题性,将现实世界看做是一个毫无疑义的、无须作为课题加以论证的前提;同时,它又是前科学的和奠基性的,是被人们的活动所作用过的、主体间的共同世界,是一切科学研究与理论研究赖以存在的前提。正是这种熟悉的背景知识和意义,才为人们之间的相互理解提供了可能,而正是这种相互理解,维系着正常的交往行为。因此,哈贝马斯把生活世界界定为交往主体间交会的先验场域,"这种主体间共有的生活世界构成了交往行为的背景"①。言者和听者能够在其中相互提出要求,以至他们的表达与世界相互协调;他们也能够在其中批判和证实这些有效性要求,排除不一致并取得认同。因此,作为交往背景的生活世界在哈贝马斯那里就是言者和听者之间达成相互理解所必不可少的互动要素。

另一方面,由于生活世界提供了前人积累下来的知识和意义资源,并将这种特定文化传承下去,而这种特定文化又是使交往主体获得一种公共性解释依据的"前理解",是交往参与者之间的相互理解的根据,因此,生活

---

① [德]哈贝马斯:《交往行为理论:行为合理性与社会合理化》,曹卫东译,上海人民出版社 2004 年版,第81页。

世界被哈贝马斯视为交往主体间相互理解的"信念储存库"。① 言者和听者就凭借共有的生活世界这一"信念储存库",达到对客观世界、主观世界和社会世界的理解。

综上所述,哈贝马斯在其交往行为理论中引入生活世界概念,主要是为了说明交往参与者拥有一个共同的背景性知识对于顺利交往的重要性,这种庞大的背景性知识由生活世界提供并传承的。因此,交往行为的成功在他看来就取决于生活世界的合理结构。

根据帕森斯的结构功能主义,哈贝马斯将生活世界划分为三大结构要素:文化、社会与个性。他说:"我把文化称为知识储存,交往参与者由此获得对世界上某种事物的解释并在相互之间获得理解。我把社会称为合法的秩序,交往参与者由此调节他们在社会团体中的成员关系,并巩固他们的联合。我把个性理解为一个主体的言语和行为能力,这使主体能够参与理解过程,并由此维护自己的同一性。"②其中文化能够起到传播、保存和更新文化知识传统的作用,从而使相互理解成为可能;社会这一"合法的秩序"可以促进社会的统一和联合,从而使协调行动成为可能;个性则可以促进个人同一性的形成,实现个人社会化。由此可见,生活世界作为交往的背景场域,是人们通过交往达成相互理解与共识、并协调行动的前提;生活世界的三大结构要素所发挥的功能,决定了发生于生活世界之中的交往行为担负着文化再生产、社会整合与个人社会化这些功能。而交往行为在履行这些功能的过程中,又通过文化再生产、社会整合和个人社会化将生活世界本身再生产出来。因此,从这个意义上讲,生活世界又是交往行为的结果。

哈贝马斯从交往角度所理解的"生活世界",既是交往行为得以成功进行的前提和根据,又是交往行为再生产出来的结果。因此,他认为生活世界的结构与语言交往活动的内在主观结构是一致的;生活世界由于具有交往行为的理性结构,因而充满了解放的潜能。理性内在于交往行为中,交

---

① 参见[德]哈贝马斯:《交往行动理论:论功能主义理性批判》,洪佩郁、蔺青译,重庆出版社1994年版,第171页。

② Jürgen Habermas, *The Theory of Communicative Action*, Vol. 2, Translated by Thomas McCarthy, Boston: Beacon Press, 1985, p. 138.

往行为实现了合理性就可以恢复生活世界的再生产动力,从而使生活世界的理性化力量重新成为社会进化与发展的基础。生活世界的理性化力量贯彻在政治领域中,就成为人民民主意志合法性与合理性的保障。因此,哈贝马斯将重构生活世界作为建构其审议民主理论的前提,目的就在于通过大力发展交往理性,实现交往行为的合理化,并促进生活世界的理性化,从而贯彻真正的民主原则。

二、交往理性与共识真理

交往理性是体现于交往行为的背景中和生活世界的结构中的人的生活理性,而发生于生活世界中的交往行为是主体与主体之间以语言为媒介、以理解为导向、并遵循一定社会规范、通过对话形式以期达成共识并协调行动而进行的行为。因此,交往理性就是交往主体之间通过语言实现、并能在交往者之间达成相互理解与共识、且符合社会规范的理智能力。"交往理性在主体间的理解与相互承认过程中表现为一种约束的力量。同时,它又明确了一种普遍的共同生活方式。"①交往理性所衡量的是互动参与者能否把主体间相互承认的有效性要求作为自己的行为取向。因此,交往理性实质上"是建立在言语有效性基础上的理性潜能的体现"②。这种理性潜能的实现除了要遵循话语的有效性要求外,还要恪守话语伦理的基本原则。哈贝马斯将交往理性的这些实现条件统称为"理想的言语情境",包括其普遍语用学所揭示的话语的三大有效性要求,以及其话语伦理学所阐述的对话规则和话语伦理原则。其意是说,只要任何一个具有言语和行为能力的主体都被允许平等、自由地参与对话,免除了权力的干预和暴力的威胁,并能说出满足真实性、真诚性和正确性这三项有效性要求的话语,那么这些交往主体之间通过话语的反复论证与协商,就能达成广泛的"话语共识";根据话语伦理基本原则,这种被所有交往参与者认同的"话语共

---

① [德]哈贝马斯:《现代性的哲学话语》,曹卫东等译,译林出版社 2004 年版,第 376 页。

② [德]哈贝马斯:《现代性的哲学话语》,曹卫东等译,译林出版社 2004 年版,第 367 页。

识"必须被视为是普遍有效的,因而必须被所有人共同遵守,其后果也必须为所有人共同承担。由此,哈贝马斯认为,通过贯彻交往理性,可以形成具有普遍意义的真理性认识,这种真理性认识在政治领域中,可以被视为合法与合理的人民民主意志。

这里,哈贝马斯特别强调了政治领域中合法与合理的民主意志作为真理,与科学(尤其是自然科学)领域中的真理具有本质上的区别。科学领域的真理涉及的是人类对自然界各种现象的认识,以及这种认识的真实性与正确性,其实质是指话语所陈述的内容与客观事物相符,因而是一种符合论真理观。而政治领域却没有这种意义上的真理,政治领域的真理不过是通过某种方式,使某种意见得到大多数人的赞同,从而变得像真理或者说被承认为真理。其实质是大多数人的一种共识,因而是一种共识论真理观。因此可以说,科学真理与政治真理的根本宗旨与判断标准是各不相同的。在根本宗旨上,科学的最高追求是不以人的意志为转移的客观真理;而政治的最高理想则是使尽可能多的人的利益得到满足,只有满足了大多数人的利益并得到大多数人的赞同的主张或意见,才能被承认为真理。在判断标准上,科学领域的真理与多数和民主无关,只涉及是否与客观事物相符;而在政治领域,真理的唯一标准就是得到大多数人的赞同,因此政治真理只有依靠多数与民主才能成立。

同时,哈贝马斯强调,即使是在科学领域,符合论真理观也存在一定问题。首先,符合论真理观预设了客观世界与语言世界的对应关系,这存在严重缺陷。客观实在是主体意识的超越物,即康德意义上的"自在之物",它与主体意识、主体的语言陈述完全是二元的,因此二者的相符只是人的一种主观感觉,无法得到证明。所谓真理性,仅仅是对一种陈述的性质判断,仅仅属于语言范畴,并不能切中客观世界。因此,哈贝马斯认为,我们应该把客观世界与作为陈述对象的世界区分开来。其次,符合论真理观有一个致命弱点,即人们根据什么来判断一种语言陈述与客观事物相符,从而断定该陈述是真实的并可以被称为真理呢?应该说,要判断一个语言陈述与客观事物相符,就必须有一个超越二者的判断者和一种绝对中立的判断立场,但这样一个凌驾于二者之上的判断者和这样一种绝对中立的判断立场根本不存在,因此就没有一种衡量二者是否相符的客观标准。最后,符合论真理观不仅预设了主体与客体、话语与客观实在之间的对称关系，而且要求话语主体间的绝对同一。但是，人对客观世界的认识永远是个体的、主观的，存在巨大的差异，不可能存在绝对同一的认识，因此也就没有一种主体间可检验的、完全同一的真理判断标准。基于此，哈贝马斯认为符合论真理观能否用于自然科学领域尚且存在严重的分歧与激烈的争论，在政治领域就更加难以成立了。因此，他指出政治领域唯一适当的应该是共识论真理观。

事实上，共识真理早在古希腊苏格拉底的哲学中就有了萌芽。苏格拉底认为，存在是向每一个个别的观察者敞开的，而每一个个别观察者由于客观参照物的缺失，都不能断定他对所观察到的对象的陈述是否真实与正确，因此，对此作出判断的途径只能是与别的观察者的对话。只有通过观察主体之间就同一对象进行讨论和辩论，陈述的真实性与正确性才能得到检验和证实。在这一过程中，某一观察者作出陈述，对话伙伴对此提出质疑与反驳，陈述者为自己的陈述辩护，如此反复进行对话，陈述就不断被修正与深化，直到不再有新的疑问和诘难，对话各方达成一致性结论时，该结论才能被视为是真实与正确的。

哈贝马斯继承和发展了苏格拉底的观点，认为政治领域的真理并不具有客观性，而只是"话语主体通过语言交往而达成的共识"①，其检验标准不是客观性，而是其"主体间性"。他说："只有在所有其他人均进入与我的对话，赞同我对某一对象的谓语性陈述时，我的陈述才可被认为真实的。我以为，为了区别真实与虚假的陈述，必须依靠他人的判断，即所有与我进行对话者的判断（包括我所能遇到的每一个反对我的陈述的对话伙伴）……陈述的真实性条件在于所潜在的赞同，即每一个人都必须确信，所加于某一对象的谓语性陈述是正确的，必须加以赞同。"②当然，哈贝马斯也指出，如果一开始在对话主体之间无法达成一致，那就需要通过对话与商

---

① ［德］哈贝马斯：《交往行为理论的准备性研究及其补充》，转引自章国锋：《话语·权力·真理——社会正义与"话语的伦理"》，《社会科学》2006 年第 2 期。

② ［德］哈贝马斯：《交往行为理论的准备性研究及其补充》，转引自章国锋：《话语·权力·真理——社会正义与"话语的伦理"》，《社会科学》2006 年第 2 期。

谈、质疑与反驳、辩护与论证、修正与发展来实现最终的一致,这一最终一致的话语才实现了真实性要求。"在我看来,话语真实性的判断标准只能是它的主体间性。即是说,只有在话语主体的交往对话中,话语的真实性才能得到检验。当所有人都进入平等对话,并就同一话语对象进行理性的探讨与论证,最后达成共识时,该话语才可被看做是真实的。因此,真实性乃是话语交往中的三种有效性要求之一以及这一要求的实现。当然,为了达成有效、真实的共识,每一个话语主体还必须从理性动机出发,严格遵循普遍认同的话语规则和论证程序,表现出共同探求真理的真诚态度和愿望。综合起来,符合交往理性的话语活动,必须实现刚才提到的三大有效性要求,即真实性、正确性和真诚性。"①

哈贝马斯通过其交往行为理论与话语伦理学,区别了科学真理与政治真理,并强调在政治领域中,只有满足大多数人利益、获得大多数人支持的意见,才能证明自己的正确性,从而具有合法性。因此,民主政治就是要通过全体公民的平等参与,通过充分的讨论和论证,来实现民主意志的合法性与合理性目标。"政治和社会方面的重大事务涉及的是所有公民的利益,任何一种决定都必须为多数人所赞同方能有效,反之,得到公众一致支持的决定又必须为所有人视为对自己有约束力的而遵守之。唯有如此,话语意志的民主和自由才能实现,一种社会制度也才能获得稳固的基础。"②依哈贝马斯之见,在政治领域,"理性化意味着,隐蔽地进入交往结构的权力关系的彻底消解,而这种权力关系造成了心理的和人际交往的壁垒,阻碍着人们有意识地避免冲突,并通过共识的达成来解决冲突。因为,在被扭曲的交往结构中,规范的共识事实上是通过强制被维护的,因而是虚假的。"③出于这种认识,哈贝马斯主张必须建立民主、公正的话语程序与规则。因为在话语共识的形成过程中,程序与规则起着重要的,甚至是决定

---

① 章国锋:《哈贝马斯访谈录》,[德]哈贝马斯、米夏埃尔·哈勒:《作为未来的过去:与著名哲学家哈贝马斯对话》,章国锋译,浙江人民出版社 2001 年版,第 121—134 页。
② [德]哈贝马斯:《话语伦理学解释》,转引自章国锋:《话语·权力·真理——社会正义与"话语的伦理"》,《社会科学》2006 年第 2 期。
③ [德]哈贝马斯:《历史唯物主义的重建》,转引自章国锋:《话语·权力·真理——社会正义与"话语的伦理"》,《社会科学》2006 年第 2 期。

性的作用:当共识通过反民主、不公正的程序,依仗权力和暴力强行建立时,它必定是压抑个性的虚假共识;只有当话语的一致以主体间自由认同的方式,通过民主和合理的程序达成时,它才是真实的,才真正体现了大多数人的意志,从而具有合法性与合理性。从这个意义上讲,哈贝马斯的民主政治思想具有唯程序性的特点,特别强调民主意志形成过程的程序与规则。

由于主体之间在生活世界中的理性交往可以形成共识性真理,在政治领域中可被视为一种合法、合理的民主意志,因此,重构生活世界的合理结构,实现交往的合理性,就是实现真正民主的首要工作。哈贝马斯正是基于这种认识,在建构其审议民主理论时,首先思考的就是在当代资本主义社会中,"被殖民化"的生活世界如何重新合理化的问题。当然,其审议民主理论并不止于生活世界的理性交往,还推进到作为国家公共权力机关的议会领域的理性交往,这是后文审议民主机制所涉及的内容。这里需要明确的是,生活世界的理性交往是审议民主的出发点和前提,议会领域的理性交往是生活世界理性交往的延续,两者都是审议民主理论不可或缺的组成部分。因为"一种高度复杂的社会的整合,是无法以系统家长方的方式、也就是绕开公民公众的交往权力而实现的。语义上封闭的系统,是无法被促使依赖其自己的力量来找到一种为觉察和表述同全社会有关的问题和评价标准所必需的共同语言的。适用于这种任务的,是那种处于特殊代码的分化域值之下、循环于全社会范围之中的日常语言,它在政治公共领域的边缘网络中、在议会组织中,本来就是被要求用来处理全社会问题的。仅仅从这个理由出发,政治和法律就是不能被理解为自组织封闭系统的。按法治国方式构成的政治系统在内部分化为行政权力的领域和交往权力的领域,并且保持对于生活世界的开放性。"①

三、市民社会的振兴与生活世界去殖民化

哈贝马斯对交往理性的实现条件,即"理想的言语情境",以及由此而获得的共识性真理的考察,为其探讨现实语境中合法与合理的民主意志的

---

① [德]哈贝马斯:《在事实与规范之间》,童世骏译,三联书店 2003 年版,第 437 页。

形成、进而实现真正的民主奠定了理论基础。在生活世界被殖民化、交往理性极度萎缩的当代资本主义社会,哈贝马斯根据"理想的言语情境"的要求,把现实民主的希望寄托于生活世界的合理结构之中。因为他认为,作为交往行为发生于其中的场域,生活世界尽管在当代社会受到了严重的侵蚀,但它仍然拥有某种储备,可以使历史进程得到合理的控制。因此,他希望通过在生活世界中培育一种以交往理性为运行准则的自主的公共领域,来恢复生活世界的再生产动力。

自主的公共领域作为全社会问题的传感器,向整个生活世界开放,包容了具有言语和行为能力的所有主体,因此其间的理性交往可以确保了民意的合法性。更进一步看,交往理性的发展可以促进生活世界的合理化,以抵制系统的侵蚀,从而使生活世界克服了因工具理性过度膨胀和系统的金钱化与官僚化所造成的内在殖民化。生活世界去殖民化意味着社会系统重新被纳入生活世界的理性结构之中,遵循生活世界的交往理性而运行,从而使作为政治系统的国家议会也遵循交往理性这一运行准则,确保了合法民意的进一步合理化。由此可见,公共领域与国家议会这两个层面上的理性交往活动,就是哈贝马斯用以形成合法与合理的民主意志、实现真正民主的关键所在,而恢复生活世界的理性结构更是其中的关键性前提。哈贝马斯对生活世界合理结构的重构主要落脚于市民社会的振兴。

主要受西方马克思主义早期理论家葛兰西(Gramsci)所开创的当代市民社会传统、从文化意义上规约市民社会的影响,哈贝马斯将市民社会理解为扎根于生活世界之中、以公共领域为核心建制的社会文化领域。当然,哈贝马斯在早期同时还受到黑格尔和马克思的影响,从经济与文化的双重维度来理解市民社会,包括黑格尔和马克思意义上的市民社会(bürgergesellschaft),或者说资产阶级社会(bürgerliche gesellschaft),即商品交换和社会劳动领域,以及葛兰西意义上的文化领域,即公共领域。尽管如此,哈贝马斯早期市民社会思想的理论重心仍然是公共领域,这既可以从其成名作《公共领域的结构转型》这一著作名称以及全书的内容得以体现,也可以从该书1990年再版序言的强调来说明,"'市民社会'的核心机制是由非国家和非经济组织在自愿基础上组成的。这样的组织包括教会、文化团体和学会,还包括了独立的传媒、运动和娱乐协会、辩论俱乐部、

第三章 审议民主理论:哈贝马斯重建民主理论的新模式

101

市民论坛和市民协会,此外还包括职业团体、政治党派、工会和其他组织等。"①应该说,哈贝马斯早期考察经济意义上的市民社会,主要是为了给公共领域的私人自律寻找一个生发地,因为公共领域的"社会前提条件在于市场不断获得自由,尽力使社会再生产领域的交换成为私人相互之间的事务,最终实现市民社会的私人化"②。到了后期,哈贝马斯则完全是在葛兰西意义上来理解市民社会,剔除了早期市民社会概念中的经济成分,认为"今天称为'市民社会'[Zivilgesellschaft]的,不再像在马克思和马克思主义那里包括根据私法构成的、通过劳动市场、资本市场和商品市场之导控的经济。相反,构成其建制核心的,是一些非政府的、非经济的联系和自愿联合,它们使公共领域的交往结构扎根于生活世界的社会成分之中。"③因此从总体上讲,哈贝马斯主要是从文化意义上来理解市民社会的。这样,市民社会作为扎根于生活世界的社会文化领域,理所当然成为哈贝马斯重构生活世界合理结构的落脚点。

振兴市民社会可以重构生活世界的合理结构,主要取决于市民社会以及作为其核心建制的公共领域在国家社会生活中所处的位置与它们所具有的特征。

如前所述,哈贝马斯认为市民社会不再包括经济因素,"组成市民社会的是那些或多或少自发地出现的社团、组织和运动,它们对私人生活领域中形成共鸣的那些问题加以感受、选择、浓缩,并经过放大以后引入公共领域。旨在讨论并解决公众普遍关切之问题的那些商谈,需要在有组织公共领域的框架中加以建制化,而实现这种建制化的那些联合体,就构成了市民社会的核心。"④可见,市民社会与政治国家、经济、其他功能系统是相区别的,但却同生活世界的私人生活领域相联系;而有组织的公共领域作为

---

① [德]哈贝马斯:《公共领域的结构转型》,曹卫东等译,学林出版社 1999 年版,"序言"第 29 页。

② [德]哈贝马斯:《公共领域的结构转型》,曹卫东等译,学林出版社 1999 年版,第 84 页。

③ [德]哈贝马斯:《在事实与规范之间》,童世骏译,三联书店 2003 年版,第 453—454 页。

④ [德]哈贝马斯:《在事实与规范之间》,童世骏译,三联书店 2003 年版,第 454 页。

市民社会的核心,"形成了政治系统这一方面和生活世界的私人部分和功能分化的行动系统这另一方面之间的中介结构。"①因此,市民社会,准确地说是公共领域,就成为国家与社会之间互动的桥梁。

哈贝马斯按照"国家—市民社会—社会"三分法的分析模式,结合科恩与阿拉托等对市民社会的描述,对市民社会(公共领域)的基本特征进行了分析。

首先,市民社会(公共领域)具有开放性与多样性。哈贝马斯指出,市民社会的"商谈性配置",即自发地出现的社团、组织和运动,"具有平等的、开放的组织形式,在这种组织形式中反映了作为它们的核心、并从它们那里取得连续性和持久性的那种交往活动的本质特点"②。也就是说,市民社会具有自愿、非官方的性质,其参与者是在一个由语言构成的公共空间中进行交往活动的。公共领域虽然可以划出内部边界,但"对外它却是以开放的、可渗透的、移动着的视域为特征的"③。因此,"公共领域原则上向所有公民开放"④,或者说"这个空间原则上是一直向在场的谈话伙伴或有可能加入的谈话伙伴开放的"⑤。因而它积极地推动了社会公众参与到公共领域中对公共议题进行争论和探讨,甚至激进的表达。同时,哈贝马斯指出,市民社会的自主性与自发性并不是建立在公众对于某一特定的生活方式或政治理念的非批判性沿袭的基础之上,而是以生活方式、亚文化和世界观上的成熟的多元主义为基础的,它包容了不同生活背景的个体对于公共议题的多样而交互的诠释。而且,在复杂的现代社会中,公共领域代表的也是一个高度复杂多样的网络。在空间上,这个网络可以区分为一些多样的、相互重叠的领域:国际的、全国的、地区的、社区的、亚文化的。在内容上则根据不同的功能视角、议题重点和政治领域等而分成一些或多或少专业化的、但一般公众仍然可以进入的公共领域,比如通俗科学的、艺术的、女性主义的、健康的等。而根据交往密度、组织复杂性和涉及范围又可

---

① [德]哈贝马斯:《在事实与规范之间》,童世骏译,三联书店 2003 年版,第 461 页。
② [德]哈贝马斯:《在事实与规范之间》,童世骏译,三联书店 2003 年版,第 454 页。
③ [德]哈贝马斯:《在事实与规范之间》,童世骏译,三联书店 2003 年版,第 446 页。
④ [德]哈贝马斯:《公共领域(1964)》,汪晖译,《天涯》1997 年第 3 期。
⑤ [德]哈贝马斯:《在事实与规范之间》,童世骏译,三联书店 2003 年版,第 447 页。

以分为不同层次的公共领域：啤酒屋咖啡馆的插曲性公共领域、剧场演出家长晚会音乐会政党大会或宗教集会之类的有部署的呈示性公共领域、由分散的散布全球的读者听众和观众所构成并由大众传媒所建立的抽象的公共领域。并且所有这些由日常语言所构成的子类公共领域都是相互开放和渗透的,市民社会的多样性复杂性就不是体现为一个平面网络,而是立体网络。

其次,市民社会(公共领域)具有非强制性与合法律性。公共领域是一个平等交往与自由讨论的话语空间,公民是"在不从属于强制的情况下处理普遍利益问题"①,不但可以自由地表达与讨论意见,还可以自由地集会与组合,因此具有非强制性特征,可以确保意见的真实性。同时,其非强制性又是通过合法律性而得到保障的。哈贝马斯把市民社会视为一个通过具有普适性的基本权利而构成的领域。凝结在宪法中的言论、集会、结社自由的基础权利确定了自愿性社团的活动空间;出版、广播和电视的自由,以及参加这些方面活动的自由,则确保了公共交往的传媒基础。因此,市民社会的存在有赖于一个凝结了基础权利体系的宪法,参与公共商谈的每一个成员都必须承认和尊重宪法所保障的基本自由,正是在这种承认与尊重基本自由的基础上,公民才能自由而平等参与到公共商谈之中。

最后,市民社会(公共领域)是一种"以交往行动为基础"的话语空间。哈贝马斯承认公共领域像行动、行动者、团体或集体一样是一种基本的社会现象,但又认为它无法用表示社会秩序的常用概念来把握,比如建制、组织、规范结构及系统等。他认为,"公共领域的特征毋宁是在于一种交往结构,它同取向于理解的行动的第三个方面有关:既不是日常交往的功能,也不是日常交往的内容,而是在交往行动中产生的社会空间。"②"这种主体间共享的言语情境空间,表现在参与者对对方的言语活动表达[Sprechaktangeboten]相互表态、并承担语内行动责任[illokutionare Verpflichtungen]的时候所进入的那种人际关系。"③因此他主张"公共领域最好被描述为一个关于内容、观点、也就是意见的交往网络;在那里,交往之流被以一种特

---

① [德]哈贝马斯:《公共领域(1964)》,汪晖译,《天涯》1997年第3期。
② [德]哈贝马斯:《在事实与规范之间》,童世骏译,三联书店2003年版,第446页。
③ [德]哈贝马斯:《在事实与规范之间》,童世骏译,三联书店2003年版,第447页。

定方式加以过滤和综合,从而成为根据特定议题集束而成的公共意见或舆论。"①

市民社会(公共领域)的开放性与多样性确保了公众参与对话交往的广泛性与普遍性,非强制性与合法律性则免除了权力与暴力对公众参与的干预和威胁,而作为一种"以交往行动为基础"的话语空间,公众在话语交往中由于是以理解为基本取向,必然遵循话语的三大有效性要求以及话语伦理的基本原则,因而经话语交往达成的"话语共识",即公共意见或舆论,就具有普遍有效性。因此,哈贝马斯认为,振兴市民社会(公共领域)可以在现实社会中实现"理想的言语情境"所要求的条件,从而恢复生活世界的合理结构,使之去殖民化。

市民社会的振兴,进而生活世界去殖民化,对哈贝马斯构建其审议民主理论具有重要的意义。

一方面,市民社会作为国家与社会之间互动的桥梁,既具有私人性,又具有公共性,从而成为人民意志的策源地并使之具有合法性。市民社会扎根于生活世界,是生活世界向公共生活开放的那个部分,而生活世界作为具有不同生活背景的个人进行交往的场域,其视域中交织着功能系统的当事人的私人生活历史;以市民社会为基础的公共领域的承担者是一个从全体公民中吸收新成员的公众集体,公共领域的交往渠道因此而同私人生活领域相连,不仅与家庭和朋友圈子,而且与邻居、同事、熟人等密集的互动网络相连。"公共领域中所表达的问题,只是在个人生活体验的镜子之中,才可以被看出是一种社会性痛苦压力的反映。"②因此,市民社会具有私人性,而且一旦其私人性遭到破坏,就会导致市民社会的异化。"交往行动的社会化力量在私人生活领域中越是萎缩,交往自由的火花越是暗淡,公共领域的垄断者就越是能够轻而易举地把那些彼此孤立的、形同路人的行动者们集结起来,把他们置于监督之下、用国民投票的形式加以动员。"③同时,哈贝马斯并不认为市民社会以纯粹的私人性为特征,因为人们在生活

---

① [德]哈贝马斯:《在事实与规范之间》,童世骏译,三联书店2003年版,第446页。

② [德]哈贝马斯:《在事实与规范之间》,童世骏译,三联书店2003年版,第452页。

③ [德]哈贝马斯:《在事实与规范之间》,童世骏译,三联书店2003年版,第456页。

史中感受和察觉的那些社会问题在经过私人方式的处理以后,成为公共领域新鲜而有活力的成分,经"建制化的联合体"以特定方式加以过滤、综合与放大,从而成为根据特定议题集束而成的公共意见或公共舆论,并且造成一定的声势,使得议会组织接过这些问题并加以处理。这样形成的公共意见与舆论是公共领域的交往结构普遍化之后的产物,就与简单互动的密集情境、实际在场的特定人物等都不再相连,而且还被输入到作为国家公共权力机关的议会。因此,市民社会又具有公共性,它是生活世界的交往互动中公共自主潜力的现实表达。这样,来自民间社会的意见与主张经过公共领域的理性商谈与讨论,就形成具有一定影响力的公共意见与舆论,并得到政治系统的关注而成为议会讨论的主题,构成人民意志的真正来源;而且由于公共领域具有广泛的群众基础,其间形成的公共意见与舆论就具有坚实的合法性基础。

另一方面,振兴市民社会,实现生活世界的合理化,为议会组织的理性商谈与合法民意的进一步合理化创造了条件,成为审议民主的切实保障。生活世界的殖民化源于工具理性的过度膨胀以及由此而带来的系统的金钱化与官僚化,表现为系统整合取代社会整合,货币与权力取代语言而成为人们交往的媒介。因此,政治系统并没有真正民主的声音。市民社会的振兴与交往理性的发展,使生活世界恢复了理性的交往结构,从而可以抵制系统的侵蚀,并逐步成为社会进化与历史发展的基础。生活世界的这一合理化进程使其社会要素(政治系统与经济系统)重新被纳入生活世界的理性结构之中,也遵循交往理性而运行。作为政治系统的国家议会遵循交往理性这一运行准则,可以确保了合法民意的进一步合理化。

由此可见,哈贝马斯审议民主理论的实质就是通过生活世界公共领域与国家议会这两个层面的理性商谈,确保人民民主意志的合法性与合理性,从而实现真正民主的政治目标。

第二节 哈贝马斯审议民主理论的基本机制

哈贝马斯审议民主理论的核心是通过审慎而理性的商谈,达成既具有合法性又具有合理性的民主意志。民意的合法性使人民的统治是自主的统治，民意的合理性则使人民的统治是正确的统治。因此，只有形成合法与合理的民主意志，才能实现真正的民主，即人民自己的统治。而民意的合法性在于有广泛的参与，民意的合理性在于其正确性。这样，哈贝马斯所关注的民主意志在商谈中的形成过程，就包括各种可以确保民主意志合法与合理的商谈类型。其中道德商谈与伦理—政治商谈具有广泛的参与，可以确保民主意志的合法性；实用性商谈与法律商谈作为"专家的事情"，可以确保合法民意的进一步合理化。这些形成民主意志的商谈类型及其内在逻辑就构成民主意志形成过程的内部程序，即哈贝马斯审议民主理论的商谈机制。将各种商谈类型的内在逻辑在法律上予以建制化，哈贝马斯就建构了审议民主理论的民主机制，即民主意志形成过程的外部程序，包括两个层次的商谈过程，一是具有广泛群众基础的生活世界之公共领域的公开商谈，二是由专门人员组成的国家议会的立法商谈。商谈机制与民主机制就构成哈贝马斯审议民主理论的基本机制。

同时，哈贝马斯认为，这两个层次的商谈过程并非一种单向运动关系，而是处于同一个循环往复的互动过程中：议会立法商谈所形成的民主的政治意志，应直接受到公共领域的意见和压力的影响，公共领域的公开商谈所形成的民主的政治意见，也应受到议会的慎思明辨的过滤，由此产生的立法产品还应继续反馈给公众，接受其评价与批判。正是在这种商谈与交往之流中，才产生了既合法又合理的真正民主意志，体现为一种对政治权力具有构成与规导作用的交往权力。由交往权力或者说真正的民主意志凝结而成的法律乃是一种合法之法。合法之法的贯彻实施不但使政治权力的产生与运行都因合法之法的授权而获得了合法性与合理性，而且能够实现和保护公民的基本权利。合法与合理的政治权力充分实现了公民的公共自主，保障公民的基本权利则体现了公民私人自主的实现。因此，合法之法既确保了公共自主，又确保了私人自主。合法之法由此成为哈贝马斯审议民主理论的核心目标，成为其民主法治理想的关键环节。

一、商谈类型及其内在逻辑：审议民主理论的商谈机制

哈贝马斯寄希望于主体间的交往理性，立足于以语言为媒介、以达成

共识并协调行动为目的的交往行为来建构其审议民主理论,其落脚点在于通过交往主体间的理性商谈形成真正的民主意志。为此,他首先考察了商谈原则,即其话语伦理学的话语原则。"根据商谈原则,每一种行动规范的有效性一般来说都取决于那些作为相关者而参加'合理商谈'的人们的同意。"①只有通过"合理商谈"而形成、并为所有相关者所赞同的行动规范,才能被看做是满足了所有相关者的利益、从而具有合法性的规范,或者说合法的民主意志。但他同时指出,"把商谈伦理学(即话语伦理学——笔者注)或一个未经澄清的商谈概念不加中介地运用于民主过程,会导致思想混乱;而这些混乱又会为怀疑论者提供借口从一开始就贬低关于法律和政治的商谈理论的事业名誉扫地。"②应该说,哈贝马斯的担心是必要的,因为行动规范的调节范围各不相同,针对的也是不同性质的问题,因此必须根据需要调节的问题的种类来展开不同类型的商谈。否则,具有开放结构的商谈就会导致主题不明、杂乱无章、无限继续和冗长无果的局面。

哈贝马斯指出,"一个集体,如果其成员遭遇了某些必须通过合作来处理的问题,或者出现了某些必须通过共识来解决的行动冲突,就面临着'我们应当做什么?'的问题。合理地处理这些问题所要求的意见形成和意志形成过程,引向有关集体目标之追寻、共同生活之规范性调节的基于理由的结论。"③在关于政治和法律的商谈中,哈贝马斯根据需要调节的问题的种类而把"我们应当做什么"这个问题分化开来,从而引出与这些问题相对应的商谈类型。具体而言,哈贝马斯首先把需要调节的问题区分为实用的问题、伦理—政治的问题和道德的问题。然后,他根据这三类问题分别说明了"我们应当做什么"的内涵。

其中,"实用的问题,是从一个为实现事先已经给予的目标和偏好而寻求合适手段的行动者的角度提出的。"④其核心是对实现目标的合理手段的选择,因此,"我们应当做什么"在实用的问题上意指哪种手段能够最有效

---

① [德]哈贝马斯:《在事实与规范之间》,童世骏译,三联书店 2003 年版,第 194 页。
② [德]哈贝马斯:《在事实与规范之间》,童世骏译,三联书店 2003 年版,第 193—194 页。
③ [德]哈贝马斯:《在事实与规范之间》,童世骏译,三联书店 2003 年版,第 194 页。
④ [德]哈贝马斯:《在事实与规范之间》,童世骏译,三联书店 2003 年版,第 195 页。

地实现我们既定的目标？

伦理—政治问题是指集体成员在面对一些重要的生活问题时，提出的关于他们所共享的生活形式是什么、他们共同的生活要根据什么样的理想来勾画的问题。因此，"我们应当做什么"在伦理—政治问题上意指什么样的生活方式对我们而言是最好的？

道德问题考虑的则是我们可以如何根据所有人的平等的利益而调节我们共同的生活。因此，"我们应当做什么"在道德问题上意指什么是同等地有利于每一个人的利益的？

由于"我们应当做什么"在实用的、伦理—政治的和道德的这三类问题上分化开来，分别在"合目的性"、"好"以及"正义"的角度被赋予不同的内涵，因此，参与者在为合理处理这些问题而形成共同意见和共同意志的过程中，必然要从"合目的性"、"好"与"正义"这三个角度展开理性商谈。哈贝马斯由此将关于政治与法律的商谈区分为实用性商谈、伦理—政治商谈和道德商谈三种类型。在此之外，他还提到作为一种特殊交往形式的谈判，认为它并没有破坏商谈原则，而是以商谈原则为前提，因此也将谈判纳入了合理的政治意志的形成过程。

所谓实用性商谈，是针对实现具体的既定目标和价值的手段而进行的商谈。它采用的是目的—工具理性，目的是要弄清某种手段与所要达成的目标之间的因果关系，其决定性论据是把经验知识同既定目标和偏好相联系，并根据效率原则对各种可供选择之决策作出判断。因此，其成败取决于对经验知识的把握。从这个意义上讲，实用性商谈最好由专家来进行，因为普通人在某一方面的经验知识总是比不上这个领域中的专家。

伦理—政治商谈则根据具体的"承袭的文化生活形式"，对"什么样的生活方式对于我们来说是最好的"进行商谈，目的是要实现"一种真切的生活方式"，其论据"是对我们的历史地传承下来的生活形式的自我理解的诠释学澄清"①。这种澄清既是对生活方式的描述，又是对生活方式的建构，因为我们所描述的我们想要过的生活方式决定了它就是我们应该追求的

---

① 哈贝马斯：《在事实与规范之间》，童世骏译，三联书店 2003 年版，第 197 页。

生活方式,这种描述同时也就成为一种规范。因此,伦理—政治商谈所得出的结论是描述与规范相结合的行动指令形式。

从实用性商谈与伦理—政治商谈所考察的合理的政治意志形成过程,说明了"纲领之得到辩护,是因为纲领是合目的的,并且总体上是对我们好的"①。但是,哈贝马斯指出,"对政策和法律做充分辩护,还必须考虑另一个方面,那就是正义的方面。我们是否应当希望和接受一个纲领,还取决于有关的实践是否对所有人都是同等地好的。"②因此,摆脱一切具体的情境,抛开"既定的目标和价值"与特定的"承袭的文化生活方式"的束缚,针对"如何根据所有人的平等的利益而调节我们共同的生活"这一道德问题而进行的道德商谈就成为合理的政治意志形成过程的必不可少的环节。③"一个规范,当且仅当所有人都可以在可比情境中意欲它被每个人所遵守,才是正当的。"④这种规范正是道德商谈的产物,具有无条件性,即它不考虑人的特殊状态,每个人在它面前的价值都是一样的。

除了上述三种商谈类型外,哈贝马斯提出一种特殊的交往形式——谈判,这是哈贝马斯现实主义的表现。在他看来,通过商谈来解决所有的利益冲突与分歧是不切实际的,当被调节的问题以各种不同的方式涉及多种利益,而且不存在一种可以为自己提供论证的可普遍化利益或者某种价值的意义明确的优先性时,谈判就是一种不错的选择。当然,哈贝马斯也承认谈判与商谈不同,指出谈判是以利益而非价值为导向,是以影响而非理解为解决问题的手段。因此,谈判各方所诉诸的是威胁与许诺,即一种"谈判力"。"进行谈判是为了迫使或诱使对手接受自己的主张而参加交往。为实现这个目的,谈判者依赖于那些必须在会议之外实施的威胁和许诺。谈判力并不来自'更好的理由的力量',而来自物质资源、人力等。在谈判过程中所作出的那些陈述,在提出的时候是带着'它们是可相信的'这样一种主张的,这意味着,谈判者必须设法使他们的对手相信,那些威胁和许诺

---

① [德]哈贝马斯:《在事实与规范之间》,童世骏译,三联书店 2003 年版,第 198 页。
② [德]哈贝马斯:《在事实与规范之间》,童世骏译,三联书店 2003 年版,第 198 页。
③ 参见[德]哈贝马斯:《在事实与规范之间》,童世骏译,三联书店 2003 年版,第 198 页。
④ [德]哈贝马斯:《在事实与规范之间》,童世骏译,三联书店 2003 年版,第 198 页。

是真的会执行的。"①由于谈判的成功取决于实力而不是理由,因此政治意志的形成过程存在谈判似乎影响了政治意志的合理性。对此,哈贝马斯给予了否定的回答。他指出,商谈原则可以通过在公平角度下调节谈判的程序来间接地发生效力。这即是说,如果谈判所遵循的程序经过了商谈原则的检验,商谈原则就起到了间接的作用,那么整个谈判过程就可以被视为合理的,尽管它本身无法被合理化。经过商谈原则所检验的谈判程序主要是指,不可中立化的谈判力应尽可能地平等分配给谈判各方,并且要确保所有利益相关者都有同等的机会参与谈判等。只有经过这种程序的调节,谈判的结果才能被认为是公平的。"只要关于妥协的谈判是根据确保所有利益相关者以平等的参加谈判的机会的程序进行的,只要这种谈判允许有平等的机会彼此施加影响,并同时为所有有关的利益创造大致平等的实施机会,就有根据作出这样的假定:所达成的协议是公平的。"②同时,哈贝马斯认为这些程序的公平性应当在道德商谈中得到检验,商谈就间接地进入到谈判之中。"因此,谈判并没有破坏商谈原则,而毋宁说是以它为前提的。"③这样,政治意志的形成过程还是可以被看成是一个商谈过程,商谈原则起着主要作用,政治意志应该被认为是合理的。

在分别考察了政治意志形成过程的三种商谈类型以及谈判这一特殊交往形式之后,哈贝马斯通过阐述合理的政治意志形成的过程模型来说明了这些商谈与谈判之间存在的内在逻辑关系,这种内在逻辑关系就是政治意志形成过程的内部程序。依哈贝马斯之见,理想情况下以商谈形式出现的政治意志形成过程,是"从实用问题出发,经过达成妥协和伦理商谈的分支到达对道德问题的澄清,最后结束于对规范的法律审核"④。也就是说,政治意志的形成过程从实用性商谈开始,经过三种可能的路径,最终止于法律商谈——即把商谈的结果凝结为法律规范。这三种可能的路径是:直接涉及的可能是利益平衡问题、伦理—政治问题或者道德问题,因此应当

---

① [德]哈贝马斯:《在事实与规范之间》,童世骏译,三联书店 2003 年版,第 203—204 页。
② [德]哈贝马斯:《在事实与规范之间》,童世骏译,三联书店 2003 年版,第 204 页。
③ [德]哈贝马斯:《在事实与规范之间》,童世骏译,三联书店 2003 年版,第 204 页。
④ [德]哈贝马斯:《在事实与规范之间》,童世骏译,三联书店 2003 年版,第 199 页。

分别进行谈判、伦理—政治商谈或者道德商谈。而且道德商谈具有基础性地位,达成妥协的谈判与伦理—政治商谈的结果都必须同道德原则相容,因为"只有一切商谈地获得的或商谈地谈成的方案与可在道德上得到辩护的东西之间的一致,才保证商谈原则是得到了充分的尊重"①。

在上述过程模型中,合理的政治意志形成过程表现为一个由商谈和谈判构成的网络,这些商谈和谈判在其中可以通过多重路线而彼此相连。其中实用性商谈与法律商谈分别构成了政治意志形成过程的起点和终点,是对信息的输入与输出,并且是"专家的事情"。在二者之间,可能涉及利益的公平平衡问题、伦理的自我理解问题或者规则的道德论证问题。如果涉及道德问题,那么必须首先进行道德商谈,然后再根据是否涉及伦理问题或利益平衡问题而进行伦理—政治商谈或者谈判。由于道德商谈向所有人开放,伦理—政治商谈向特定伦理共同体中的所有成员开放,谈判则向所有利益相关者开放,因此,通过道德商谈形成包含所有人的共同意志、从而适用于所有人的规范理所当然适用于特定人群中的具体人。如果涉及道德问题而只进行伦理商谈,则可能得出有利于特定伦理共同体而有害于其他伦理共同体的商谈结论。通过谈判、伦理—政治商谈以及道德商谈而形成的结果,再经专家们的立法商谈,就转化为法律规范,成为用法律的语言所表述的政治意志。实用性商谈、伦理—政治商谈、道德商谈以及谈判这些交往形式的内在逻辑就构成合理的政治意志形成过程的内部程序。

合理的政治意志形成过程以上述交往形式为必要前提,这些交往形式必须在法律上予以建制化,即在规范上限定交往条件,才能确保它们具有可操作性并产生具有可接受性的结果。否则,开放性的各种商谈可能会陷入无休无止的广泛争论之中,难以进入法律商谈阶段而获得结果。这里,哈贝马斯通过民主程序使交往形式在法律上得以建制化。所谓民主程序,是指政治意志形成的外部程序,或者说法律上建制化的政治意志形成过程,也就是其审议民主理论的民主机制,具体包括公共领域的公开商谈与国家议会的立法商谈这两个层次的商谈过程的循环往复。

---

① ［德］哈贝马斯:《在事实与规范之间》,童世骏译,三联书店 2003 年版,第 205 页。

二、公开商谈与立法商谈：审议民主理论的民主机制

实用性商谈、谈判、伦理—政治商谈与道德商谈这些交往形式在法律上的条件限定，是由其深层结构所要求的，而"表现这种结构的，是各种交往形式对于理解代议制度、一般地来说对于议会和舆论的关系所具有的种种结果"①。

实用性商谈由于涉及专业知识和技术，一般由专家进行，即由议会或议会授权的行政机构根据业已给定的目标，对实现目标的技术和策略展开商谈。

由于参与公平地调节的谈判要求所有相关者都得到平等的代表，并应确保所有有关的利益和价值取向在谈判过程中都能得到同等的重视，因此代表人民进行谈判的只能是议会，行政机构由于并未得到人民的授权，因而无权代表人民达成反映人民普遍意志的协议。

由于伦理—政治商谈涉及伦理共同体的自我理解和价值认同以及共同的生活方式问题，只有得到共同体所有成员同意的决议才具有合法性与约束力，因此这类商谈不能交由行政机构进行，也不能由议会单独进行，而应当使伦理共同体的"所有成员都必须能够加入到商谈中来"②，且不得受到任何压制。因此，在涉及伦理内容时，应当首先由该伦理共同体的所有成员就此内容在公共领域进行广泛讨论，然后由议会在吸收来自公共领域意见的基础上形成一致意见。"代议性商谈要能够满足所有成员平等参与的条件，对于来自一个商谈地构成的、因而权力影响微薄的、接近基层的、多元主义的公共领域的提议、问题和贡献，它就必须是虚心听取的、反应敏锐的、从善如流的。"③

道德商谈的理解实践是自由的和普遍开放的，不受任何外在的和内在的暴力与强力的压制，只承认更好的论据和理由，并且这种论据和理由应当能为所有人接受。因此，"与伦理—政治问题方面的情况不同，在道德讨论中，可能受影响者的范围甚至不局限于人们自己的集体的成员。政策和

---

① ［德］哈贝马斯：《在事实与规范之间》，童世骏译，三联书店 2003 年版，第 220 页。
② ［德］哈贝马斯：《在事实与规范之间》，童世骏译，三联书店 2003 年版，第 222 页。
③ ［德］哈贝马斯：《在事实与规范之间》，童世骏译，三联书店 2003 年版，第 222 页。

法律是在道德眼光之下接受敏感的普遍化检验的,而这种角度首先要求建制化协商无条件地接受未经组织的公共舆论的信息之流、问题压力和刺激潜力的影响。同时,道德的眼光超越了每个具体的法律共同体的疆域,并与最近周边世界的种族中心主义保持距离。"①简言之,关于道德问题的商谈,除了要求议会的议员具有广泛的代表性、尽可能把边缘群体的自我理解和世界观包括进来以外,还要求议员能够充分听取公共领域的公民意见,以避免任意和武断,并且要具有人类的视野,使道德规范适用于具体法律共同体以外的所有人。

从上述交往形式对于代议制度的理解可以看出,"自我理解性商谈和正义性商谈的逻辑产生出说服力很强的规范性理由,来要求虽然建制化但在公众监管之下仍具有多孔性的政治意见形成和意志形成过程向非正式的一般政治交往过程开放。"②而这个"非正式的一般政治交往过程"涉及的是一个规范性的公共领域概念。因此,政治意志形成过程——其组织形式为政府立法部门即议会——如果阻隔了自主的公共领域的自发源泉,如果切断了与自由地流动在结构平等的民间领域中的主题、建议、信息和理由的联系,就会破坏使它能合理运作的那个市民社会基础;议会团体应当广泛吸取和认真考量公共领域的意见和建议,应当在一个某种程度上无主体的公共舆论之参数中进行活动,而这种公共舆论是在一个自由的政治文化背景之下形成的。哈贝马斯将交往形式的这种深层结构在法律上予以建制化的结果,就构成了其审议民主理论的民主机制或者说民主程序,即把政治意志的形成过程置于公共领域的公开商谈与国家议会的立法商谈这两个层次的商谈过程的循环往复之中。这样,由三种商谈类型与谈判这一特殊交往形式之间的内在逻辑所构成的政治意志形成过程的内部程序,就通过法律上的建制化而转化为外部程序即民主程序,并通过民主程序得以实现,或者说其审议民主理论的商谈机制通过法律建制化而转化并实现于民主机制。

---

① [德]哈贝马斯:《在事实与规范之间》,童世骏译,三联书店 2003 年版,第 222—223 页。

② [德]哈贝马斯:《在事实与规范之间》,童世骏译,三联书店 2003 年版,第 223 页。

哈贝马斯通过与西方两种古典理论——平民论民主观和代议论民主观——的比较,具体阐述了其审议民主理论的民主机制,其核心是议会与公共领域的关系。平民论民主观立足于意志主义的假定,认为人民具有同质性,从而存在一种假定的同质的民意,表达的是特定时期的普遍利益,它在民主自决条件下与经验的民意大致重合。代议论民主观则立足于理性主义的假设,认为经验的民意不能表达普遍的利益,假定的共同之善必须通过议会的理性加工才能成为表达普遍利益的理性意志。哈贝马斯反对这两种民主观关于民主意志之形成的观点,也不同意卡尔·施米特结合这两种观点而重构的资产阶级议会主义理想。施米特虽然认为"同质的、经验的、民意的平民力量,是议会的商谈式意见形成和意志形成过程得以形成的根子",但更强调只有议会才能进行真正的讨论,人民本身是不能进行讨论的,"他们只能欢呼,选举,以及对放在他们面前的问题回答是或否。"①因此,在施米特那里,只要议会把人民的智慧集于一身,代表着全民族的文化和理性,就可以把人民的真正的总体意志作为一种公意产生出来,从而"制定出决定和规范整个国家生活的理性的、正当的和普遍的规范"②。哈贝马斯认为,施米特实质上强调的仍然是议会民主的重要性,并未将平民论与代议论真正结合起来。在政治意志的形成问题上,哈贝马斯认为恩斯特·弗兰克尔(Ernst Fraenkel)从自由主义立场出发,主张政治意志的形成过程不仅仅局限于议会,还包括政治公共领域、政治党团以及政府机构的观点具有一定的合理性,其不足在于无法实现议会民主与其他非议会民主的结合。为此,哈贝马斯立足于交往模式或者说商谈论视角而将议会与公共领域结合起来。他主张由公共领域与议会构成一个交往结构,"一方面是建制化的意见形成和意志形成过程,另一方面是通过文化而动员起来的公共领域中非正式意见形成过程"③,两者之间形成循环往复的良性互动。这样,商谈主体就既不是平民或议会,也不是二者的简单相加,而是持续不断的交往之流;人民主权既不落实到公共领域的公民身上,也不

---

① [德]哈贝马斯:《在事实与规范之间》,童世骏译,三联书店2003年版,第224页。
② [德]哈贝马斯:《在事实与规范之间》,童世骏译,三联书店2003年版,第225页。
③ [德]哈贝马斯:《在事实与规范之间》,童世骏译,三联书店2003年版,第225页。

集中在议会，而是"因为交往而具有流动性"，并通过公共商谈而发挥作用。因此，政治意志就产生于这种"起源于自主的公共领域、形成于程序上民主的、政治上负责的立法团体之中的"商谈结构，①该商谈结构的支点不是任何机构或先验标准，而是民主程序。哈贝马斯审议民主理论的民主机制或者说民主程序就是公共领域的公开商谈与议会的立法商谈这两个层次的商谈活动的良性互动。

公共领域概念在哈贝马斯的审议民主理论中具有基础性的地位，有学者甚至认为："在西欧历史发展的情境中，哈贝马斯关于公共领域兴起的研究相当于对民主起源（以及其后民主的堕落或'结构性转换'）的研究。"②公共领域作为市民社会的核心，扎根于生活世界，具有确保政治意见和政治意志合法化、进而促使政治统治合法化的民主潜能。

首先，从其特征来看，开放、多元的公共领域是一个平等、自由地交流的话语空间，其开放性、对话性与非强制性可以提高人们的理性辨别能力，通过自由沟通与理性商谈所达成的共识是人们公开运用交往理性而形成的公共意见，而非依赖于先验的绝对理性的产物。尽管这种公共意见还是一种经验的民意，缺乏一定的合理性，但它体现了人们对公共意见的普遍认同。因此，通过公共领域的公开商谈而形成的政治意见具有合法性。

其次，从其作用机制来看，公共领域扎根于生活世界，与私人生活领域相连，从而"具有一种无限制交往之媒介的优点"，"自我理解性商谈可以更广泛、更明确地进行，集体认同和对需要之诠释可以得到强制性更少的阐述。"③因此，它能比政治系统更加敏锐地感受和辨认社会中的问题，并能通过商谈对这些问题进行过滤、会聚与放大，将"私人的"公共问题转变为公共领域的公共议题，成为根据特定议题集束而成的公共意见或公共舆论，形成一定的声势，从而使得作为政治系统的议会组织接过这些问题加以处

---

① 参见［德］哈贝马斯：《在事实与规范之间》，童世骏译，三联书店2003年版，第226页。

② 魏斐德：《市民社会和公共领域问题的论争：西方人对当代中国政治文化的思考》，见邓正来、［美］杰弗里·亚历山大主编：《国家与市民社会：一种社会理论的研究路径》，张小劲、常欣欣译，邓正来校，上海人民出版社2005年版。

③ ［德］哈贝马斯：《在事实与规范之间》，童世骏译，三联书店2003年版，第382页。

理。由于公共意见或公共舆论具有合法性,因此,议会组织在此基础上通过理性商谈而形成的政治意志也具有合法性,公共权力机关据此进行的政治统治就实现了合法化。正是在这个意义上,哈贝马斯认为公共领域是一个"作为私人聚集以迫使公共权力在公众舆论面前获得合法化的场所"①。

当然,哈贝马斯的审议民主理论并未止于生活世界之公共领域的公开商谈。他说,"我想把'民主'理解为制度上得到保障的普遍的和公开的交往形式。"②而公共领域是在一个由基本权利所保障的框架内自发地形成的多元公众集体,其时间边界、社会边界和内容边界都是流动的,是无法被赋予组织形式的。因此,其间的公开商谈本身无法得以建制化,从而比建制化的议会"更容易受到不平等分布的社会权力、结构性暴力和系统扭曲之交往的压抑性影响和排外性影响"③。其中形成的公共意见或公共舆论的合理性就不能得到充分的保障。同时,公共领域的承担者是由非专业人员组成的公众,他们通过日常语言进行的公共交往所寻求的只是一种将各自的生活体验纳入其中的公共关切,这种公共关切与政治系统的专家按照其专门语言所形成的表述完全不同,从形式上看只是一种非正式的公共意见。因此,通过公共领域的公开商谈形成的只是一种经验的民意。"要看出经验的民意和假设的民意(即理性的民意——笔者注)之间的区别,我们必须把进入政治过程的各种偏好不是看做某种仅仅给予的东西,而是看做一些接受论据之交换、可以用商谈方式加以改变的输入。"④这即是说,政治公共领域形成的公共舆论并不是既定地反映人民的偏好的,相反,人民的偏好还需要在议会的理性商谈中进一步接受论辩的检验与修正,由此形成的人民意志才是真正的、理性的民意,最终凝结为立法产品。因此,哈贝马斯的审议民主理论是一个"双轨的商谈性政治"概念⑤,包括公共领域的公

① [德]哈贝马斯:《公共领域的结构转型》,曹卫东等译,学林出版社 1999 年版,第 24 页。

② [德]哈贝马斯:《作为"意识形态"的技术与科学》,李黎、郭官义译,学林出版社 1999 年版,第 91 页。

③ [德]哈贝马斯:《在事实与规范之间》,童世骏译,三联书店 2003 年版,第 382 页。

④ [德]哈贝马斯:《在事实与规范之间》,童世骏译,三联书店 2003 年版,第 220 页。

⑤ 参见[德]哈贝马斯:《在事实与规范之间》,童世骏译,三联书店 2003 年版,第 378 页。

开商谈与议会的立法商谈这两个层次的商谈活动,具体机制就在于二者之间的良性互动。

对于这两个商谈层次,哈贝马斯指出,公共领域是一个"发现性情境",其意义在于发现和辨认问题,在于对新问题提法的敏锐感受;议会则是一个"辩护性情境",其意义在于解决问题,"在于为问题之选择和彼此竞争的解决方案之确定进行辩护"①。来自民间社会的意见与主张经过公共领域的理性商谈与讨论,形成具有一定影响力的公共意见与舆论。"公众舆论是社会秩序基础上共同公开反思的结果;公众舆论是对社会秩序的自然规律的概括,它没有统治力量,但开明的统治者必定会遵循其中的真知灼见。"②公共舆论得到政治系统的关注而成为议会讨论的主题,公共领域就构成人民意志的真正来源。正如哈贝马斯所说:"民主地构成的意见形成和意志形成过程依赖于不具有正式形式的公共意见的供给,这种公共意见在理想情况下是发生在一个未受颠覆的政治性公共领域的结构之中的。"③同时,由于公共领域具有广泛的群众基础,其间形成的公共意见与舆论就具有坚实的合法性基础。公共领域中形成的合法民意,经过国家议会的理性商谈而进一步合理化,成为真正的民主意志,最终凝结为法律。

因此,公共领域的公开商谈是议会立法商谈的前提,否则政治意见和政治意志会因缺乏群众基础而丧失合法性;议会立法商谈则是公共领域公开商谈的必要延伸,否则难以形成正式的、合理的人民意志。哈贝马斯审议民主理论的民主机制就体现为公共领域的非建制化商谈与国家议会的建制化商谈这两个商谈层次的良性互动:通过生活世界中公共领域的公开商谈可以形成非正式的、经验的、具有合法性力量的民主意见;将这种民主意见输入作为政治系统的国家议会,经议会的立法商谈就形成正式的、理性的合法民主意志;将这种具有普遍约束力的民主意志以法律的形式贯彻到社会之中,再接受来自市民社会的检视。简言之,议会立法商谈中形成

---

① [德]哈贝马斯:《在事实与规范之间》,童世骏译,三联书店2003年版,第381页。
② [德]哈贝马斯:《公共领域的结构转型》,曹卫东等译,学林出版社1999年版,第113—114页。
③ [德]哈贝马斯:《在事实与规范之间》,童世骏译,三联书店2003年版,第382页。

的民主的政治意志,应直接受到公共领域的意见和压力的影响,而公共领域的公开商谈中形成的民主的政治意见,也应受到议会的慎思明辨的过滤,由此产生的立法产品还应继续反馈给公众,接受其评价与批判。

哈贝马斯审议民主理论的实质就是通过生活世界公共领域与国家议会这两个层面的理性商谈,确保人民民主意志的合法性与合理性,从而实现真正民主的政治目标。他说:"我则把程序上正确的决定从中取得其合法性的那个程序……理解为一个分化开来的法治国政治体系的核心结构,而不把它当做所有社会建制(甚至也不是所有国家建制)的模式。"①这里,"分化开来的法治国政治体系的核心结构"就是指非建制化的公共领域与建制化的国家议会,这两个层次的理性商谈的良性互动就构成哈贝马斯审议民主的民主程序。

综上所述,哈贝马斯审议民主理论的主要机制是将商谈机制,即形成政治意志的内部程序(各种商谈类型与谈判的内在逻辑),通过在法律上建制化而转化为民主机制,即政治意志形成过程的外部程序(公共领域的公开商谈与国家议会的立法商谈),并通过外部程序而得以实现,最终形成具有合法性与合理性的政治意志。"这样一种民主观的关键在于:民主程序通过运用各种交往形式而在商谈和谈判过程中被建制化,而那些交往形式则许诺所有按照该程序而得到的结果是合理的。"②可以说,哈贝马斯审议民主理论的独特之处就在于将民主程序置于商谈过程之中,主张通过审慎而理性的商谈程序来确保所形成的政治意志的合法性与合理性,而不是诉诸于民主过程所实现的意志的总和。正如他所引用的曼宁(Manin)的话:"有必要将自由主义理论和民主思想所共有的视角扭转过来:合法性并不是来源于先定的个人意愿,而是个人意愿的形成过程,亦即话语过程本身……合法的决定并不代表所有人的意愿,而是所有人讨论的结果。赋予结果以合法性的,是意愿的形成过程,而不是已经形成的意愿的总和。讨论的原则既是个人的,也是民主的……哪怕冒着与长久传统相抗的危险,

① [德]哈贝马斯:《在事实与规范之间》,童世骏译,三联书店 2003 年版,第 378—379 页。
② [德]哈贝马斯:《在事实与规范之间》,童世骏译,三联书店 2003 年版,第 377 页。

我们也必须肯定,合法性原则是普遍讨论的结果,而不是普遍意愿的表达。"①所以,"商谈性政治的确定合法性力量,是从意见形成和意志形成过程——它之所以能够履行其社会整合功能仅仅是因为公民们期望它的结果具有一种合理的质量——的商谈结构中来的。"②基于此,哈贝马斯说:"民主程序需要由别的东西加以补充。"③这里,"别的东西"就是商谈机制,民主机制与商谈机制就构成其审议民主理论基本机制的两个部分。"话语理论在更高的层次上提出了一种关于交往过程的主体间性,它一方面表现为议会中的商谈制度形式,另一方面则表现为政治公共领域交往系统中的商谈制度形式。"④

三、交往权力与政治权力

按照哈贝马斯的理解,在复杂、多元的现代大型社会,人们通过自由行动与平等交往达成协作生活的共识并不能有效地保护和发展公民的基本权利,公民权利的保护必须诉诸国家权力。因此他指出:"政治作为一个整体并不局限于为了在政治上自主地行动而彼此交谈的实践……这个概念也延伸到为进入政治系统而进行的竞争过程中对行政权力的运用。"⑤这意味着,完整的政治并不仅仅局限于政治意志的形成,还包含以国家权力为核心的政治权力的形成与运用。因此,公民通过民主机制、运用商谈原则所形成的民主意志,必须被转化为政治权力,并被正确地执行,才算得上公共自主的真正实现——自下而上的政治权力形成与自上而下的政治权力行使都是人民行使基本权利、自己做主的使然,从而真正贯彻"一切国家权力来自人民"⑥的民主原则。否则,人民的权力可能被异化,公共自主也将成为泡影。如果不能实现真正的公共自主,那么私人自主就会失去保障,民主也就流于空谈。所以哈贝马斯说:"如果在权利体系中实现的私人自

---

① [德]哈贝马斯:《公共领域的结构转型》,曹卫东等译,学林出版社 1999 年版,"序言"第 23 页。
② [德]哈贝马斯:《在事实与规范之间》,童世骏译,三联书店 2003 年版,第 378 页。
③ [德]哈贝马斯:《在事实与规范之间》,童世骏译,三联书店 2003 年版,第 383 页。
④ [德]哈贝马斯:《包容他者》,曹卫东译,上海人民出版社 2002 年版,第 289 页。
⑤ [德]哈贝马斯:《在事实与规范之间》,童世骏译,三联书店 2003 年版,第 184 页。
⑥ [德]哈贝马斯:《在事实与规范之间》,童世骏译,三联书店 2003 年版,第 168 页。

主和公共自主的相互交叠要能够持久，法律化过程就不能局限于私人的主观行动自由和公民的交往自由。它必须立刻延伸到那个在法律媒介中已经预设了的政治权力［politischer Macht］，不仅执法而且立法的事实性约束力都是由于这种力量而来的。"①这就是说，必须建立一个国家权力机构来贯彻和执行人民的民主意志，才能确保民主的真正实现。这就涉及人民的民主意志与国家权力之间的关系。

通过公共领域与国家议会之间的交往之流产生的政治意志，哈贝马斯称为"交往权力"。由于公共领域的公开商谈作为非正式的政治意见形成过程，议会的立法商谈作为正式的政治意志形成过程，都是基于交往理性而对政治参与权的行使，这种建立在交往行为基础上而形成的权力故称"交往权力"。

"交往权力"概念是哈贝马斯从阿伦特那里借来的。在阿伦特看来，权力不是某种可占有的东西，而是"非强制交往中形成的一种共同意志的潜力"②，它随着人们开始共同行动而产生，并随着共同行动的结束而消失。于是，权力就在于人们的共同意志之中，这种以共同意志表现出来的权力就是交往权力，并且是最重要的、真正的权力。因此，阿伦特主张权力只能产生于未发生畸变的公共领域和未受扭曲的主体间性的交往结构中。

与阿伦特一样，哈贝马斯也认为交往权力本质上就是公民之间经过以语言为媒介、以理解为旨趣的交往之后形成的共同信念所具有的权力。具体而言，他认为当议会在吸收和采纳公共领域中非正式的意见和建议的基础上，将之加工成正式的政治意志并形成为法律时，就产生了交往权力。因此，非正式的政治意见即公共舆论是交往权力得以形成的前提，正式的政治意志即议会立法所产生的法律则是交往权力的结晶，交往权力的形成与审议民主的两个商谈层次密不可分。由于交往权力的形成经过了两个层次的商谈，其中公共领域的公开商谈具有广泛的群众基础，并能感受和

---

① ［德］哈贝马斯：《在事实与规范之间》，童世骏译，三联书店 2003 年版，第 164—165页。
② ［德］哈贝马斯：《在事实与规范之间》，童世骏译，三联书店 2003 年版，第 180—181页。

辨认影响全社会的问题,以此为前提而产生的交往权力就具有合法性;而经过议会立法商谈所产生的法律则具有普遍的约束力和针对全社会的影响力,因此它所体现的交往权力也就具有相当的效力。

与阿伦特不同的是,哈贝马斯在强调交往权力地位的基础上,并不否认行政权力等其他政治权力,而是力图使行政权力等也回归到人民手中。因此,他在阐述其民主机制的两个商谈层次的基础上引入交往权力概念,是为了通过"处于交往之流中的权力"把国家政治权力与人民的意志连接起来,以确保国家政治权力的合法性与合理性,从而实现"一切国家权力来自人民"的民主原则,实现真正的公共自主。

所谓政治权力,是指国家的立法、行政和司法机关所具有的权力。作为国家立法机构的议会,在与公共领域的交往之流中、通过商谈交往而产生的权力被称为交往权力,因此,"在民主法治国中,政治权力分化为交往权力和行政权力。"①这里的行政权力就是除立法机构之外的国家机器所拥有的权力的统称。当然,交往权力也并不仅仅是指议会的立法权力,其前提是议会与公共领域的交流,否则其合法性难以保障。"在以商谈地形成的多数意见的形式产生于政治交往的交往权力与国家机构所行使的行政权力之间,存在着结构性差异。"②"前者来自政治交往,表现为建立在话语基础上的多数意见;后者则为国家机器所掌握。"③由于当代资本主义已转向国家垄断阶段,国家机器的行政权力急剧膨胀,已经发展到处于政治权力体系的核心地位。因此,哈贝马斯往往直接将政治权力规约为行政权力。

行政权力本来是由人民授权、用以贯彻和执行人民意志的机构所具有的权力,它本质上属于人民,是交往权力用以发挥制裁功能、组织功能和实施功能的途径。但是,由于行政权力为国家机器所掌握,具有强制性特征,在追求公共福利、实现集体目标以及避免各种风险上获得了巨大的成功,因此行政部门逐渐成为"自成一体"、"自我编制纲领"的机构,表现为"导

---

① [德]哈贝马斯:《在事实与规范之间》,童世骏译,三联书店 2003 年版,第 168 页。
② [德]哈贝马斯:《在事实与规范之间》,童世骏译,三联书店 2003 年版,第 336 页。
③ [德]哈贝马斯:《包容他者》,曹卫东译,上海人民出版社 2002 年版,第 284 页。

控选民公众集体的行为、为执行机构和立法机构准备所要编制的纲领、把司法部门功能化"①,最终导致行政权力的异化。对此,哈贝马斯力图通过交往权力来扭转行政权力急剧膨胀的异化态势。他说:"有约束力的决策——如果它要具有合法性的话——必须受到交往之流的导控,这种交往之流出发于边缘领域,穿过位于议会组织或法院入口处(必要时还有实施决策的行政部门的入口处)的民主的、法治国的闸门。只有这样才能排除这样的情况:行政组织的权力和在核心领域发展起来的中间性结构的社会权力两者都独立于在议会组织中形成的交往权力而自成一体。"②

在哈贝马斯看来,处于边缘领域的是那些能够对议会、政府和法院提出政治要求、表达利益和需要、并对立案和政策的制定施加影响的团体、协会和组织。这些组织属于公共领域的市民社会基础,可以讨论各种伦理的和道德的问题,并对议会立法、政府决策和司法判决产生影响,从而解决政治权力独立于伦理和道德问题之外而"自我编程"的问题。因此,哈贝马斯主张,将"行政地运用的权力"连接到"交往地产生的权力"之上,使行政权力的产生与运行都被纳入民主的合法框架之中,从而使之成为属于人民并为人民利益服务的合法权力。他提出:"行政部门应该始终同一种民主的意见形成和意志形成过程保持联系,而这种过程不仅仅要对政治权力之行使进行事后监督,而且也要为它提供纲领。"③通过产生交往权力的交往之流,尤其处于边缘领域即公共领域之中的交往之流,行政权力的产生与行使、输入与输出都实现了合法化。

交往权力的结晶体现为法律,"法律和交往权力同源地产生于那种'众多人们公开地赞同的意见'。"④因此,交往权力对行政权力的规导是通过法律实现的。这里的法律不再是前现代社会那种依靠宗教权威来获得合法性、进而为政治权力的实施提供合法性的"神灵法律"。在如韦伯所说的已经"祛魅化"的现代社会,哈贝马斯根据其交往行为理论,将商谈原则确

① [德]哈贝马斯:《在事实与规范之间》,童世骏译,三联书店2003年版,第642页。
② [德]哈贝马斯:《在事实与规范之间》,童世骏译,三联书店2003年版,第442页。
③ [德]哈贝马斯:《在事实与规范之间》,童世骏译,三联书店2003年版,第373页。
④ [德]哈贝马斯:《在事实与规范之间》,童世骏译,三联书店2003年版,第180页。

立为一切合法性的最高源泉。因此,他认为现代法律的合法性是由公民亲自运用商谈原则的自由交往所保障的。只有在平等自由交往的基础上形成的法律才具有合法性;议会中的立法商谈是生活世界公共领域的公开商谈的延伸;议会中的政治立法者在制定法律的过程中,必须反映人民通过平等自由的商谈所提出的意见。诚如他所说:"在后传统的辩护层面上,被当做合法的仅仅是这样的法律,它是可以在一个商谈性意见形成和意志形成过程中被所有法律同伴所合理地接受的。"①哈贝马斯正是通过这种合法之法的授权与导控来实现行政权力合法化的。

首先,哈贝马斯建议:"把法律看做是交往权力借以转化为行政权力的媒介"②,从而使行政权力的产生合法化。交往权力向行政权力转化的意义在于,在法律授权的框架内赋予行政系统以权力,行政系统由此与交往权力即人民的意志相联系,所拥有的行政权力就不是为少数人或社会特权利益集团服务、而是为全体人民的利益服务的合法权力。因此他认为法治国的重要含义是:"把由权力代码来导控的行政系统同具有立法作用的交往权力相联系,并使之摆脱社会权力的影响、也就是摆脱特权利益的事实性实施能力。行政权力不应该自我繁殖;它的再生产,应该仅仅是交往权力之转化的结果。"③具体而言,"非正式的意见形式贯彻在制度化的选举抉择和行政决策当中,通过它们,交往权力转换成了行政权力。"④

其次,哈贝马斯主张通过法律的授权与导控使行政权力的行使合法化。一方面,尽管国家政治统治的基础是以武力手段作为后盾的制裁威胁,但它是有可能受合法之法授权的,行政权力的行使经由合法之法的授权就可以获得合法性。另一方面,行政权力的行使过程必须被置于立法商谈中的规范性理由之下,即行政机构在制定政策的过程中,必须遵循法律制定过程中所涉及的实用性理由、伦理的理由以及道德的理由。行政机构在法律规定的范围内制定政策,行政权力的行使才能受到伦理、道德的引

---

① [德]哈贝马斯:《在事实与规范之间》,童世骏译,三联书店2003年版,第168页。
② [德]哈贝马斯:《在事实与规范之间》,童世骏译,三联书店2003年版,第184页。
③ [德]哈贝马斯:《在事实与规范之间》,童世骏译,三联书店2003年版,第184—185页。
④ [德]哈贝马斯:《包容他者》,曹卫东译,上海人民出版社2002年版,第289页。

导而合法化。正是在这个意义上,哈贝马斯说:"持续进行的政治商谈毋宁还对于政治统治之行使方式具有约束力量。只有在产生于民主过程的政策的基础上,在产生于这个过程的法律的界限内,行政权力才能得到合法的行使。"①

综上所述,哈贝马斯的交往权力是以"围攻城堡"的方式发挥作用的。它对政治系统的判断过程和决策过程产生作用,但并不想把这个系统占为己有;它的目的是用被围攻的要塞能理解的唯一语言——即法律——来提出它的命令,从而不仅在一定程度上规划了政治权力的动作,而且在后来还左右着政治权力的动作。"政治舞台上上演的意见冲突所具有的就不仅仅是一种允许掌权的合法化力量,反复进行的政治话语对于政治统治的方式也有着制约作用。行政权力的行使必须具备政治基础,并且不能越出根据民主程序制定的法律的雷池。"②因此,行政权力的产生与行使,或者说输入与输出,都通过与交往权力相连接而获得了合法性。当然,前面谈到,赋予交往权力合法性的是公共领域的公开商谈过程,那么行政权力的合法性也是由公共领域的公开商谈所赋予的。公共领域的交往结构作为一个分布广泛的感应网络,能对全社会范围内的问题保持高度敏感并作出反应,激发出许多有影响的舆论。这种公共舆论具有民主的合法性基础,但它却无法亲自"统治"——政治统治是由可以作出具有集体约束力之决策的政治系统来实施的——因此,公共舆论只有通过民主程序而形成为交往权力,才能赋予与交往权力相连接的行政权力以合法性。"只有当这种舆论政治影响通过民主的意见形成和意志形成过程的建制化程序的过滤、转化成交往权力、并进入合法的立法过程之后,才会从事实上普遍化的公共意见中产生出一种从利益普遍化的角度出发得到了检验、赋予政治决策以合法性的信念。"③因此,"公众意见经过民主程序成为交往权力,它自身不能发挥'宰制力量',而只能把行政权力的行使引导到一定的路线上来。"④

---

① [德]哈贝马斯:《在事实与规范之间》,童世骏译,三联书店 2003 年版,第 336 页。
② [德]哈贝马斯:《包容他者》,曹卫东译,上海人民出版社 2002 年版,第 284 页。
③ [德]哈贝马斯:《在事实与规范之间》,童世骏译,三联书店 2003 年版,第 459 页。
④ [德]哈贝马斯:《包容他者》,曹卫东译,上海人民出版社 2002 年版,第 290 页。

第三节　合法之法:哈贝马斯审议民主理论的核心目标

　　哈贝马斯建构审议民主理论的旨趣在于实现民主法治理想,其核心目标是通过民主形成一种合法之法。因为任何一种政治统治总是以法律的形式体现出来的,因此,哈贝马斯主要通过重构法律与政治或者说与政治权力的关系来阐述其民主法治理想的。这里的法律是指国家法律而非笼统的法律,因为"人类学研究告诉我们,法律总的来说出现于政治权力或国家权力产生之前,而以国家制裁为后盾的法律和具有法律结构的国家权力(其形式是政治统治)则是同时产生的……只是由于古代世界的法律发展,政治统治——在其中国家权力和国家法律是相互构成的——的出现才成为可能"①。哈贝马斯关注的是法治国,因此探讨的是"以国家制裁为后盾的法律"——国家法律——与政治权力的同源互构关系。

　　具体来看,哈贝马斯通过一个两阶段模型论证了国家法律与政治权力的同源互构,驳斥了两种相反的观点。第一种观点主张法律完全从属于政治,使法律被消解在政治之中;另一种观点则主张法律完全独立于政治,与政治无关。前者把法律规范归结为政治立法者的命令,受政治支配的法律就丧失了赋予政治统治以合法性的力量,从而破坏政治概念本身,因为"一旦合法化成为政治自己的成就,我们也就放弃了我们的法律概念和政治概念"②。后者认为实证法可以通过一个由法律导控的、但独立于政治而自成一体的司法的法理学成就来维护其规范性,这种独立的法律又会因失去人们的认同而丧失其合法性。这两种观点都是将法律工具化的实证主义法律观,背离了法治国的基本原则,实现的只是一种"法律型统治",而非真正的法治。法治并非"用法律对国家进行治理",如果法治是用法律对国家进行治理的话,法治就是人治了,因为利用法律的还是人,法律只是人治理国家的一种工具。真正的法治是马克思所强调的那种"法典就是人民自由的

---

① ［德］哈贝马斯:《在事实与规范之间》,童世骏译,三联书店 2003 年版,第 601 页。
② ［德］哈贝马斯:《在事实与规范之间》,童世骏译,三联书店 2003 年版,第 604 页。

圣经"①的治国模式。即法治国家中的法律必须从人们的自由活动中获得自身的合法性根据。哈贝马斯通过重构国家法律与政治权力的同源互构关系来驳斥这两种实证主义法律观，并以一种商谈地形成的合法之法来实现其民主法治国的理想，合法之法就成为其审议民主理论的核心目标。

一、法律与政治权力的同源构成

哈贝马斯认为，任何社会都面临着两个基本问题：协调人际冲突与实现集体目标，前者涉及个人之间的关系，后者涉及个人与集体之间的关系。人际冲突的协调主要由具有稳定人们行为期待功能的法律规范来实现，集体目标则通过具有约束力的决定来实现，而具有约束力的决定通常是由公共权力机关作出的。正是在协调人际冲突与实现集体目标的过程中，国家法律与政治权力逐步同源互构出来，这一过程被哈贝马斯划分为两个阶段。

第一个阶段是前现代社会的法官王阶段。在这个阶段，产生了神灵之法与社会权力的同源互构。前现代社会是一个由宗教和形而上学世界观所笼罩的社会，在这样的社会里，存在着一种源自共同的宗教信仰——这种宗教信仰是他们集体认同和价值共识的精神纽带——从而至高无上和毋庸置疑的神灵之法，可以作为正义之源泉。同时还存在着享有一定声望和社会权力的首领或领袖，凭借其拥有的社会权力强迫人们行动。一方面是具有合法性却缺乏强制力的神灵之法，另一方面是具有强制力却缺乏合法性的社会权力，二者在前现代社会里凭借着宗教性背景得以结合：拥有社会权力的人凭借所拥有的权力掌握神灵之法，并成为其唯一的诠释者，于是社会权力就被认为具有神灵确认和授予的性质而得以神圣化，从而享有由神灵之法所赋予的不容质疑的合法性，成为合法权力；神灵之法也因得到社会权力的支持而获得了强制力，成为事实上有效的法律。这样，在前现代社会的宗教背景下，就形成了神灵之法与社会权力同源互构的过

---

① ［德］马克思：《关于出版自由和公布等级会议记录的辩论》，《马克思恩格斯全集》（第1卷），人民出版社1956年版，第71页。

程:"神灵法律赋予权力以权威,社会权力给予法律以强制性支持。"①这个将神灵之法与社会权力集于一身的统治者,被哈贝马斯称为"法官王":他可以解释神灵之法,因而为"法官";他拥有社会权力,因而为"王"。② 在法官王阶段的前现代社会,神灵之法与社会权力仍处于社会之中而没有凌驾于社会之上,远没有后来的国家法律和国家政治权力那样强而有力,但对于简单的社会关系和社会结构来说,它们基本上可以满足协调人际冲突和实现集体目标的社会调控的功能性需要。神灵之法与社会权力的同源互构为进入国家统治阶段之后的国家法律与政治权力的同源互构做了准备。

第二个阶段是现代社会的国家统治阶段。在这个阶段,神灵之法转变为事实上有效的国家法律,社会权力转变为政治权力,"国家法律和政治权力这两个同源的成分在官职的建制化中连接起来,这种建制化使有组织地行使政治统治——简单地说由国家来组织的统治——成为可能。"③也就是说,国家法律与政治权力继续相互构成,通过彼此为对方服务来实现各自对整个社会所履行的内在职能。一方面,政治权力对整个社会所履行的内在职能是选择并实现集体目标,为此,就需要由国家机构来贯彻执行集体意志,国家法律正好可以提供组织国家机构的操作性手段,法律就作为政治统治的组织手段,为政治权力选择并实现集体目标而服务,并使政治权力合法化。"借助于法律的这种工具功能,国家权力部门的规范权威获得了制定具有法律约束性的决定的能力。只有在这种阶段上,我们才能谈论严格意义上的由国家来组织的统治。这种统治的特征是通过有约束力的决定来实现集体目标。"④因此,法律绝不仅仅是指导行为的规范,而且也服务于对国家权力的组织和引导,许多国家组织、制度和程序都是借助于法律而建构起来的。另一方面,由于法律以协调人际冲突、维护社会秩序为目的,而只有当人们对彼此的行为相互适应,并能预期对方的行为时,他们之间才可能相互协调,避免冲突,社会秩序才能得以维护。因此,国家法律

---

① [德]哈贝马斯:《在事实与规范之间》,童世骏译,三联书店 2003 年版,第 175 页。
② 参见[德]哈贝马斯:《在事实与规范之间》,童世骏译,三联书店 2003 年版,第 175 页。
③ [德]哈贝马斯:《在事实与规范之间》,童世骏译,三联书店 2003 年版,第 176 页。
④ [德]哈贝马斯:《在事实与规范之间》,童世骏译,三联书店 2003 年版,第 176 页。

对整个社会所履行的内在职能是稳定行为期待，从而协调人际冲突。而要稳定人们的行为期待，就需要国家政治权力的强制保障，政治权力就作为法律的国家建制化途径，为实现法律之稳定行为期待的内在职能而服务。"一种由国家来组织的刑罚实施确保了司法活动具有强制的特点。只有借助于权力的这种工具功能，法庭才转变成一种国家机构。因此，正是因为国家，法律才具有稳定那些在时间上、社会上和事实上都普遍化了的行为期待的功能。"①

综上所述，在现代社会，国家法律与政治权力对于整个社会都有各自的内在职能：稳定行为期待和实现集体目标。但它们仍然是相互构成的：法律是政治统治的组织手段，政治权力是法律的国家建制化途径。并且只有当它们彼此为对方服务时，它们才能履行自己的内在职能：没有法律，政治权力难以组织并且没有合法化基础，没有政治权力，法律的功能也无法实现。这就是哈贝马斯对于现代社会国家法律与政治权力同源互构关系的认识。

二、合法律性与法律型统治

在分析了现代社会的国家法律与政治权力同源互构的关系之后，哈贝马斯进一步考察了二者在合法性上的相互循环论证问题，指出由此而造成的只是一种"法律型统治"，并非真正的法治。

从国家法律与政治权力的同源互构来看，国家法律为政治权力提供组织手段，使之得以成为一个政治组织；政治权力则为国家法律提供强制力保障，使之得以通过国家形式来实施，二者之间似乎是一种相互平衡、自我稳定的循环关系，即国家法律赋予政治权力以合法性，而这种法律的合法性又源于政治权力。哈贝马斯指出，在前现代社会，法律与权力可以相互论证其合法性，因为前现代社会的法律是由宗教权威赋予超验的终极合法性的神灵之法，权力可以通过诠释和实现神灵之法而与神权相联系，从而获得合法的神圣外衣，成为合法权力；权力事实上的强制力也为法律的合法行使提供了支持。但是，由于在"祛魅化"的现代社会，法律开始脱离宗

---

① ［德］哈贝马斯：《在事实与规范之间》，童世骏译，三联书店 2003 年版，第 176 页。

教权威而世俗化,失去了形而上学的尊严与不可违背性,它本身的合法性已成问题。因此,法律并不能为政治权力提供合法性。如此一来,法律与政治权力都缺乏合法性基础,从而导致它们在合法性上的循环论证:政治权力的合法性来源于法律的授权,法律的合法性来源于政治权力的立法,二者都成了无源之水、无本之木。其后果是法律可能成为政治权力任意操纵的法律,政治权力也可能变成不受限制的权力,因为掌权者只需通过行使立法权就可以轻易地扩张或滥用自己的权力。

对此,哈贝马斯同其他思想家一样,都诉诸理性来解决国家法律与政治权力的合法性问题。因为他认为传统社会那种法律与权力的超验基础是建立在非理性世界观基础之上的,这在一个理性化的世界已经不再可能,"理性应该取代这些枯竭了的神灵正义之源"而成为法律的合法性基础。但他同时又指出,"神灵法的拱顶塌陷之后,废墟上留下的是通过政治途径制定的法律和作为工具来运用的权力之两根支柱,世俗的、自我授权的法律只能从理性那里找到一个替代物,它可以把真正的权威送还给一个被设想为政治立法者的权力拥有者。"①也就是说,理性这个"神灵"的替代物并未真正赋予法律以合法性,决定法律合法性的仍然是立法者所拥有的政治权力。因此,他认为理性法理论仍然没有真正解决国家法律与政治权力的合法性问题,没有真正解决政治统治的合法性问题,至多实现的是政治统治的合法律性,即"法律型统治"。

在韦伯那里,法律世俗化过程中法律的合法性是建立在形式理性的基础之上的,而形式理性的法律是国家政治权力所塑造的法律形式,这相当于将国家法律的合法性系于政治权力;同时,抽象的法律形式又成为政治权力行使的依据,为政治权力提供合法性。韦伯将这种通过法律来实施的政治统治称为"法律型统治",并视之为合法统治。哈贝马斯指出,在韦伯所谓"法律型统治"的现代社会,国家法律与政治权力仍然是一种相互证成合法性的关系,并且由于法律形式并未找到真正的合法性基础,因此,"法律形式本身并不足以为政治权力的实施提供合法性。"②如果政治统治只是

---

① [德]哈贝马斯:《在事实与规范之间》,童世骏译,三联书店 2003 年版,第 180 页。
② [德]哈贝马斯:《在事实与规范之间》,童世骏译,三联书店 2003 年版,第 178 页。

根据法律而进行,那么通过政治权力的影响而制定的法律,以及根据这种法律所实施的政治统治至多只能说是合法律的,而不能说是合法的。因为所谓合法性,乃是指一种政治秩序被认可的价值。因此,哈贝马斯认为韦伯所谓合法的"法律型统治"只是合法律性意义上的合法统治,而不是合法性意义上的合法统治,即不是真正的法治。

按照哈贝马斯的理解,"法律型统治"作为通过法律而实施的政治统治,即"rule by law",其法律只是掌权者实施政治统治的工具,它本身并不具有合法性,因而并不具有提供合法性的功能,"法律型统治"中的政治统治的合法性也就成为空谈;同时,这种法律将掌权者排除在法律规训的范围之外,针对的只是一般平民,因而仍然是一种"人治",只不过法律充当了"人治"的工具。在"法律型统治"中,法律只具有合法律性,即事实上的有效性,主要体现为一种强制之法,因此并不是真正的法治。真正的法治是"rule of law",即由具有合法性的法律而实现的统治,这种法律是民主地建构起来的,因而除了具有事实上的有效性,更重要的是具有规范上的有效性,即合法性,体现为一种自由之法。哈贝马斯的民主法治理想就落脚于这种合法之法:民主地形成的法律是事实上的有效性与规范上的有效性、合法律性与合法性、强制之法与自由之法相统一的合法之法,它既是政治统治的目的与中心——由此使政治统治的合法性得以实现,又是公民基本权利得以实现的保障。

三、合法之法与民主法治

法西斯暴政的历史教训使哈贝马斯意识到,"在完全世俗化的政治中,法治国若没有激进的民主的话是难以形成、难以维持的。"①因此,基于现代社会国家法律与政治权力之间同源互构关系所导致的合法性循环论证,以及一种并非真正法治的"法律型统治",哈贝马斯立足于交往理性与商谈原则,主张以一种民主的立法程序来建构合法之法,并重构国家法律与政治权力的同源互构关系,从而将它们的合法性奠基于理性商谈的民主程序

---

① [德]哈贝马斯:《在事实与规范之间》,童世骏译,三联书店2003年版,"前言"第6页。

上,使它们获得真正的民主根基与合法性,以确保民主法治理想的实现。其民主法治理想就落脚于民主地形成的合法之法上,民主就成为法治的根本保障。因为"从法律理论的角度来看,现代法律秩序只能从'自决'这个概念获得合法性:公民应该时时都能够把自己理解为他作为承受者所要服从的法律的创制者"①。

哈贝马斯用以建构合法之法的民主既不是自由主义模式的代议制民主,也不是共和主义模式的直接民主。代议制民主所产生的法律乃是一种抽象的法律形式,本质上是由国家政治权力所塑造,脱离了群众基础,丧失了民主根基,因而只具有合法律性而不具备合法性。直接民主所产生的法律虽然是公民"自我立法"的产物,具有坚实的民主根基,但直接民主在现代大型社会已无践行的可能,而且也存在理论上的难题。比如卢梭从整体主义的伦理观出发,用笼统的"公意"作为公民"自我立法"的依据,无视个人利益与价值追求的差异,无视集体意志压制个人自由的可能性,从而为"多数暴政"和以人民名义实施的极权主义打开了方便之门;康德从单个主体出发,将公民的"自我立法"诉诸于对理性之"绝对命令"的具体履行,又违背了"自我立法"的初衷。按照哈贝马斯的理解,"法律获得充分的规范意义,既不是通过其形式本身,也不是通过先天地既与的道德内容,而是通过立法程序,正是这种程序产生了合法性。"②因此,建构合法之法的民主在他那里就是程序主义的审议民主模式。

具体而言,这种程序主义的民主既不局限于自由主义模式的议会博弈,也不局限于共和主义模式的意志统合,而是扬弃二者的审议民主模式——从主体间性的角度出发,立足于主体间的交往理性与商谈原则,通过公共领域非正式的政治意见形成过程与国家议会正式的政治意志形成过程之间的良性互动,形成民主的交往之流,从而产生具有合法性的政治意志即交往权力。"在政治立法者以商谈形式构成的意见形成和意志形成过程中,立法与交往权力的形成是交织在一起的。"③由交往权力所塑造的

①　[德]哈贝马斯:《在事实与规范之间》,童世骏译,三联书店2003年版,第685页。
②　[德]哈贝马斯:《在事实与规范之间》,童世骏译,三联书店2003年版,第167页。
③　[德]哈贝马斯:《在事实与规范之间》,童世骏译,三联书店2003年版,第199页。

法律就是合法之法,因为按照商谈原则,只有人们同意的法律才具有合法性,在交往之流中形成的交往权力所塑造的法律,源自作为民主基础的公共领域,源自公民在互动商谈中达成的共识,因而具有民主的合法性基础。哈贝马斯用以建构合法之法的审议民主模式,关键不在于任何实体性价值,而是通过主体间的理性商谈和民主程序达成共识,产生合法之法。

合法之法所提供的"正义之源"就是对自由交往主体的利益与价值追求的满足,或者说对公民基本权利的体现。它隐含了人们必须享有平等的个人自由权、成员身份权、受法律保护权、政治参与权与生存条件权这五项基本权利,并且这些基本权利是人们之间通过相互承认而相互授予的。因为如果没有这些基本权利,人们就无法参与立法。因此,基本权利是公民进入立法过程的前提性条件,合法之法的产生隐含了公民基本权利的存在。但是这并不意味着基本权利先于或优于法律,基本权利是在立法过程中由立法主体相互授予的,它与法律是相互构成的关系。因为合法之法产生于民主的商谈过程,而商谈原则暗含了每个人都与其他人一样平等、自由,即人们之间应当彼此承认各自的基本权利,或者说相互授予权利,否则无法保障法律的合法性;同时,权利又必须采取法律的形式,即权利的赋予和保护都必须采取法律的途径,没有法律,权利也无法存在和发展。因此,哈贝马斯认为基本权利与法律处于一个同构过程之中。哈贝马斯将人们彼此承认的相互授权视为"权利自赋",以区别于自由主义民主的"权利天赋"观和共和主义民主的"权利国赋"观。"权利天赋"以道德为权利之基,而道德本身是需要商谈地证成的;"权利国赋"以国家自上而下的赐予为权利之基,而国家既然能够赐予权利,也就能够收回权利。因此,这两种权利的基础都不牢固。在哈贝马斯看来,只有把权利建立在人们相互授予的基础上,权利作为人们立法的前提和产物才具有合法性基础。正是在这个意义上,他说:"权利的合法性和立法过程的合法化是一回事。"①

合法之法的贯彻实施通过国家公共权力机关而实现。一方面,政治权力由合法之法来组织并受合法之法的导控与约束而运行,政治权力就通过合法之法与交往权力相连,从而具有民主的根基,获得真正的合法性。"为

---

① ［德］哈贝马斯:《在事实与规范之间》,童世骏译,三联书店 2003 年版,第 164 页。

政治统治之实施提供合法性的不是法律形式,而仅仅是与合法地制定的法律之间的紧密联系。"①也就是说,没有合法之法,政治权力就缺乏合法性。另一方面,合法之法的产生以建制化的政治权力(比如议会)为条件,政治权力的有效运行也是充分贯彻合法之法、从而实现其内含的公民基本权利的重要保障。哈贝马斯由此重构了国家法律与政治权力的同源互构关系,并使二者获得了真正的合法性基础,即基于交往理性的审议民主模式。民主地形成的合法之法作为审议民主理论的核心目标,就成为民主法治的根本保障。

---

① [德]哈贝马斯:《在事实与规范之间》,童世骏译,三联书店 2003 年版,第 167—168页。

第四章 "后民族民主":哈贝马斯审议民主理论的世界拓展

哈贝马斯认为作为公共知识分子的哲学家相对于其他专业知识分子所具有的优势之一是:能更好地诊断我们所处的时代。他自己在诊断时代问题时,不只是局限于一个国家或者地区,而是将自己的关怀扩展到包容了人类在内的整个世界。因此,在交往理性和商谈原则的基础上重建审议民主模式以解决一国范围内的人民真正"民主地生活"的问题之后,他将其审议民主理论拓展到世界范围,希望通过理性的交往、对话与商谈,达成广泛的"话语共识",从而解决矛盾,消除敌意,防止冲突,实现人与人、种族与种族、国家与国家以及各种宗教信仰之间和谐共处的大同世界。基于其交往行为理论与话语伦理学,哈贝马斯对世界政治的图景同样满怀希望,并以欧盟的现实成就为例,勾勒了其"后民族民主"的理想蓝图——"没有世界政府的世界内政"。这对于在理论与现实中一直被悲观气氛所笼罩的国际政治关系来说,不啻为一种希望,尽管它在理论上仍然受人质疑,在实践中也尚无成功的迹象。

第一节 哈贝马斯论民族国家的命运与世界政治的图景

民族国家是现代国家政治与国际政治的核心范畴,哈贝马斯是从"民族国家"的视角来考察世界政治图景的,这是因为一个社会可以对自身施加民主影响的观念迄今为止一直都是在民族的范围内得到人们的信任,而且"如果国家主权不再被看做是不可分割的,而与国际机构共享;如果国家不再能够控制它们自己的领土;还有,如果领土的界限和政治的界限日益松动,那么,自由民主的核心原则——自治、集会、共识、代议和公众主权——显然就会成为问题。"①因此,民族国家的民主过程被哈贝马斯视为世界政治民主的参照系。诚如他之言:"正是民族国家这种我们将超越的历史形态,能够为我们走向后民族社会提供某种借鉴。"②他以民族国家为视角来考察世界政治的前景,主要是将现实的社会问题与政治问题作为对民族国家的政治挑战,并试图通过民族国家的回应来引出其关于世界政治民主的理想蓝图。

一、民族国家及其历史成就与现实挑战

通过词源学分析,哈贝马斯指出民族与国家是两个独立的概念,并且各有所指。"民族首先是一些有着相同起源的共同体,他们定居在一定的地域,并构成邻里关系;文化上拥有共同的语言,风俗和习惯,但他们在政治上还没有达到一体化的地步,也没有出现类似于国家的组织形式。"③这是历史意义上的民族概念。国家是指在空间上拥有明确的领土范围、对内对外代表着主权的国家权力。直到 17 世纪,欧洲才出现一个个对一定疆域享有主权统治,在调控能力上胜过传统古老政体(如古代王朝和城市国家)的独立国家。民族与国家的融合即现代意义上的民族国家则是在 18 世纪晚期法国革命与美国革命之后才出现的。"自 18 世纪晚期,由知识分子所推动的民族意识转变,为'贵族民族'到'人民民族'的转变创造了前提条件。这种民族意识转变最初发生在城市里,主要是受过教育的市民阶层,然后才在大众中得到呼应,并逐渐发展成为波及所有人的政治运动。民众的民族意识逐渐加强,凝聚成为民族历史上广泛传播的'想象共同体'(安德森)。而这种'想象共同体'成为新民族集体认同的核心。"④"想象共

---

① [德]哈贝马斯:《后民族结构》,曹卫东译,上海人民出版社 2002 年版,第 73 页。
② [德]哈贝马斯:《包容他者》,曹卫东译,上海人民出版社 2002 年版,第 127 页。
③ [德]哈贝马斯:《包容他者》,曹卫东译,上海人民出版社 2002 年版,第 129—130 页。
④ [德]哈贝马斯:《包容他者》,曹卫东译,上海人民出版社 2002 年版,第 130 页。

同体"实质上超越了民族主义即历史意义上的民族概念,具有共和主义特征,成为了现代意义上的政治民族。政治民族的形成,结合主权理念就产生了现代意义上的民族国家。

在哈贝马斯看来,民族国家产生的外在动因与暴力或者说战争密切相关,内在逻辑则是对历史挑战的一种回应,是对欧洲早期现代社会一体化问题的解决。具体而言,民族由贵族民族向人民民族转变,民族就变成为一个"想象的共同体",国家主权也由封建主权向人民主权过渡,从而逐渐形成了民族国家。而启蒙运动和资产阶级革命促进了以知识分子为先锋的对"民族精神"的追求,以及对民族集体认同的渴望,并逐渐演化为强烈的民族归属感。民族的自我理解形成了整体的文化语境,过去的臣民在这种语境下成为政治意义上的积极公民。民族归属感则促使以往彼此陌生的人们团结一致。"因此,民族国家的成就在于,它同时解决了这样两个问题:即在一个新的合法化形态(Legitimationsmodus)的基础上,提供了一种更加抽象的新的社会一体化形式(soziale Integration)。"①民族国家的发展则体现为国家的民族化与民族的国家化过程。民族国家的建立有两个重要特征:一是国家主权的确立。与皇族统治不同,国家行政权力的合法行使以国家和平为前提,因此国家必须拥有一定的权势,能够对内确保国内的安宁和秩序,对外维护领土不受侵犯。"主权对内是国家推行法律秩序的前提,对外能使国家在国际间'无序'的力量角逐中捍卫自己。"②二是国家与市民社会的分离,即国家从经济领域中脱身出来,或者说与用法律手段制度化的市场经济交往机制分离开来。国家负责行政管理与税收,将生产使命交给市场经济,只创造"一般的生产条件",只提供法律框架和基础设施,主要通过公法调节人际关系;市民社会则通过私法调节人际关系,其中的市场尽管靠政治来建立和监督,但遵循的是不受国家控制的内在规律。因此,"随着私法和公法的分离,在康德那里还被称为'臣民'的公民得到了私人自治这一核心领域"③。

---

① [德]哈贝马斯:《包容他者》,曹卫东译,上海人民出版社2002年版,第131页。
② [德]哈贝马斯:《包容他者》,曹卫东译,上海人民出版社2002年版,第128页。
③ [德]哈贝马斯:《包容他者》,曹卫东译,上海人民出版社2002年版,第129页。

民族国家的产生以及在世界范围内的普及,取得了辉煌的历史成就,哈贝马斯将之归纳为两点:为国家的合法性提供了新的基础,进而为社会整合提供了一种新的形式。对上帝的宗教信仰崩溃之后,出现了多元化的世界观,逐渐消除了政治统治的宗教基础,世俗化的国家必须为自己找到新的合法化源泉,而民族与国家的结合形式正好满足了这一要求。民族国家通过把人们在政治上动员起来参与政治,在民族认同的基础上使之形成作为公民的政治认同,从而为自己提供合法性,其合法性基础就是政治参与和公民资格。"这种逐渐盛行的民主参与和公民资格,创造了一种新的法律团结基础,同时也为国家找到了世俗化的合法化源泉。"①这里,公民资格具有双重内涵,一种是政治法律内涵,指由公民权利所确立的身份。公民权利随着封建主主权向人民主权的转变而由臣民的权利转变而来,意指公民的政治自由权利,主要包括人权与公民权。另一种是文化内涵,指公民在文化上对这个民族的归属感。其中,公民资格的文化内涵又是其政治法律内涵的基础,乃至政治认同与国家合法性的基础。"如果已经获得自立的民众还没有形成一个由具有自我意识的公民组成的民族,那么,这种政治法律变革就会缺少原动力,已经建立起来的共和体制也会缺少活力。为了促进这场政治变革,需要一种能强有力地赋予这种变革以意义的观念。它应比人民主权和人权概念更能打动人心和激发热情。这个空白就由'民族'观念来填补。"②因此,民族观念的形成乃是国家合法性的前提,它使一国领土范围内的居民有了一种通过政治和法律而表现出来的新型归属感。这种归属感作为民族意识或者说民族精神,是共同的起源、语言和历史的结晶,它把臣民变成一个政治共同体中的公民,从而为法治国家形式奠定了文化基础。在这个过程中,民族归属感促使以往彼此生疏的人们团结一致,团结一致的公民的民族意识就成为社会整合的新形式。"如果公民的法律地位与其民族文化的归属感联结在一起的话,民族国家就能很好地履行其一体化的使命。"③"离开对公民权利的文化阐释,民族国家

---

① [德]哈贝马斯:《包容他者》,曹卫东译,上海人民出版社2002年版,第132页。
② [德]哈贝马斯:《包容他者》,曹卫东译,上海人民出版社2002年版,第132—133页。
③ [德]哈贝马斯:《包容他者》,曹卫东译,上海人民出版社2002年版,第137页。

在其形成过程中,就无法通过以民主的方式入籍建立更加抽象的社会一体化。"①

与民族国家的历史成就相伴而生的是由民族国家的两重性所导致的民族主义对共和主义成就的消解,以及由此而产生的各种问题。

哈贝马斯指出,民族概念具有两副面孔。其一是普遍主义的民族概念,意指一个人无须考虑其出身,只要他信仰这个国家的宪法与法律,就可以成为这个民族的成员。普遍主义的民族由公民组成,是民族国家民主合法化的源泉。其二是特殊主义的民族概念,其民族属性是从语言、文化、血缘等后天无法改变的先天因素来确认的。特殊主义的民族由民众组成,是社会一体化的保障。民族国家由此具有两重性,它既是由公民靠自身力量所建立的自由平等的法律共同体,又是由在语言、历史等方面天生同宗同源的人们所组成的历史命运共同体。"民族国家概念包含着普遍主义和特殊主义之间的紧张,即平等主义的法律共同体与历史命运共同体之间的紧张。"②

当然,哈贝马斯并不认为民族国家所包含的紧张关系必然会导致危险,而是认为只要优先从普遍主义的角度来理解由公民组成的民族,就能消除民族国家内含的紧张关系,从而实现确保民族国家的合法性与社会一体化的共和主义理想,取得用公民的内在团结代替已经瓦解的早期现代社会的合作纽带这一共和主义成就。因为"只有一种非自然主义的民族概念,才能与民主法治国家的普遍主义的自我理解完美地结合在一起。这样,共和主义观念就可以占据主导地位,并渗透到社会一体化的生活方式当中,并按照普遍主义的模式来模铸它们"。③ 这种"非自然主义"的民族概念就是指普遍主义的民族概念,哈贝马斯还称之为"世界主义"的民族概念。而特殊主义的民族概念在他看来实际上是一种"自然主义"的民族概念,强调我们无法决定的先天自然属性,它对社会一体化的保障是纯粹的民族主义。如果"由公民组成的民族的一体化力量被还原成一个自然生成

---

① [德]哈贝马斯:《包容他者》,曹卫东译,上海人民出版社2002年版,第133页。
② [德]哈贝马斯:《包容他者》,曹卫东译,上海人民出版社2002年版,第135页。
③ [德]哈贝马斯:《包容他者》,曹卫东译,上海人民出版社2002年版,第135页。

的民族的前政治定性,也就是说,被还原成独立于公民的政治意见和政治意志之外的东西,那么,这种共和主义的成就就会陷入危险"。① 民族主义对共和主义成就的消解主要体现在两个方面:一是在规范层面上,自然主义的民族概念使民主法治国家的法律结构出现空缺,因为它强调民族意识的人为性和有机性。二是在经验层面上,自然主义的民族概念常常被政治精英们当做社会动员的工具,最典型的就是纳粹帝国对民族主义的极端推崇,从而走向了种族主义,甚至种族清洗,为民族概念和民族国家抹上了一层浓厚的阴影。哈贝马斯以此说明了民族主义的"民族观念几乎没有加强民众对法治国家的忠诚,反而更多的是动员大众,去追逐那些与共和主义基本原则格格不入的目标"。②

民族国家除了自身的二重性所造成的问题外,还面临内部和外部两方面的现实挑战:对内面临着多元文化的冲突,对外则面临着全球化的挑战。

今天的社会是一个文化生活方式、民族群体、宗教信仰以及世界观等都越来越多元化的多元文化社会,与一个由同根文化民族所构成的民族国家的理想模式相去甚远。政治文化要求得到来自不同文化背景的所有公民的承认,而"在一个文化和世界观多元化的社会里,不允许把这种政治所承担的重任由政治意志形成和公共交往的层面上推卸到似乎已经一体化的民族的自发基础上去"。③ 因此,政治文化的同一性以及政治认同就面临巨大的困难,民族国家的合法性与社会一体化的任务就难以实现,这是民族国家面临的内部挑战。

民族国家面临的外部挑战来自全球化。所谓"全球化",哈贝马斯认为它主要是一个过程而不是一种终结状态,它表明交往关系和交换关系超越了国家的界限,人类生活的各个方面因而变得更加紧密。一方面,经济全球化削弱了民族国家的能力。国家之间的工业品贸易不断扩大、跨国公司数量急剧上升且影响越来越大、资本的运营速度史无前例以及金融运行出现了独立化等全球化的经济发展趋势,尽管没有直接影响民主过程自身的

---

① [德]哈贝马斯:《包容他者》,曹卫东译,上海人民出版社 2002 年版,第 135 页。
② [德]哈贝马斯:《包容他者》,曹卫东译,上海人民出版社 2002 年版,第 136 页。
③ [德]哈贝马斯:《包容他者》,曹卫东译,上海人民出版社 2002 年版,第 137 页。

功能条件和合法化条件,但却使民族国家越来越失去影响整个经济运行的政治能力,"一国范围内的凯恩斯主义"再也不可能取得成功了。① 因为民族国家着眼于一定的地域,其政策只能在其领土范围内推行,而全球化表达的却是一种广泛的动态图景,动摇了空间与时间上的限制,因而对民族国家的边界直接构成挑战,直到摧毁民族的大厦。另一方面,全球化的负面效应也是民族国家无力解决的,比如环境问题、恐怖主义、核武器危机等都无法在一国范围内加以解决。因此,"全球化导致软弱无力",②正是民族国家实际命运的真实写照。更为严重的是,民族国家为了降低在国际竞争中的经济成本,不得不以牺牲就业为代价。"在全球化的经济格局中,民族国家只有通过限制国家的权力来提高'本地'的国际竞争力;也就是说,有必要采取'削减'政策,而不惜破坏社会的团结,使社会的民主稳定性陷入严峻的考验。"③"削减"政策无疑使失业和贫困成为一部分人的集体命运,从而出现一个被抛弃的社会阶层,这就破坏了广泛参与的前提。因为一个人如果既居无定所又无收入来源,就无法指望他成为积极的公民参与到政治过程中来。由于广泛参与的前提遭到破坏,民主决策虽然形成上正确,但却失去了可信性,最终导致国家统治的合法性缺失。当然,全球化对民族国家合法性的冲击还表现在全球化压缩了民族国家的活动空间,由于民族国家的活动范围受到了限制,因而集体认同变得无从确定。

民族国家产生与形成的内在逻辑是对历史挑战——欧洲早期现代社会一体化问题——的回应,那么,面对民族国家自身存在的问题,以及当代多元文化与全球化对民族国家合法性的挑战,民族国家又该如何回应呢? 或者说,"是否存在着一种替代物,在功能上与有关由公民组成的民族和由民众组成的民族的一揽子方案旗鼓相当"④。对此,西方学术界可谓争论纷纷,总体上来讲有两种相互对立的观点,即捍卫民族国家与抛弃民族国家。

① 参见[德]哈贝马斯:《后民族结构》,曹卫东译,上海人民出版社 2002 年版,第 91 页。
② 参见[德]哈贝马斯:《后民族结构》,曹卫东译,上海人民出版社 2002 年版,第 92 页。
③ [德]哈贝马斯:《后民族结构》,曹卫东译,上海人民出版社 2002 年版,第 62 页。
④ [德]哈贝马斯:《包容他者》,曹卫东译,上海人民出版社 2002 年版,第 137 页。

二、捍卫与抛弃：民族国家的两种极端命运

面对当代的现实挑战，民族国家应该何去何从？这个问题不仅关系到民族国家自身的命运与前景，而且关系到整个世界的政治格局与发展趋势。对此，西方学术界形成了两种相对立的观点。一种是社会民主主义对民族国家的捍卫立场，哈贝马斯称之为"防卫性的修辞策略"，其出发点在于"强调垄断了权力的国家的防护功能，国家在它自身的疆域当中捍卫法律和秩序，为公民的私人生活世界提供安全保障"。① 另一种是新自由主义与后现代主义对民族国家的超越与抛弃立场，哈贝马斯称之为"开放的修辞策略"，该立场认为"主权国家的权力具有一种压制的性质，它使得民众不得不臣服于喜好管理的行政机关的压迫，陷入了同质性的生活方式的囚笼之中"。② 因此，他们主张打破民族国家的领土疆界和社会疆界，从而实现人的双重解放：个人作为被统治者从国家管理的垄断权力下获得解放，以及个人作为民族成员从民族集体的强制认同中获得解放。

主张捍卫民族国家的社会民主主义实质上是主张国家对市场的调节，相信国家调节可以为有效的市场建立一个框架，并消除社会公正与市场效率之间的鸿沟。而且其倡导者知道，平等的社会权利是民主制度下公民资格的保障，一旦出现无法控制的外来冲击，他们则主张民族国家采取一种封闭的政治意志。因此，他们对于世界政治的前景持悲观主义的态度，仅仅对国家政治抱有信心。

主张超越与抛弃民族国家的新自由主义与后现代主义实质上主张的是一种"政治终结论"。其倡导者们从古典国家学说出发，认为在古典国家组成的世界解体之后，再也不会出现新的政治闭合，因为政治约束集体的决策能力在民族国家自身不断崩溃的大潮中也丧失殆尽。新自由主义对市场的控制功能充满信心并想尽可能地依赖之，而不希望为无须调节的世界经济提供一个政治框架；后现代主义则认为一种世界范围内的政治是不可能的，即不可能形成一种无政府的世界社会。"后现代主义和新自由主义出于不同的理由，达成了一致的观点，它们都人为个体以及小集体的生

---

① ［德］哈贝马斯：《后民族结构》，曹卫东译，上海人民出版社 2002 年版，第 93 页。
② ［德］哈贝马斯：《后民族结构》，曹卫东译，上海人民出版社 2002 年版，第 93 页。

活世界像单子一样通过世界范围内的调节网络四处分散,而不会沿着社会一体化的道路形成多层且也更大的政治共同体。"①因此,世界范围内的政治对他们而言也是不可想象的,在这一点上,他们与民族国家的捍卫者一样,都持悲观主义的态度。

哈贝马斯认为,上面两种立场都不可取,因为世界格局已经发生了重大变化。在多元文化与全球化的冲击下,一种"后民族国家结构"正在形成,在这样的情况下,民族国家无法再用一种"闭关锁国的政策"来重塑昔日的辉煌。他说:"新的国家保护主义无法解释,一个世界社会如何应该被重新分解为不同的部分,除非通过一种正确的或错误的世界政治,而它又认为这种政治纯属幻想。那种想让国家完全融入后民族国家格局而自我摧毁的政策,同样也难以令人信服。后现代的新自由主义无法解释,国家层面的控制能力与合法化的缺失,在没有一个新的政治调节形式的情况下,如何能在跨国层面上得以弥补。"②在哈贝马斯看来,无论是对待闭合的倒退乌托邦,还是对待这些自以为是开放的进步幻想,我们都应保持一种保留的态度。因为一方面,民族国家在数百年的历史当中所取得的成就仍然值得捍卫,另一方面,它所存在的问题与面临的挑战也必须得以解决,从而为自己找到一个新的合法化基础。因此,片面强调民族国家的历史成就而对其现实挑战熟视无睹的捍卫立场并不可取,反之亦然。他主张在民族国家的开放与闭合之间建立一种特殊的均衡关系,而且欧洲的历史发展也证明,凡是现代化比较顺利的时候,都是基于这种均衡关系取得了成功。

对于民族国家之开放与闭合的均衡关系,哈贝马斯通过考察欧洲历史上的一体化形式进行了分析。他指出,欧洲历史上存在着两种一体化形式,一种是通过网络系统实现的"功能上的一体化",另一种是生活世界中的"社会一体化"。前者通过积极有效的行为后果而使行为者在决定市场、运输途径与通讯网络的过程中所建立起来的水平交换关系和交往关系变得更加稳固;后者则依靠对主体间共有的规范和价值所达成的沟通,以及

---

① [德]哈贝马斯:《后民族结构》,曹卫东译,上海人民出版社 2002 年版,第 101 页。

② Jürgen Habermas, *The Postnational Constellation: Political Essays*, Translated, edited and with an introduction by Max Pensky, Cambridge: The MIT Press, 2001, p. 81.

在集体中形成的共识来确保社会的一体化。这两种一体化形式相互渗透，形成了开放与闭合的有序排列，并构成现代化的不竭动力。"商品流通、货币流通、人员和信息的流通等构成的网络在不断扩大，这样就形成了一种流动性，激发出了一种动力，而生活世界在时间和空间上的水平视野不管多么紧张，都形成了一个整体，我们在直观上可以感觉到它的存在，从参与者的角度来看，由此不会形成什么互动。市场或通讯网络在不断扩张，也变得不断稠密，这样就激发出了一种处于开放和封闭之间的现代化动力。与'他者'之间形成了许多莫名其妙的关系，对'他者'也有了不同的经验，这样就形成了一种颠覆的力量。多元论不断抬头，破除了家庭、社会以及传统的约束力，从而使得社会一体化发生了转型。每当现代化掀起新高潮的时候，主体间共有的生活世界都会把自己敞开，以便对自己进行重新组织和重新闭合。"①也就是说，欧洲的现代化成就就在于系统的开放与生活世界的闭合之间的辩证关系。系统具有开放的动力与自由化的冲动，系统流通导致生活世界中自我与他者的遭遇，从而激发出一种颠覆性力量；如果想避免这种颠覆性力量所导致的分化、陌生化和失范，就必须从自我意识、自我决定和自我实现等多个方面对生活世界进行重组，因为这些方面决定了现代性的规范的自我理解。在开放的要求下，生活世界解体了，但生活世界必须在更加广阔的视野内把自己重新封闭起来。所谓"更加广阔的视野"，是指三个维度的向外延伸："通过反思占有构成认同的传统；相互交往的自主性以及对待社会公共生活规范的自主性；最后还有个体对私人生活的设计等。"②这个过程会逐渐建立起新的共同生活规则与社会规范，并形成一种示范性的生活方式，比如欧洲资产阶级的生活方式——自我管理和参与、自由和宽容，其中所表达的资产阶级的解放观念最终凝聚成为人民主权观念与人权观念，并成为占主导地位的主流意识形态。

在今天的全球化语境下，新的开放与闭合发生在民族国家中，表现为经济系统的不断开放与政治系统的相对闭合。"全球化似乎迫使民族国家在自身内部向各种外来的或新型的文化生活方式保持开放状态。与此同

① ［德］哈贝马斯：《后民族结构》，曹卫东译，上海人民出版社2002年版，第95页。
② ［德］哈贝马斯：《后民族结构》，曹卫东译，上海人民出版社2002年版，第96页。

时,全球化又限制了一国政府的活动空间,具体表现为:主权国家对外,也就是面对国际管理机构同样也必须保持开放状态。"①当然,哈贝马斯强调,必须在这种新的开放与闭合中建立一种均衡关系,并在跨国层面上采取一种开放与闭合的政策。具体而言,哈贝马斯并不认为闭关锁国的民族国家可以解决本土的文化与社会问题,也不认为市场是解决所有问题的唯一力量,而是主张在保持民族国家作为国家政治与国际政治主体的前提下,建立一个与开放市场相适应的世界范围内的政治共同体,即在民族国家之外重新培育调控市场的政治管理体系。这样,跨国层面的开放体现为世界市场与世界范围内的政治共同体,闭合则体现为民族国家主权的前提性存在,而且二者处于一种均衡状态之中。在此基础上,哈贝马斯提出其"民族国家扬弃论"的观点,并进而阐明了自己关于建立世界主义政治民主模式的构想。

三、扬弃民族国家:世界政治民主化的必要前提

哈贝马斯通过分析和批判上述两种对待民族国家的相互对立的观点,引出了自己对于民族国家的扬弃立场。所谓"民族国家扬弃论",就是主张在充分发扬民族国家历史成就的基础上,抛弃其不合时宜的各种政策,并让渡自己的部分主权,在全球层面上建立一个行之有效的政治共同体,以弥补民族国家职能上的不足,从而应对多元文化与全球化的现实挑战。显然,哈贝马斯对于一种世界范围内的政治前景是乐观积极的。

民族国家的历史成就在于为现代国家的合法性提供了新的基础,进而为社会整合提供了一种新的形式。哈贝马斯认为这对于当今世界的政治格局仍然是非常重要的,因为"要使利益协调化和利益普遍化的程序以及创造性地建立共同利益的程序制度化,不能依靠(根本不受欢迎的)世界国家这样一种组织形式,而必须依靠先前各主权国家的自主性、自觉性和独特性"。② 因此他认为,现在就抛弃民族国家还为时过早,这与弗朗西斯·福山(Francis Fuduyama)所主张的"国家构建"(state-building)殊途同归。

---

① [德]哈贝马斯:《后民族结构》,曹卫东译,上海人民出版社2002年版,第97页。
② [德]哈贝马斯:《后民族结构》,曹卫东译,上海人民出版社2002年版,第67—68页。

在福山看来,要建构一个理想的世界秩序,不仅应当强化现有的国家制度,而且应当帮助一批软弱无能国家或者失败国家,比如索马里、海地、柬埔寨、波斯尼亚、科索沃、卢旺达、利比亚、塞拉利昂、刚果和东帝汶等国,新建其国家政府制度,并使国家治理民主化。因为一方面,从 1989 年柏林墙倒塌到 2001 年 9 月 11 日这段时期,这些国家的崩溃或弱化,不仅引发了骇人听闻的人道主义与人权灾难,而且引发了多次国际性危机。另一方面,"9·11"恐怖袭击事件提出了一个更为严峻的问题,"阿富汗这个失败国家是如此之弱以至于可以被一股非国家势力(基地恐怖组织)实际地劫持,并成为全球恐怖行动的大本营"。① 失败国家的问题从而成为世界安全的主要威胁。同时,导致国际社会不稳定的中东地区的长年混乱,其深层次原因是绝大多数阿拉伯国家缺乏民主、价值多元,或缺乏实质性的公共参与政治。因此,福山强调民族国家及其民主化对于世界秩序的重要意义。当然,尽管哈贝马斯同福山一样,肯定了民族国家对于世界政治格局的重要性,但他也认识到民族国家自身的两重性问题,以及由此而导致它在面对内外挑战时的合法性缺失与行为能力低下的问题,又是不能不克服的现实问题。对此,哈贝马斯主张对民族国家进行积极的改造,以应对各种挑战。

首先,面对合法性缺失的问题,民族国家应当克服自身的两重性,具体而言就是要消除法治国家与作为出身共同体的"民族"之间的共生现象,以便使普遍主义意义上的公民团结能够在抽象层面上得到更新。也就是说,要克服对民族概念的特殊主义理解,从而将民族国家定位于法律共同体而不是历史命运共同体。"一个国家只有在完成了从彼此都很熟悉的人种共同体向由相互还很陌生的公民组成的法律共同体转变之后,才能说真正成为了一个国家。在西方,部族和地区虽然并没有彻底融合,但这种包容性的民族国家已经有一百多年的历史了。"②这样的民族国家,对所有公民都保持开放的状态,而不管他们的出身如何。"因为文化同质性所提供的基本共识只是暂时的,在一段时间内是民主的催化条件,但是,如果通过公共

---

① [美]弗朗西斯·福山:《国家建构:21 世纪的国家治理与世界秩序》,黄胜强、许铭原译,中国社会科学出版社 2007 年版,第 91 页。
② [德]哈贝马斯:《包容他者》,曹卫东译,上海人民出版社 2002 年版,第 175—176 页。

话语建立起来的意见和意志使得陌生人之间可以实现一种合理政治共识的话,那么,这种基本共识就是多余的。"①在作为法律共同体的民族国家中,合理的政治共识通过民主过程来实现,而不是基于共同的民族文化与传统。而民主过程由于具有程序特征因而具有潜在的合法性。因此,民主过程可以填补社会一体化的空白,实现公民团结和国家的合法化。

其次,面对民族国家行为能力弱化的趋势,哈贝马斯主张民族国家联合成为一个更大的政治统一体,形成一种超国家的政治机制。这种机制既能够补偿民族国家在自身功能范围内所丧失的行为能力,同时又不致斩断民主合法性的链条。他指出:"面对世界市场的颠覆力量和绝对命令,面对交往在世界范围内的不断紧密,国家的外部主权,不管如何论证,在今天都已经过时了。全球性的危险与日俱增,它们悄悄地迫使世界上各个民族不由自主地组成一个风险共同体;从这个角度来看,的确有必要在跨民族层面上建立起具有政治行为能力的机构。"②当然,哈贝马斯也认识到,在现实世界中尚未形成什么集体行为者,能够担当起管理世界内政的使命,并且能够就必要条件、协议和程序达成一致。但是,他对世界范围内的政治共同体仍然满怀信心,因为欧盟的例子使世界内政的前景充满希望。

综上所述,哈贝马斯通过考察民族国家在世界政治格局中的成败得失,批判了纯粹捍卫民族国家与彻底抛弃民族国家的两种极端立场,以及他们对世界政治前景的悲观主义态度。根据他一贯采用的折中做法,哈贝马斯提出了"民族国家扬弃论",主张从摆脱了民族国家干预的市场当中重新培育调控市场的政治力量,以应对民族国家自身存在的问题和所面临的内外挑战。因为在他看来,民族国家所面临的内外挑战,尤其是全球化的冲击,并不可能使政治终结,政治反而可以随着全球市场的成长而成长,市场本身就孕育了新的政治结构形式。正是基于民族国家的扬弃论立场,哈贝马斯转向一种后民族国家的世界格局,并对世界范围内的政治前景持乐观态度,驳斥了"政治终结论"。他说:"我们的社会还建立在民族国家观念之上,但已经受到了非民族化运动的冲击;今天,面对经济领域当中率先建

---

① [德]哈贝马斯:《后民族结构》,曹卫东译,上海人民出版社2002年版,第86页。
② [德]哈贝马斯:《包容他者》,曹卫东译,上海人民出版社2002年版,第172—173页。

立起来的世界社会,我们的社会也在'走向开放'。"①简言之,今天的社会也应当建立在世界政治的观念之上。因而他所要重新培育的政治力量,不仅体现为国家层面的政治力量,即作为法律共同体而非历史命运共同体的民族国家,而且体现为国际层面的政治力量,即世界范围内的政治共同体。具体而言,作为法律共同体的民族国家,倡导的是一种"宪法爱国主义"而非民族主义;其认同模式在世界范围的拓展,可以促使一种后民族国家的世界政治格局的形成,体现为一种"后民族民主"图景,即"在民族国家之外,为民主过程找到一个合适的形式"。② 这个合适的形式就是"没有世界政府的世界内政"。

第二节 "宪法爱国主义"

哈贝马斯指出,民族国家产生以来的认同模式是以民族意识或民族观念为核心的民族认同,这种民族主义的认同模式一度成为民族国家的合法性基础与新的社会一体化形成。但是后来,民族意识或民族观念却成为拒绝一切外来者,贬低其他民族的价值,排斥少数民族、种族和宗教少数派,尤其是犹太人的机制,并造成了严重的恶果。从 1871 年到 1914 年的欧洲帝国主义历史,以及 20 世纪的民族主义都说明了这样一个痛苦的事实——民族观念几乎没有加强民众对法治国家的忠诚,反而更多的是动员大众,去追逐那些与共和主义基本原则相悖的目标。

面对民族国家认同模式所存在的这种缺陷,以及多元文化与全球化对民族国家的挑战,哈贝马斯提出用"宪法爱国主义"取代原始的民族主义,作为现代民族国家的集体认同模式。由于"有效宪法是一个国家政治文化的结晶。任何一种民族文化在各自的历史发展过程中,对于反映在不同宪法中的原则,如人民主权和人权等,有着各自不同的理解"。③ 因此,反映在

---

① [德]哈贝马斯:《后民族结构》,曹卫东译,上海人民出版社 2002 年版,第 73 页。
② [德]哈贝马斯:《后民族结构》,曹卫东译,上海人民出版社 2002 年版,第 73 页。
③ [德]哈贝马斯:《包容他者》,曹卫东译,上海人民出版社 2002 年版,第 138 页。

宪法中的原则可以适应各国的不同语境,从而可以起到替代民族的作用。立足于"宪法爱国主义"而建立起来的集体认同,具有包容性的特征,使民族国家能够更好地履行其一体化的使命。在此基础上形成了共同的政治文化,取代了以同质民族为基础的民族文化,进一步促进了集体认同的稳固。国家层面上政治认同的成功,为跨国层面的政治联合与政治全球化创造了一定的思想基础与社会条件。哈贝马斯正是将"宪法爱国主义"这一集体认同模式拓展到世界范围内,勾勒了他关于世界政治图景的"后民族民主"理想。

一、"宪法爱国主义"及其认同机制

所谓"宪法爱国主义",是哈贝马斯对一种区别于民族认同的全新政治认同模式的概括,指"民主的公民身份不需要根植于一个民族[Volk]的民族认同[national Identität]之中"。① 自由—民主国家的社会联合应当是法律的、道德和政治的,而不是历史的、文化和地域的。简言之,现代公民的政治认同不再是基于民族身份的文化认同,而是基于主体间理性商谈的法律认同。哈贝马斯将"宪法爱国主义"具体描述为:"一个自由和平等的联合体中人们为之而战,最后达到的共识,其最终基础仅仅在于一个人们同意的程序的统一性之上。这种民主的形成意见和作出决定的程序在法治国宪法上取得经过分化的形式。在多元主义社会里,宪法表达的是一种形式上的共识。公民们愿意用这样一些原则来指导他们的共同生活,这些原则,因为它们符合每个人的平等利益,可以获得所有人的经过论证的同意。这样一种联合体是由相互承认的关系所构成的,在这种关系之下,每个人都可以期望被所有人作为自由的和平等的人而受到尊重。每个人无例外地都可以受到三重承认:每个人作为不可替代的个人、作为一个族裔或文化群体的成员、作为公民(即一个政治共同体的成员)都应该能够得到对其完整人格的同等保护和同等尊重。"②

可见,哈贝马斯是主张以一种共识性的政治原则来建构政治共同体,

---

① [德]哈贝马斯:《在事实与规范之间》,童世骏译,三联书店 2003 年版,第 664 页。

② [德]哈贝马斯:《在事实与规范之间》,童世骏译,三联书店 2003 年版,第 660 页。

以实现政治统治的合法性与社会一体化。这些原则作为人们之间的话语共识,符合每个人的利益,因而可以确保每个人都得到应有的保护和尊重,政治认同就因此而指向表现这些政治原则的宪法,而不是民族。

这种宪法结构包含着具有普适性的基本权利体系,比如基本人权以及来自基本人权的基本权利体系,从而使"每个人作为不可替代的个人"而得到承认。这种从道德向度对个体身份的认同,体现了"宪法"的普适性原则。

要使"每个人作为一个族裔或文化群体的成员"而得到承认,则需要对一种基于某些价值的历史共同体的一种共同认同,这就是所谓的"爱国主义",即政治认同也要能够容纳不同民族的文化传统和历史记忆。这种从伦理向度对个体的文化身份的认同,体现了"爱国主义"的特殊性原则。

而使"每个人作为公民"得到承认,即对公民身份的认同,既不能简单地通过普适化的个体身份来确认,因为正如社群主义所批评的,这种普适性缺乏深厚的基础而太过瘦弱,也不能单纯地从其文化身份中自发地建构,因为文化身份容易被政治精英所操纵和滥用。因此,哈贝马斯主张,公民身份只能通过民主的政治过程人为地建构起来,具体而言就是通过民主过程把个体身份的认同与文化身份的认同结合起来,从而形成"宪法爱国主义"意义上的公民身份认同。"宪法的原则,只有当它们置身于由公民构成的民族的历史情境之中,从而与公民的动机和意图建立起联系,才在社会实践中具有形式,并成为动态地理解的建立自由的人与平等的人的联合体这个方案的推动力量。"①

根据哈贝马斯审议民主的商谈机制与民主机制,"宪法爱国主义"意义上公民身份认同的具体机制就在于在民主的商谈原则基础上建构合法之法。

首先,"宪法爱国主义"意义上公民身份的认同以商谈原则为理念基础。所谓"认同",是所有相关者对某种价值或规范的普遍承认与认可,强调一种普遍性。哈贝马斯指出,现代科学的发展与理性批判颠覆了建立在宗教或形而上学基础上的普遍性,在"后形而上学"的当今时代,人们只有

---

① [德]哈贝马斯:《在事实与规范之间》,童世骏译,三联书店 2003 年版,第 664 页。

从主体间商谈的视角,从内在于生活世界的交往理性的角度才能重建普遍性。根据其话语伦理学的普遍化原则(U 原则),哈贝马斯引出了适用于政治立法者的协商问题与法律话语问题的话语原则(D 原则)作为主体间互动的商谈原则:"有效的只是所有可能的相关者作为合理商谈的参与者有可能同意的那些行动规范。"①根据这一商谈原则,如果某种规范能够得到所有人的认可,这种规范就在道德上具有普遍性力量,比如基本人权规则;如果某种规范得到的是某一伦理共同体——比如作为历史命运共同体的民族——所有成员的认可,这种规范则就只对该伦理共同体的所有成员具有普遍性约束力量,相对于道德向度的规范,伦理向度的规范就只具有一种特殊性力量。可见,道德向度的规范有益于所有人,体现的是整个人类的普遍价值;而伦理向度的规范则只有益于部分人,体现的是特定伦理共同体的价值。正是基于商谈原则所蕴含的视域融合的力量,"宪法"所要求的普适性原则与"爱国主义"所要求的特殊性原则才能相互融合,从而在"宪法爱国主义"意义上实现公民身份的认同,"宪法爱国主义"由此实现了理论上的自洽。

其次,建构合法之法是"宪法爱国主义"意义上公民身份认同的重要机制。"宪法爱国主义"体现了哈贝马斯对法律的信赖。他认为,现代法治国家的政治秩序是人们通过法律而建立起来并得以维持的。这里的法律不但要求得到实际承认,而且要求值得承认。法律的被承认是与法律有关的一种事实,法律的值得承认则表明法律具有规范上的有效性。也就是说,法律应当既具有事实上的有效性又具有规范上的有效性,既是强制之法又是自由之法。自由之法在规范上的有效性意指法律具有合法性,乃是一种合法之法。根据交往行为理论和话语伦理学,哈贝马斯指出,在"后形而上学"时代,法律的合法性不能再诉诸宗教神灵的权威、自然法之类的天然秩序以及非理性的道德和习俗等,而只能诉诸主体间理性商谈的民主过程。根据其审议民主模式,民主过程既包括生活世界公共领域中非正式的政治意见形成过程,又包括国家议会中正式的政治意志形成过程,是松散而广泛的公共商谈与集中而建制化的立法商谈这两个过程的交往互动。在生

---

① [德]哈贝马斯:《在事实与规范之间》,童世骏译,三联书店 2003 年版,第 132 页。

活世界公共领域的道德商谈与伦理商谈的基础上,经过议会专家进行实用性商谈与谈判,并与公共领域反复互动,最终通过法律商谈而产生具有合法性的法律。这样,来自生活世界的道德和伦理资源就通过商谈原则的建制化而被灌注于法律之中,法律由此获得了合法性。可见,法律的合法性是通过"公民自决"实现的,"公民的自我立法的观念,要求那些作为法律之承受者而从属于法律的人,同时也能够被理解为法的创制者。"①公民通过参与自己所遵守的法律的立法过程,就实现了作为法律共同体成员政治自主的公民身份认同,并且自己在道德向度上的个体身份与在伦理向度上的文化身份也都被包容进这种公民身份认同之中。因为个人作为不可替代的个体,其道德要求已经融入到立法过程的道德商谈之中;不同的伦理共同体,比如作为历史命运共同体的不同民族或者其他文化共同体,其伦理要求也被纳入到立法过程的伦理商谈之中。法律共同体成员的公民身份认同正是个体身份认同与文化身份认同的融合。

"宪法爱国主义"作为一种新的政治认同模式,实质上是主体间理性商谈的法律认同或者说公民身份认同。它通过立法过程中的道德商谈、伦理商谈和实用性商谈等形式,既容纳了作为不可替代的个人的个体身份认同,又容纳了作为不同民族成员或其他伦理共同体成员的文化身份认同,从而实现了法律的道德向度与伦理向度的统一、普适性原则与特殊性原则的统一,最终使民族国家实现了向真正的民主法治国的转型。

二、"宪法爱国主义"对民族主义的超越

哈贝马斯立足于其审议民主,在国家政治层面主张一种"宪法爱国主义"的政治认同模式,旨在克服现代民族国家立足于民族主义的政治认同模式的缺陷。"宪法爱国主义"这一法律认同或者说公民身份认同模式的主要特征是主张民主自决,以及法律在道德向度上的普遍性原则与在伦理向度上的特殊性原则的结合,超越了民族主义所主张的民族自决和仅仅对法律在伦理向度上的特殊性原则的贯彻。更为重要的是,"宪法爱国主义"的政治认同模式具有一种包容的精神,并由此培育了一种包容多元的自由

---

① 〔德〕哈贝马斯:《在事实与规范之间》,童世骏译,三联书店 2003 年版,第 147 页。

的政治文化,从而为国际层面的政治认同与政治一体化提供了理论基础,并创造了实践条件。

"宪法爱国主义"从本质上讲是经由审议民主机制建构合法之法而实现的法律认同,民族主义则是基于共同的出身、文化传统和生活方式等而实现的民族认同。在哈贝马斯看来,"一种由文化同质性来加以保障的基本共识,只是暂时的,也是没有必要的,因为意见和意志的民主结构使得陌生人之间也有可能达成一种合理而规范的共识。"①而且经由民主过程来达成共识,可以包容整个政治共同体中的所有民族,从而消除多数民族对少数民族的歧视与压制问题。

关于同质性民族的民族认同往往导致政治压迫,要么是强迫外来因素同化,要么是通过种族隔离或种族清洗来保持民族的纯粹性。"民族国家不是由相互隔离的种族通过和平的手段逐步构建起来的,而是要侵入到周边地区、周边部落、周边亚文化以及周边的语言共同体和宗教共同体。新的民族国家的形成,大多都是建立在'少数民族'被同化、压迫和边缘化的基础上的。…… 在 19 世纪后期和 20 世纪的欧洲,民族国家的建立过程就是残酷的流亡和驱逐过程,就是强迫迁徙和剥夺权利的过程,就是消灭肉体的过程,直至种族灭绝。被驱逐者一旦获得解放,通常都会变成驱逐者。"②这种政治认同显然同民主社会关于所有民众都享有平等的权利、没有人受到歧视的基本要求相悖。究其原因,关键在于民族主义坚持民族自决的权利。所谓"民族自决",意味着一个民族对其特性的自我捍卫、自我证明以及自我实现等,具有集体主义的意义。"一个民族要想获得民族自决权,就必须把自己明确为同质的民族,同时也必须能够捍卫由自身特征而划定的界限。"③如此一来,任何一个想要自治的民族,都有权成为一个独立的国家而存在,这就必然导致各个民族对自身利益的捍卫和对他者的歧视与否定。哈贝马斯指出,"在一般情况下,要想消除歧视,不能依靠民族

---

① [德]哈贝马斯:《包容他者》,曹卫东译,上海人民出版社 2002 年版,第 159 页。
② [德]哈贝马斯:《包容他者》,曹卫东译,上海人民出版社 2002 年版,第 164 页。
③ [德]哈贝马斯:《包容他者》,曹卫东译,上海人民出版社 2002 年版,第 163 页。

独立,而只能依靠包容。"①"宪法爱国主义"所主张的民主自决正好具有这种包容精神。民主自决意味着自由而平等的民众都可以参与到政治决策过程和立法过程中,因此,"民主的自决具有一种包容意义,要把一切民众都平等包容到自我立法过程当中。包容意味着,这样一种政治秩序对于一切受到歧视的人都敞开大门,并且容纳一切边缘人,而不把他们纳入一种单调而同质的人民共同体当中。"②经过民主自决而形成的法律认同就超越了主张民族自决的民族认同模式。

哈贝马斯认为,立足于民族主义所坚持的民族自决而建立起来的政治认同,即民族认同,实质上只是贯彻了法律在伦理向度上的特殊性原则,即只是关注某一民族这一特定伦理共同体的利益和价值。尽管国家作为伦理共同体可能包含多个民族,但在民族认同模式下,占统治地位的多数民族是将其他少数民族的利益和价值排除在外的。政治认同是国家合法性与社会一体化的保障,这种将一部分国家成员排除在外的民族认同,显然不能确保国家合法性与社会一体化。而建立在"宪法爱国主义"所主张的民主自决基础上的法律认同,包容了所有立法实践参与者的共同意志,因而贯彻了法律在道德向度上的普遍性原则;同时,立法实践参与者在完成社会化、建立政治认同的过程中,也体现出他们建立认同时所依赖的各自的生活方式。因此,"法律秩序在整体上也带有'伦理特征',因为它们对同一宪法原则的普遍主义内涵作出了不同的解释,也就是说,它们的解释随着民族历史语境的不同以及历史传统、文化和生活方式的不同而截然有别"③。法律认同模式在贯彻普遍性原则的同时,并不否定作为个体的文化背景与生活经验,反而使不同个体的文化背景与生活经验获得充分的展现,并被包容到集体认同之中。因此,法律认同容纳了整个政治共同体内所有的民族认同或文化认同,从而真正确保了国家统治的合法性与社会的一体化。

"宪法爱国主义"主张民主自决,坚持通过民主过程实现法律认同,这

①　[德]哈贝马斯:《包容他者》,曹卫东译,上海人民出版社 2002 年版,第 167 页。
②　[德]哈贝马斯:《包容他者》,曹卫东译,上海人民出版社 2002 年版,第 161 页。
③　[德]哈贝马斯:《包容他者》,曹卫东译,上海人民出版社 2002 年版,第 166 页。

意味着,在一国之内,不管一个人的种族、信仰与文化是什么,只要他认可宪法并通过政治参与而形成作为公共话语的法律,那么他就作为这个国家的公民找到了归属感,实现了自己的社会化。因此,"宪法爱国主义"打破了民族主义在民族自决意义上坚持同质民族的狭隘性,具有一种接纳各个民族与其他文化共同体所有成员的包容精神。正是基于这种包容性,"宪法爱国主义"的认同模式实现了不同种族共同体、语言共同体、宗教群体以及它们生活方式之间的平等共存。"在民主法治国范围内,多样的生活形式可以平等共处。但这种生活形式必须重叠于一个共同的政治文化,而这种政治文化又必须不拒绝来自新生活形式的碰撞。"①也就是说,"宪法爱国主义"的认同模式容纳了各种多元的民族文化,但又从中形成一种共同的政治文化取代了作为民族文化的主流文化。否则,如果没有形成一种使一切公民都能够同等承认的共同的政治文化,那么就会使政治共同体分裂为许多彼此隔离、互不往来的亚文化,所谓的平等共存就以社会的零散化为代价,从而使公民团结、公民认同以及社会一体化成为泡影。"多元文化主义在承认一个政治社会中永远都会存在着若干文化群体的同时,也要求确立一种共同的文化……所有文化群体的成员将不得不接受一种共同的政治语言和公约,因为它们可以有效地促使人们参与资源竞争,参与保护集体和个体的政治利益。"②"民主自决权利固然是包括保卫自己政治文化的权利的,正是这种政治文化为公民权提供了一个具体情境,但它不包括固守一个被赋予特权的文化生活形式的权利。"③这意味着"宪法爱国主义"培育的是一种包容多元的共同政治文化,并以此来确保公民权和公民身份的实现,作为民族文化的主流文化则被包容到这种共同的政治文化之中,并非民主自决的目标。因此哈贝马斯说:"尽管各文化生活形式的多样性,民主的公民身份确实要求所有公民在共同的政治文化之中经历的社会化过程。"④

① [德]哈贝马斯:《在事实与规范之间》,童世骏译,三联书店 2003 年版,第 680 页。
② [德]哈贝马斯:《包容他者》,曹卫东译,上海人民出版社 2002 年版,第 168 页。
③ [德]哈贝马斯:《在事实与规范之间》,童世骏译,三联书店 2003 年版,第 680 页。
④ [德]哈贝马斯:《在事实与规范之间》,童世骏译,三联书店 2003 年版,第 664 页。

　　哈贝马斯更以瑞士和美国这样的多元文化社会为例，说明了宪法原则可以生根于多元文化社会的政治文化，而根本不必依靠所有公民都共有的种族上、语言上和文化上的共同来源。而且，"一种自由的政治文化所培育的只是一种宪法爱国主义的公分母，它使人们对一个多文化社会的各不相同但彼此共存的生活形式的多样性和整体性这两方面的敏感性都得到加强。"①因此，"宪法爱国主义"可以在多元文化社会中得以产生，并能够培育出一种共同的政治文化作为公民身份认同的保障；反过来，共同的政治文化又促使"宪法爱国主义"这一认同模式更加具有包容性，并且更加稳固。

　　正是"宪法爱国主义"在国家层面政治认同上的理论自洽与现实意义，使哈贝马斯看到了在国际层面上实现政治认同与政治一体化的希望。"宪法爱国主义"的包容精神、所培育的包容多元的共同政治文化以及所实现的公民身份认同，都为国际层面的政治认同提供了理论基础，并创造了实践条件。可以说，哈贝马斯正是基于其审议民主理论，把"宪法爱国主义"的认同模式从国家层面拓展到国际层面，使国家公民身份认同转变为世界公民身份认同来建构其世界政治的理想蓝图的。

第三节　哈贝马斯的"后民族民主"构想

　　怀着对个人自由与人类解放的热切向往，古今中外的许多思想家构想了他们心目中理想的世界政治图景。古有中国追求天下一家的世界大同理想和古希腊斯多葛学派的世界主义理念，今有康德的永久和平论和马克思的共产主义信念。如果说这些追求与向往在当时尚属思想家们乐观的理论期许，并无实现的迹象，那么在当今全球化时代，这些追求与向往似乎找到了着落之所，具有了实现的必要性与可能性。

　　首先，科学与信息技术的飞速发展在造就经济全球化的同时，也引发了一些社会问题，比如环境污染、能源危机、恐怖主义、网络犯罪、核威胁

---

①　[德]哈贝马斯：《在事实与规范之间》，童世骏译，三联书店 2003 年版，第 664 页。

等,并进而使这些问题全球化。对于这些全球化的社会问题,民族国家的政治行为能力往往显得苍白无力。这使越来越多的人意识到,全球化的问题必须在全球的框架下才能得到解决。因此,全球范围内的世界主义政治成为必要。

其次,全球政治调控的两个著名例子——日内瓦国际联盟(成立于第一次世界大战后的 1919 年)与联合国(成立于 1945 年)的建立,说明了在国际安全与人权领域出现了"世界内政"(Weltinnenpolitik)的发展前景,并为建立理想的世界政治秩序提供了可能。"日内瓦国联的建立,是第一次尝试,它想至少在一个集体安全体系内对难以预计的权力加以规训。联合国的建立则是第二次尝试,它想通过建立跨国的行为机制,来维持始终处于发端的世界和平秩序。"①

正是基于全球范围内世界主义政治的必要性与可能性,作为公共知识分子的哈贝马斯,出于对人类自由与解放的深切关怀,将其审议民主模式拓展至全球范围,根据"宪法爱国主义"意义上的国家公民身份认同,以期在世界范围内确立一种世界公民身份认同模式,从而实现一种"后民族民主"的世界政治的理想图景。所谓"后民族民主",是指超越民族国家的范围而形成的一种新型社会民主自我控制的形式。其理论构想以欧盟模式为参照系,在分析与总结欧洲政治一体化与政治民主化的三大功能条件——欧洲公民社会、欧洲范围内的政治公共领域以及所有欧盟公民都能参与的政治文化——的基础上,哈贝马斯揭示了这些功能条件在世界范围内的培育与发展是实现"后民族民主",即一种"没有世界政府的世界内政"的必由之路。

一、欧盟模式

对于欧洲的前景,哈贝马斯认为存在四种不同的立场。第一种是欧洲怀疑论者,他们认为统一的欧元体系"不是彻底错误的,就是会发挥误导作

---

① [德]哈贝马斯:《包容他者》,曹卫东译,上海人民出版社 2002 年版,第 146 页。

用",①最终各国会恢复使用各国自己的货币。第二种是市场欧洲论者,他们欢迎欧洲建立同一的货币体系,认为这是完善欧洲各国内部市场的必然结果;同时他们认为欧洲的一体化仅止于统一的欧洲市场,不可能触及欧洲的政治领域。第三种是欧洲联邦论者,他们认为欧盟是向未来的欧洲国家联邦迈进的重要一步,并主张把国际条约转变为一种政治宪法,以便为欧盟委员会、部长会议以及欧洲法院等提供一个独特的合法性基础。第四种是全球管理论者或者说世界大同政治论者,他们认为一个成功的欧洲联邦国家是建立一个未来"世界内政"管理制度的基础,因此欧盟必须实现联邦制,为全球的联邦化提供一个范例。在哈贝马斯看来,欧洲怀疑论与市场欧洲论在事实面前已经不攻自破,因为一方面,统一的欧元体系已经而且还在发挥着积极的作用,另一方面,欧盟的改革尤其是立宪进程,意味着欧洲在市场一体化的基础上进一步实现政治一体化的可能。欧洲联邦论则主张的是一种松散的欧洲国家联邦,这既难以承担起民族国家所失去的能力,又难以形成一种超越民族国家界限的集体认同以满足"后民族民主"的合法性条件。因此,他认为这三种立场对欧洲的政治一体化与民主化都持怀疑或否定态度,其实质是在捍卫欧洲的现状,因而它们构成了欧洲政治一体化与民主化的抵制力量与巨大障碍。至于第四种关于欧洲前景的立场,哈贝马斯则主张在批判的基础上加以重建,从而形成他自己关于欧洲政治一体化与政治民主化的美好蓝图。

按照哈贝马斯的分析,世界大同政治论者所追求的目标有三个:"其一,确立世界公民的政治地位,世界公民属于世界组织,但不是单纯通过他们的国家,而是通过他们选举出来的世界议会的代表;其二,建立一个有力的国际刑事法庭,它的判决对于各国政府都具有约束力;其三,把安理会扩大成为一个具有行为能力的执行机构。"②其实质是用西方宪政理论来改造联合国。典型的世界大同政治论者赫尔德指出,"世界主义民主"包括,"在地区和全球的层次发展行政管理能力和独立的政治资源,以作为地方和国

---

① 参见[德]哈贝马斯:《后民族结构》,曹卫东译,上海人民出版社 2002 年版,第 102 页。

② [德]哈贝马斯:《后民族结构》,曹卫东译,上海人民出版社 2002 年版,第 119 页。

家政治的必要补充。"①其中地区层次的政治机构就包括欧盟,全球层次的政治机构就是联合国。

哈贝马斯指出,这种世界大同政治论的出发点在于制度层面,而忽略了公民的意识层面,其根本缺陷在于未能认识到由世界公民所组成的共同体需要一种规范的自我理解,即集体认同。"如果世界公民在没有这种自我理解的前提下在全球层面上组织了起来,甚至还创建了一种民主选举出来的代表大会,那么,他们的规范构成就不能依靠一种伦理—政治的自我理解(这种自我理解和其他的传统以及价值趋向是截然不同的),而只能依据法律—道德的自我理解。规范形式的共同体根本不可能存在排他性,它是一个由道德人格组成的集体——也就是康德所说的'目的王国'。因此,只有在大同政治共同体中,'人权'才会构成规范的框架,也就是说,带有道德内涵的法律秩序才会构成规范的框架。……公民团结的基础是各种特殊的具体认同,而世界公民的团结则只能建立在人权所表达的道德普遍主义基础之上。"②如果没有基于人权所表达的道德普遍主义的集体认同,所建立的世界组织即使变得更加强大,合法化基础变得更加广泛,它也只能在有限的责任范围内采取相应的安全政策和人权政策,以及预防性的环境政策,这对于欧盟与联合国都无例外。因此,单纯立足于制度层面的世界大同政治来谈欧洲的前景,显然并不理想。在批判了世界大同政治论的基础上,哈贝马斯指出,我们必须换一种模式来建立"大同政治的民主"。③也就是说,要重建真正的世界大同政治,应当避免局限于制度层面的努力,而应着眼于公民的意识层面,应当使公民具有一种世界公民的自我意识,意识到自己是世界社会当中的一员,并且所有公民都处于平等的包容关系之中。世界公民的自我意识,"在一定意义上,也就是一种关于大同政治强制团结的意识。"④其形成前提则是建立一种基于人权所表达的道德普遍主

---

① [英]赫尔德:《民主的模式》,燕继荣等译,中央编译出版社 1998 年版,第 441 页。

② [德]哈贝马斯:《后民族结构》,曹卫东译,上海人民出版社 2002 年版,第 120—121 页。

③ 参见[德]哈贝马斯:《后民族结构》,曹卫东译,上海人民出版社 2002 年版,第 121 页。

④ [德]哈贝马斯:《后民族结构》,曹卫东译,上海人民出版社 2002 年版,第 124 页。

义、从而具有规范性与包容性的世界公民的集体认同。

立足于他所主张的真正世界大同政治的理念,哈贝马斯结合欧盟的现状,勾勒了欧洲政治一体化与民主化的理想前景。他指出,欧洲政治一体化已经成为一种时代趋势,任何阻碍一体化或者单纯在制度层面上推进一体化的观点都不可取,唯一可取的是从公民的意识层面来推进欧洲一体化进程,即形成一种欧洲公民的自我意识,其前提则是形成欧洲公民的集体认同。在国家层面,民族国家只有在确定了公民资格之后,才建立了一种全新的、即抽象的团结,其中介就是法律;根据这种"宪法爱国主义","一个由国家公民组成的民族是民主过程的产物,它的集体认同既不能先于,更不能脱离这一民主过程"①。同理,欧洲层面的集体认同也与民主过程紧密相连。

哈贝马斯强调,由单一民族组成的联邦国家比如联邦德国,其宪法不能简单地移植到像欧洲这样的多民族联邦制国家中,因为让所有成员国的民族认同做到整齐划一,进而融合成为一个"欧洲民族",既不可能也不可欲,所谓"同质民族"已被证明是一种思维障碍。民族的团结力量可以脱离一个"自发形成的"共同体的前政治信任基础,而形成于陌生的公民民族之中,这种新的集体认同形式的中介也是大众交往与法律。也就是说,"迈向后民族社会的一体化浪潮能否取得成功,关键不在于某个'欧洲民族'的实质,而在于建立起欧洲政治公共领域的交往网络:它扎根在共同的政治文化当中,基础是一个公民社会,包括诸多不同的利益集团、非政府组织、公民运动等"②。

因此,要想超越民族界限实现欧洲层面的集体认同,首先必须满足大众交往的三个条件:"第一,必须有一个欧洲公民社会;第二,建立欧洲范围内的政治公共领域;第三,创造一种所有欧盟公民都能参与的政治文化。"③这三个条件也构成了欧盟民主的合法性条件,因为根据审议民主模式,"在

---

① [德]哈贝马斯:《后民族结构》,曹卫东译,上海人民出版社 2002 年版,第 157 页。
② [德]哈贝马斯:《包容他者》,曹卫东译,上海人民出版社 2002 年版,第 176 页。
③ [德]哈贝马斯:《后民族结构》,曹卫东译,上海人民出版社 2002 年版,第 157—158页。

复杂社会里,民主合法化的基础在于制度话语过程和制度决策过程与非正式的意见形成过程(依靠的是大众传媒)在公共交往层面上的相互作用。"①因此,欧盟的民主意见和意志形成的实践应扎根于一个欧洲公民社会及以此为基础的欧洲范围内的政治公共领域当中,并在整个欧洲范围内展现出来。只有这样才能把局限于民族国家的公民团结转变为欧盟范围内的公民团结,从而为统一的欧洲权力运作和资源再分配提供合法化力量。"公民团结迄今为止一直都局限在民族国家内部,因此,必须普及到欧盟范围内所有民众当中,从而能做到让瑞典人和葡萄牙人之间相互承认,相互接受。只有这样,他们才能为个体和民族的生活方式提供一个一致的前提,比如,同样的最低工资等。"②

其次,制定一部欧洲宪法可以大大加快欧盟民主化进程,一部宪法具有一定的催化作用。"欧洲必须通过回顾,把当初民主国家和民族相互促进的循环逻辑再次运用到自己身上。首先要在欧洲范围内就立宪问题进行全民公决。因为,立宪过程本身就是跨国交往的特殊手段,它具有自我履行诺言的潜力。一部欧洲宪法不仅可以明确潜在的权力转移,而且也将推动新的权力格局的形成。"③

最后,应当在欧洲层面上建立一个适合宪政制度的政党体系,具体表现为各个政党都能自觉地遵守欧盟机构的决策,并在议会党团保持团结之外,形成一个新的欧洲政党系统。这即是说,各个政党首先要在本国范围内就欧洲的未来展开争论,并以此协调相互对立的利益,然后进入欧洲的活动空间,将争论扩展到欧洲范围内的政治公共领域。"非国家化的政党必须在这样的语境当中找到自己的牢靠基础,才能在非正式的公共交往与制度化的议政和决策过程之间发挥桥梁作用。"④

如此一来,哈贝马斯所勾勒的欧洲政治一体化与民主化的理想蓝图就表现为:一方面,欧盟应从现有的国际契约基础转移到一种新的"宪章"基

---

① [德]哈贝马斯:《后民族结构》,曹卫东译,上海人民出版社2002年版,第159页。
② [德]哈贝马斯:《后民族结构》,曹卫东译,上海人民出版社2002年版,第112页。
③ [德]哈贝马斯:《后民族结构》,曹卫东译,上海人民出版社2002年版,第158页。
④ [德]哈贝马斯:《包容他者》,曹卫东译,上海人民出版社2002年版,第186页。

础,这个宪章就是基本法,因而制定一部宪法对于欧洲来说非常重要。另一方面,欧盟应从作为政府间磋商机制的欧洲国家联盟转变为一个政治共同体,即欧洲联邦国家,其内部不仅有由选民代表直接组成的议会,还有一个由政府代表组成的下议院,其中前者具有立法功能,并与欧洲政治公共领域保持良性互动,后者则能够敦促在欧洲范围内依法达成并履行决策。

二、"没有世界政府的世界内政"

哈贝马斯通过分析欧洲的现状与前景,展望了他关于欧洲政治一体化与民主化的美好愿景,并将欧盟模式作为第一种"后民族民主"以及构建世界范围内"后民族民主"的参照系。他认为,欧洲认同得益于曾经的国家主义暴行,正是这一历史背景有助于欧洲人相互承认民族文化的差异,并认识到欧洲所需要的模式既不是"同化",也不是纯粹的"共处",而是一种越来越抽象的"团结他者"的模式,从而为通向"后民族民主"铺平了道路。首先,以宪法爱国主义为基础的现代民族认同具有一种人为的特征,欧盟模式表明了这种民族认同可以越出民族国家的界限,既然如此,我们就有理由相信超越地区界限的集体认同也是可欲的。其次,欧盟模式在实现欧洲层面的集体认同时所创造的三个条件——欧洲公民社会、欧洲范围内的政治公共领域以及所有欧盟公民都能参与的政治文化,也为建构世界范围内的"后民族民主"创造了条件。正是立足于欧盟模式的理论与实践探索,哈贝马斯提出了他关于后民族国家的世界政治格局,即一种"后民族民主"构想。

按照哈贝马斯的理解,"在全球化进程中,民族国家将被淹没,并失去权力。"[1]但同时民族国家又会在其历史成就意识中更加坚持其认同。这就造成民族国家采取一种策略性政策:尽可能小心谨慎地使各国社会适应世界经济发展的要求,并承担起由此造成的负面影响。这在哈贝马斯看来并没有切实解决全球化与民族国家之间的问题,反而使世界经济的发展越来越远离政治。因此,他认为民族国家应当勇敢地作出尝试,超越自己,形成一个具有全球行为能力的集体,它们不仅能够达成协议,而且能够履行协

---

① [德]哈贝马斯:《包容他者》,曹卫东译,上海人民出版社 2002 年版,第 143 页。

议。同时,哈贝马斯强调,"在此过程中,如果民主法治国家的常规遗产还要继续被用来对抗资本的动力机制,那么,它就只能是在民主意志的形成过程中具体表现出来"①。也就是说,具有全球行为能力的集体也要实现集体认同,以确保"后民族民主"的合法性。全球行为能力与集体认同就是哈贝马斯用以实现"后民族民主"的世界共同体的世界组织的两大基本要件。

哈贝马斯曾把希望寄托于联合国,多次论述过联合国的改革,甚至设想变联合国宪章为具有强制性功能的国际法。但令他遗憾的是,联合国的行为能力及其合法化基础都还付之阙如。一方面,联合国是一个松散的国家共同体,既没有常设的国家刑事法庭,也没有自身的武装力量。它尽管可以进行制裁,并委托进行人道主义干预,但其松散的跨国磋商机制与约束机制,以及不平等的对话模式往往导致它并不能实现维护和平、保护人权以及解决环境安全问题等目标。另一方面,联合国作为松散的国家共同体,"它缺少世界公民共同体的性质,即:能够在民主意见和民主意志形成的基础上使得政治决策合法化,并产生明显的效果"②。其行为能力是从制度层面确立的,并未得到合法性论证。

显然,哈贝马斯以欧盟为范本拟建立的是一个具有广泛公民基础的世界共同体(既包括国家又包括各种世界组织),它不同于联合国这样一个单纯由国家组织起来的国家共同体,"主要表现为世界组织充分包容所有参与者——它不会排斥任何一个人,因为它不允许在内部和外部存在着社会界限"③。这样的世界共同体应当具有三方面的特征:其一,它是跨民族的,将一切世界公民都凝聚在一起,并通过立宪来保障所有世界公民的基本权利。其二,它通过对话与商谈的模式,协调不同的利益集团甚至每个个体的利益关系,从而形成世界范围内的公共领域。其三,设立处理全球事务但又没有垄断权力的行政权力机构,其权力被限制在维护基本秩序,即一方面是消灭战争、内战以及国家犯罪,另一方面则是防止人道主义灾难和世界范围内的风险。"有了这样一种对基本秩序功能的限制,对现有机构

---

① [德]哈贝马斯:《包容他者》,曹卫东译,上海人民出版社2002年版,第144页。
② [德]哈贝马斯:《后民族结构》,曹卫东译,上海人民出版社2002年版,第118页。
③ [德]哈贝马斯:《后民族结构》,曹卫东译,上海人民出版社2002年版,第120页。

的改革不管多么雄心勃勃,都不会形成世界政府。"①这就是他所构想的"没有世界政府的世界内政"。在哈贝马斯看来,世界共同体解决了个人利益、集体利益与公共权力三者之间的紧张关系,从而能够使人民享受真正的民主与自由的生活。

至于这种构想的实现,哈贝马斯根据欧盟的经验提出几点建议。

首先,国家与公民都应做好准备,转变思维方式。就公民而言,要树立以人权所表达的道德普遍主义为核心的世界公民意识,克服以伦理—政治的自我理解为核心的国家公民意识的狭隘性,从而实现国家公民身份与世界公民身份的连续统一。就国家而言,要超越"国家利益"的视角,而采取一种"全球治理"的视角,从而真正把自己视为一个共同体的成员,相互照顾对方的利益,并建立起普遍利益。因为"如果能够左右全球局势的大国为了维护其社会发展水平,消除极端的社会不平衡状态,而依赖跨国意志形成的制度化程序,那么,在经济领域获得解放的世界社会在政治上就有可能再次出现闭合"。② 从而导致"世界内政"的解体。当然,哈贝马斯强调国家的视角转换要以国家公民意识向世界公民意识的转型为前提。如果没有国民的身份意识转型,政府就不可能做到从"国际关系"向"世界内政"的转变。因为执政的精英在本国范围内必须努力赢得支持和重新当选,他们必须遵循国民的价值取向而行动。如果国民固守其国家公民身份,政治精神就不能完全按照世界政治共同体的合作程序办事,否则,他们就要付出代价。

其次,逐步建立世界公民社会,积极培育世界性的政治公共领域,以确保国家组织模式之外的决策合法化。根据审议民主,哈贝马斯批判了自由主义与共和主义传统对公民政治参与的理解。他认为两种传统都从唯意志论的角度来看待公民的政治参与:所有人都应当享有同等的机会,表达出他们的偏好或政治意志,他们这样做,要么是为了追逐私人利益,要么是为了获得政治自主。他批判这两种理论分别着眼于个人或整体,而完全忽视了第三种力量——主体间性。因此,他用话语理论来改造民主,以发掘

---

① [德]哈贝马斯:《后民族结构》,曹卫东译,上海人民出版社 2002 年版,第 119 页。
② [德]哈贝马斯:《后民族结构》,曹卫东译,上海人民出版社 2002 年版,第 124 页。

主体间性的力量。他使民主程序在协商(主体间性)、自我理解的话语(个人)以及公正的话语(整体)之间建立起有机联系,民主的合法性就不再由参与和意志表达过程来获得,而是依靠对所有人都保持开放的话语过程,包括建立公共领域、话语、开放性以及意见和意志形成的话语结构等。其特征也就决定了人们对合理结果的期待与接受,因为话语过程才是真正的"理性的公用"。当所有人通过理性探讨和反复论证,共同达成对一种合理程序的共识时,民主就得以实现。据此,民主合法性的重心就"从主权意志在个人、选举活动、组织以及投票中的具体体现,变成了要求建立交往过程和决策过程的程序"。① 扩展到世界范围,就是从国家组织形式转变到世界公民社会及其中的世界性公共领域中。具体而言表现在两个方面。一方面,世界性公共领域中的世界组织,比如国际非政府组织可以制度化地参与到国际协商体系的话语当中,提高程序的合法性,从而使得中间层面的跨国决策过程对于国内的公共领域保持透明,并和低层的决策过程一致起来。另一方面,"赋予世界组织以权利,使它们随时可以要求成员国就重大问题进行全民公决"②。其目的在于把需要调节的问题强制性地揭示出来,因为如果没有这样的公开曝光,这些问题往往很难被揭示出来,更不会被提上政治的议事日程。哈贝马斯认为,国际非政府组织的兴起,跨国社会运动的出现,对于建立和动员超国家的公共领域发挥了核心作用,"它们至少表明,有些行为者越来越发挥舆论的作用,他们仿佛来自一个国际市民社会,并与国家相对抗"③。

最后,哈贝马斯主张将国际法转变为世界公民法,即把调节国家关系的法律转变为调节世界公民关系的法律,真正实现世界共同体内所有世界公民的自由与平等权利。哈贝马斯认为,国际法调节的是国家间关系,不干涉主权国家的内政。但第二次世界大战以来国家政府对自己国家的人民进行战争的例子不在少数。"国际法的主体以其在二十世纪灾难中留下

---

① [德]哈贝马斯:《后民族结构》,曹卫东译,上海人民出版社 2002 年版,第 123 页。
② [德]哈贝马斯:《后民族结构》,曹卫东译,上海人民出版社 2002 年版,第 123 页。
③ [德]哈贝马斯:《包容他者》,曹卫东译,上海人民出版社 2002 年版,第 204 页。

的斑斑血迹标明,认为古典国际法是清白无辜的这一推想是极其荒谬的。"①因此,他主张将国际法改建为一种超越国家主权,并确保人权在主权国家内部秩序中得以实现的世界公民法。比如确立"战争罪"和"对人性的犯罪",可以使国际法的主体,即国家,失去在假定的自然状态下普遍无罪的推论,其后果就是国家官员要对他们在任期内犯下的罪行承担起个人责任。这里,世界公民权利是一个重要概念,意指个体在世界共同体中直接享有法律地位。其要义在于,它超越了国际法中的国家主体而关注个体的权利主体地位,并且世界公民权利的制度化对所有国家都具有约束力,这就为人权的真正落实提供了法律保障。"只有当人权在一个世界民主法律秩序中占有了'一席之地',如同人的基本权利明文写进我们国家的宪法那样,我们方可在全球范围内说,人权接受者同时也可以自我理解为人权的制定者。"②哈贝马斯乐观地认为,"世界组织的决议和策略,特别1989年以来联合国委托大国进行的干预清楚地表明,国际法正在逐步地向世界公民法(权利)转变。"③

综上所述,哈贝马斯向我们描述的世界政治是一种不确定的图景,也就是说,这种世界政治"提供的不是关于世界组织内部多层政治的稳定图景,而是一幅动态图景,充满了国家、国际以及全球层面上不同政治过程的渗透和互动。国家协商体系使得国家行为者之间有可能达成一致,它们一方面和各国政府的内政息息相关,另一方面,则深入到了世界组织的结构和政策当中。"④这就是哈贝马斯所构想的"没有世界政府的世界内政"。哈贝马斯对于"没有世界政府的世界内政"的全球治理构想并不是盲目乐观的。在他看来,虽然这种构想还存在着很高的壁垒,但世界公民的交往日益频繁与深入、大众传媒使得世界政治事件被同时呈现在一个无所不在的世界性公共领域面前、甚至世界强国也必须考虑全世界范围的抗

①　[德]哈贝马斯:《兽性与人性——一场法律与道德边界上的战争》,刘慧儒译,《读书》1999年第9期。
②　[德]哈贝马斯:《兽性与人性——一场法律与道德边界上的战争》,刘慧儒译,《读书》1999年第9期。
③　[德]哈贝马斯:《包容他者》,曹卫东译,上海人民出版社2002年版,第172页。
④　[德]哈贝马斯:《后民族结构》,曹卫东译,上海人民出版社2002年版,第122页。

议现实，等等，都使"世界公民状态不再是一种纯粹的幻想，即使我们离它还相距甚远。国家公民身份［Staatsbuügerschaft］和世界公民身份［Weltbürgerschaft］构成一个连续统，这个连续统现在至少已经显出轮廓来了。"①

众所周知，近代构想"世界大同"的政治理想最典型的是康德和马克思。康德的世界大同是永久和平状态和一个包容性的全球共和国，其基础是人的绝对的意志自由。马克思则把建立在生产力高度发达基础之上的共产主义社会作为世界大同的状态。而哈贝马斯在总结前人思想的基础上，认为要想实现世界大同，既不能单纯依靠个体的意志自由，也不能单纯凭借物质的极大丰富，而应该首先创造一种共同的政治文化，让各国人民都能意识到他们同处于一个共同的政治公共领域当中，树立一种世界公民身份的意识，淡化以前的民族认同和文化认同。如果说康德的政治理想是一种唯心式的理论建构，马克思从现实的角度为自己的理想奠定了坚实的基础，那么可以说，哈贝马斯虽然指明了建立世界大同的努力方向，但并没有将自己的理论建立在切实可行的基础之上，而是多多少少倾向于康德。

---

① ［德］哈贝马斯：《在事实与规范之间》，童世骏译，三联书店 2003 年版，第 680 页。

第五章 哈贝马斯的审议民主模式与政治哲学思想的特质

　　民主是政治哲学的核心问题,哈贝马斯在批判自由主义民主与共和主义民主理论的基础上,创造性地构建了审议民主理论,实现了对既往规范性民主模式的扬弃,由此决定了其政治哲学思想的独特性。

第一节 哈贝马斯审议民主模式的特点

一、开放性

　　从审议民主的实现机制来看,审议民主理论与自由主义民主和共和主义民主理论的根本区别在于,审议民主理论关注的是民主意志的形成过程而非民主意志本身。哈贝马斯认为,民意的合法性源于其形成过程而不是已经形成的意愿的总和。因此,他既反对自由主义民主局限于议会领域所产生的政治意志,又反对共和主义民主所主张的由全体公民的个人意志集合而成的共同意志。审议民主理论将非建制化的政治公共领域的政治意见形成过程与建制化的国家议会的政治意志形成过程相结合,以实现政治统治的合法化,并确保民主决策的执行力。因此可以说,审议民主理论的民主机制就在于政治公共领域与国家议会之间的良性互动,政治公共领域以及其中的理性论辩与商谈则是审议民主理论的根基所在。因为"政治对于共同生活的调节,越来越依赖于民主法治国家中的话语组织,越来越依赖于公民社会和政治公共领域中的交往过程"。① 哈贝马斯由此肯定了政

---

　　① ［德］哈贝马斯:《后民族结构》,曹卫东译,上海人民出版社 2002 年版,第 200 页。

治公共领域对于审议民主理论的构成性意义。政治公共领域根植于生活世界、并通过其市民社会基础而发挥交往结构作用，它原则上向所有公民开放，因而其交往结构是一个范围极其广阔的感应网络，它们对整个社会的问题作出反应，进而激发出许多意义重大的政治意见。这些政治意见由国家议会接过并加以处理，形成统一的政治意志并凝结成立法产品，立法产品又再进一步接受来自政治公共领域的理性检验，如此反复。正是政治公共领域的开放性，以及政治公共领域与国家议会之间的良性互动，决定了审议民主模式具有开放性特征。

首先，在空间层面，审议民主模式的开放性体现为政治公共领域对生活世界所有成员的开放，以及国家议会对政治公共领域中的政治意见的开放性接纳。政治公共领域是扎根于生活世界的"交往网络"，因而能够辐射到生活世界的广阔空间，并对生活世界的所有社会成员保持开放状态。政治公共领域的承担者，首先是社会的各种成员角色，比如父母子女、公务员、消费者、管理人员、工人等，他们在生活世界的交往互动中形成各自的生活体验，"这样的体验起初是'私人地'处理的，也就是说，是在一种生活史的视域中得到诠释的，而这种生活史又是在共同生活世界情境中同其他生活史交织在一起的"①。因此，公共领域的议题与参与其中的个体的生活经验密切相关，或者说正是私人领域中那些能够引起共同关注的社会问题自主地转化为"公共领域中新鲜而有活力的成分"。政治公共领域将关涉个人生活经验的社会问题予以汇聚和放大，目的不是取代政治系统进行政治决策，而是形成公共影响，即"令人信服地、富有影响地使问题成为讨论议题，提供解决问题的建议，并且造成一定声势，使得议会组织接过这些问题并加以处理"。② 因此，政治公共领域担当了政治系统的预警装置，能够对全社会的问题保持敏感性。正是政治公共领域对生活世界的开放，以及国家议会对政治公共领域的开放，构成了哈贝马斯审议民主模式关于政治意见与政治意志形成过程的民主机制，其开放性则使其民主政治因社会公众的广泛参与而永远充满活力。

---

① ［德］哈贝马斯：《在事实与规范之间》，童世骏译，三联书店 2003 年版，第 452 页。

② ［德］哈贝马斯：《在事实与规范之间》，童世骏译，三联书店 2003 年版，第 445 页。

其次,在时间层面,审议民主模式的开放性体现为理性论辩与商谈并不是一过性的,一过性讨论是共和主义民主产生公意的行为,审议民主的理性商谈则是持续性开放的。这就是说,在国家议会领域产生立法产品之后,立法产品仍将继续对政治公共领域的公众保持开放,接受来自公众的理性批判与检验。或许有人会说,这会导致永无止境的立法进行时,立法产品将永远处于制定过程中。其实不然,因为立法产品在进入下一轮的民主商谈过程中时,仍然发挥着其规范与制约功能,直至新的同类立法产品的产生。可以说,这是一种历史主义的态度,是根据实践变化的需要而确立的民主模式。这种民主模式将使民主意志既能真正反映人民的真实意愿,又能满足社会历史发展的需要。

最后,审议民主模式所具有的开放性就其性质而言是自由的开放性,而非强制的开放性。公众可以选择参加公共领域的论辩与商谈过程,也可以选择不参加公共领域的论辩与商谈,而且这种选择可以随时发生改变。比如就某一议题的讨论如果不能激发起某些公众的兴趣时——要么因为所讨论的议题暂时与他无关,要么因为其知识储备不足以使他对该议题产生兴趣——这些公众就可以选择不参加关于该议题的论辩与商谈;而一旦当他开始关注该议题并对此产生了兴趣,那么他任何时候都可以加入到论辩与商谈过程中来。用哈贝马斯自己的话说就是:"共同体对所有的人都是开放的,包括那些陌生的人或想保持陌生的人。"①从某种意义上说,关于任何议题的论辩与商谈都只是部分人或者说大部分人的论辩与商谈,因为任何议题都无法确保所有人参与到论辩与商谈中来。只不过从理论上讲,任何论辩与商谈过程原则上都要向所有人保持开放,由此而获得的商谈结果在理论上可以被视为所有人都参与了商谈过程所获得的结果。审议民主模式的开放性的自由属性,使民主政治实现了真正的自由。

二、主体间性

哈贝马斯的政治哲学是其话语伦理学的具体应用,而话语伦理学又是

---

① [德]哈贝马斯:《包容他者》,曹卫东译,上海人民出版社2002年版,"前言"第2页。

交往行为理论在实践方面的贯彻，因此，其审议民主理论始终贯穿着交往行为理论的理念，尤以对交往理性的重建为出发点。而交往行为首先注重的就是主体间关系，它在某种意义上以更直观、更系统的形式表现了从主体性到主体间性的视域转换。在他看来，工具—目的理性行为主要涉及主体与对象的关系，促进了现代文明的形成；交往行为则指向主体间的交往关系，是建立健全理想的社会生活所不可或缺的方面。交往行为的理性化，即道德—实践水平的提高甚至被哈贝马斯视为社会进化的决定性方面。当代西方资本主义社会的问题，包括民主的危机，归根结底源于生活世界的交往结构受到系统的侵蚀，权力与金钱取代语言成为人们之间相互联系的媒介。因此，哈贝马斯用以解决当代西方民主危机的审议民主方案，主要是立足于重建生活世界的合理交往，通过恢复以主体间性为中心的交往理性来克服系统的工具—目的理性极端膨胀所引发的各种问题。这决定了其审议民主模式具有主体间性特点，具体体现在从转换哲学基础到确立民主原则的整个理论建构过程。

首先，哈贝马斯转向语言哲学并以此作为审议民主的哲学基础，实现了从主体性向主体间性的视域转换。哈贝马斯将民主的理论难题与实践困境归因于意识哲学范式的禁锢，因而主张顺应当代西方哲学的"语言学转向"来重建理想的民主理论。语言哲学异于意识哲学的关键之处在于，它抛弃了主体—客体的思维模式，转而关注语言的意义与本质，以及语言使用者之间的理解与交流。哈贝马斯正是在西方哲学"语言学转向"的基础上，构建了普遍语用学，以确定达到相互理解的言语行为的普遍规则与条件，即言语的有效性要求。普遍语用学关注的是语言交流的主体间性和理解，旨在从根本上解决主体间的对话与交流问题，从而实现不受强制的理想交往。审议民主理论以普遍语用学为哲学基础，旨在通过理想的交往而实现真正的民主。因此，这一民主模式从根本上具有主体间性的特点。

其次，哈贝马斯以交往理性作为审议民主理论的规范基础，交往理性本身及其实现都充分体现了主体间性特点。出于对理性的信任和对现代性事业的信心，哈贝马斯在工具—目的理性批判的基础上，提出重建一种以主体间性为中心的交往理性，并以此作为重建民主理论的出发点和规范基础。他认为,传统的合理性是指表达的合理性,指人的认识与客观的真实世界的关系,即人是否合理地认识和表达了客观的真实世界。而他自己则将合理性界定为行为的合理性而非表达的合理性。"合理性更多涉及的是具有语言和行为能力的主体如何才能获得和使用知识,而不是对知识的占有。"①因此,他主张对合理性问题的研究必须从主体的行为入手。主体作为社会化的主体,是在与其他主体的交往活动中行动的,其行为不可能脱离其他主体而孤立地发生与存在。从这个意义上讲,交往理性就体现在交往行为中。交往行为是交往主体遵循有效性规范、以语言符号为中介而发生的相互作用,它不是一个人的"独白式"行为,而是强调主体间性的行为。因为交往行为要借助于语言以及对规范的理解和承认,而语言、规范与理解都只能在主体间性中存在。"达到理解(verstandigung)的目标是导向某种认同(einverstandnis)。认同归于相互理解、共享知识、彼此信任、两相符合的主观际相互依存。"②因此,体现于交往行为中的交往理性是主体间的符号化协调与理解关系,具有主体间性特点。

交往理性实现于交往行为,除了以普遍语用学所确立的言语有效性要求为前提外,还需要话语伦理学的基本原则作为保障,后者同样是在主体间性中得以确立的。哈贝马斯指出,虽然交往以坚持共同的规范为前提,但规范有可能成为压抑人的不合理权威,因而要确保理想交往并实现交往理性,必须以普遍有效的正当性规范为前提,这种规范就是哈贝马斯话语伦理学中所揭示的两条基本原则的产物。规范的源泉既包括作为主体间共同背景的社会世界,又包括主体间的话语,因为规范是主体间性的存在物,没有主体间性就没有规范,规范是以话语为中介的主体间的产物。按照其"真理共识论",哈贝马斯认为话语的真理性条件是参与对话者的普遍同意。"在我看来,话语真实性的判断标准只能是它的主体间性。即是说,只有在话语主体的交往对话中,话语的真实性才能得到检验。当所有人都进入平等对话,并就同一话语对象进行理性的探讨与论证,最后达成共识

---

① [德]哈贝马斯:《交往行为理论:行为合理性与社会合理化》,曹卫东译,上海人民出版社 2004 年版,第 8 页。

② [德]哈贝马斯:《交往与社会进化》,张博树译,重庆出版社 1989 年版,第 3 页。

时,该话语才可被看做是真实的。"①而对规范的有效性论证必须脱离具体经验和行为背景,必须从一种道德普遍性原则出发。据此,哈贝马斯把话语的普遍性要求归纳为普遍化原则(U),它提供的是规范的有效性前提或者说标准,即"普遍遵守这个规范,对于每个人的利益格局和价值取向可能造成的后果或负面影响,必须被所有人共同自愿地接受下来。"②与此相联系,哈贝马斯引出话语原则(D),它提供的是满足有效规范的论证条件,即对话与商谈,意指规范有效性的确定必须通过对话与商谈。也就是说,通过对话与商谈(话语原则),为所有相关者认可(普遍化原则)的规范就是有效性规范。这两个原则就是规范的论证程序。由此可见,一切有效的规范必定是在主体间性基础上得以确立和实施的,其有效性不是建立在存在某种权威或命令的前提下,也不可能在主体内部纯粹思辨的领域里完成。因此,哈贝马斯的话语伦理学内含了他的主体间性思想,由此实现的交往理性无疑具有主体间性特点。

最后,法律的合法性论证与民主原则的确立均体现了主体间性特点。前面谈到,哈贝马斯将主体间性看做理解规范的关键,认为规范的形成及其正当性的确定都离不开主体间性。根据交往行为理论和话语伦理学,"有效的只是所有可能的相关者作为合理商谈的参与者有可能同意的那些行动规范"③。哈贝马斯将这条商谈原则应用于法律规范的合法性论证,法律的合法性就不是普遍法规的形式所确保的,而是通过商谈性意见形成和意志形成过程的交往形式得以保障的。用哈贝马斯的话说就是:"现代法律秩序只能从'自决'这个概念获得其合法性:公民应该时时都能够把自己理解为他作为承受者所要服从的法律的创制者。"④据此,哈贝马斯引出其民主原则:"民主原则应当确定,合法的立法过程的程序是什么。也就是说,这个原则规定,具有合法的[legitim]有效性的只是这样一些法律规范,

---

① 章国锋:《哈贝马斯访谈录》,见[德]哈贝马斯、米夏埃尔·哈勒:《作为未来的过去:与著名哲学家哈贝马斯对话》,章国锋译,浙江人民出版社 2001 年版,第 121—134 页。
② [德]哈贝马斯:《包容他者》,曹卫东译,上海人民出版社 2002 年版,第 45 页。
③ [德]哈贝马斯:《在事实与规范之间》,童世骏译,三联书店 2003 年版,第 132 页。
④ [德]哈贝马斯:《在事实与规范之间》,童世骏译,三联书店 2003 年版,第 685 页。

它们在各自的以法律形式构成的商谈性立法过程中是能够得到所有法律同伴的同意的。"①可见,合法之法是由主体间的相互同意得以论证的。

哈贝马斯以语言哲学,具体来说是普遍语用学为其审议民主理论的哲学基础,实现了主体间性的视域转换;同时,将以主体间性为中心的交往理性作为审议民主理论的规范基础与核心,力图通过重建生活世界的交往理性,来恢复扎根于生活世界的政治公共领域的活力,并通过政治公共领域与国家议会之间的良性互动,形成既具有广泛的合法性基础,又具有执行力的民主意志,并凝结为合法之法。审议民主理论的民主过程,无论是政治公共领域的公开商谈,还是国家议会的立法商谈,都是交往理性的公开运用,因而具有主体间性特点。主体间性体现的是无主体的交往,是社会一体化的团结力量,它表明审议民主理论确立的既不是个人的地位,也不是全体公民的地位,而是介于两者之间的、把个人联结为共同体的人与人之间对话关系的地位。可以说,哈贝马斯的主体间性观念比自由主义民主的主体观念(个人)要强,却又比共和主义民主的主体观念(作为共同体成员的全体公民)要弱。因此,审议民主理论实现了对自由主义民主个人至上与共和主义民主整体至上的扬弃。通过无主体的交往,可以形成合理的政治意见和政治意志,从而实现真正的民主。当哈贝马斯把审议民主模式拓展到国际政治领域,并构建"后民族民主"时,主体间性就具体化为文化间性,这意味着"后民族民主"要无差别地尊重每一个民族,并实现各民族之间的理性交往。

三、唯程序性

在《在事实与规范之间》一书中,哈贝马斯为第七章拟定的标题是"审议性政治②:一种程序的民主概念",这有两层意思。一是把民主定义为审议性政治③,二是将民主的本质理解为一种程序,这种程序具体表现为一种

---

① [德]哈贝马斯:《在事实与规范之间》,童世骏译,三联书店2003年版,第135页。
② 《在事实与规范之间》的中译本将"deliberative politics"译为"商议性政治"。
③ 哈贝马斯在《包容他者》中说,他个人更愿意将其程序主义的民主概念称为"审议性政治"(deliberative politik),中译本译为"话语政治"。

政治上的审议。因此,对哈贝马斯而言,审议性政治就是他所理解的民主,更确切地说,民主就体现为政治上的审议程序,唯程序性就成为其审议民主模式的核心内涵与重要特征。

哈贝马斯将政治界定为民主的意见和意志形式,而他所重建的审议民主理论,关注的则是民主意见和意志的形成过程。这个过程既体现为商谈的交往形式的内在逻辑,即实用性商谈、伦理—政治商谈、道德商谈以及谈判的内在逻辑,我们称之为审议民主的内部程序,又体现为两个层次的商谈过程,即政治公共领域的公开商谈与国家议会的立法商谈,这两个层次商谈过程之间的往复循环关系则是审议民主的外部程序。其中外部程序就是利用法律对内部程序的交往形式进行建制化的结果。哈贝马斯在谈及民主程序时,一般是指审议民主的外部程序,因为民主程序的确切含义是指对"内在交往形式"的法律上的建制化。正是在这个意义上,哈贝马斯说:"民主程序还需要由别的东西加以补充。"①这个"别的东西"就是商谈的交往形式的内在逻辑。因此,民主作为程序,意味着交往、商谈与对话成为民主模式的核心内容,以及交往程序的建制化。哈贝马斯认为,审议性政治的成功并不取决于一个有集体行动能力的全体公民,而是取决于相应的交往程序与交往预设的建制化——这种建制化一方面表现为政治公共领域中的商谈制度形式,另一方面则表现为国家议会中的商谈制度形式。因此,其审议民主模式是一种"双轨的商谈性政治"。其中,生活世界之政治公共领域是民主意志的策源地,国家制度性组织即议会则是民主意志的载体或表达渠道。也就是说,一种合理的审议性政治,既不能完全依靠政治公共领域中的公共意见来获得政治的正义性,也不能完全凭借宪法和现代制度性组织的自我解释来获得政治的正义性,而必须依靠这两个领域的良性互动。由此,审议民主理论在民主实践中赋予民主的规范意义要强于自由主义,但又弱于共和主义——自由主义把民主政治完全压缩在宪法的制度性的程序之中,并过分相信国家的制度性组织的自我调控能力,民主就在很大程度上失去了其原有的规范意义;而视社会为独立的政治社会的共和主义则对民主政治提出过高的、不切实际的总体性的实践要求,因而

① [德]哈贝马斯:《在事实与规范之间》,童世骏译,三联书店 2003 年版,第 383 页。

赋予民主的规范意义又太强了，强到无法实现。从这个意义上讲，审议民主理论的民主程序扬弃了自由主义民主与共和主义民主对民主规范意义的理解。

审议民主模式的唯程序性除了体现于上述民主意见与意志的形成过程，更重要的体现是确保民主意见与意志合理性的商谈的程序性条件。哈贝马斯将合理的民主意见与意志的形成诉诸于交往主体间成功的交往行为，而成功的交往除了有赖于交往主体能够使用恰当的语言进行以相互理解为目的的对话，即满足话语的三大有效性要求，更取决于交往主体要彼此承认并遵守共同的社会规范。因为人们只有以共同的社会规范为自己的行为导向，才能与他人发生联系，同他人对话与交流，从而才可能相互承认对方的话语有效性要求，以达成相互理解与意见共识，并根据共识协调行动，实现成功交往。交往主体间所共同遵守的社会规范在哈贝马斯看来是可欲的，但其具体内容是不确定的，只能通过对话、商谈与论辩而达成。对此，哈贝马斯通过创立话语伦理学，揭示了交往主体为实现成功交往所必须共同遵守的社会规范得以形成的程序性前提与论证程序。其中，公正的对话规则是社会规范得以形成的程序性前提，对社会规范加以论证的程序则是话语伦理学的两个基本原则——普遍化原则论证的是规范的有效性前提，话语原则强调的则是满足有效规范的论证条件，即对话与商谈。哈贝马斯由此指出，只有在遵循对话规则与话语伦理学基本原则的前提下，才能产生共同的社会规范；也只有在遵守共同社会规范的前提下，交往主体间才能就对方的话语有效性要求达成共识，从而兑现话语的有效性要求，实现成功交往。由此可见，哈贝马斯的审议民主模式落脚于人们之间的交往行为，始终强调的是对话与商谈，并把由对话规则与论证程序所确保的成功交往作为民主政治的核心。而且他相信，只要在这种理想的商谈程序中，合理乃至公正的结果是可以取得的，合理的民主意见与意志就通过理想商谈的程序性条件得以实现。

总的来看，哈贝马斯把民主理解为一种程序，其要义在于，一方面坚持把所有相关者在参与合理商谈之后形成的共识——这是一个普遍的程序性条件，而不是限于某个特殊利益集团或伦理共同体的标准——作为规则、法律、民主意志的合法性基础，另一方面又把这种合理共识落脚于商谈的程序上。因此,这种程序主义民主关心的不是主张是否有理,而是主张是否合法;不是在政治过程中人们的主张是什么,而是主张是如何产生出来的、是否所有相关者都参与了政治过程的发言。审议民主理论主张民主存在于商谈的程序之中,并将合理民意的形成视为政治公共领域中的非正式的政治意见形成过程与国家议会中的正式的政治意志形成过程的普遍结合,从而既避免了自由主义民主将法治运用于孤立的个人以实现利益平衡、确保个人权利的实用主义观点,又克服了共和主义民主以全体公民这一宏观主体的民主自决来实现伦理共同体价值的理想主义观点。

四、人民主权的生成性与匿名性

从根本上讲,民主观念表达的是人民主权的思想,这几乎为所有政治哲学家所接受。但是关于人民主权如何通过民主制度表现出来,却存在大相径庭的观点。通过分析,哈贝马斯指出,人民主权概念来自共和主义对近代早期主权概念的吸收与转化,在博丹(Bodin)那里与作为绝对统治者的国家相联系的主权概念,经过卢梭的升华,转变为表示全体民众意志的人民主权概念,并通过与自由平等的人们的自我统治观念相融合而上升为现代的自主性概念。人民主权概念由此与在场民众的意见联系在一起。对此,共和主义持最强的立场。"根据共和主义的观点,人民——他们至少是潜在地在场的——是那种原则上无法委托的主权的承担者:因为其主权者的特性,人民是无法让别人来代表他们的。"①这样,"逐步形成的权力,其基础是公民的自决实践,而不是其代表的自决实践"②。自由主义虽然赞成人民主权论,但认为共和主义的主张是不现实的,因为政治权力不可能由每位公民亲自行使。因此,自由主义从现实主义的角度提出,人民主权只能通过选举和投票、代议制度以及专门的行政司法机构来行使。

哈贝马斯不同于共和主义,他认为民主并不意味着人民亲自进行统治,因为在复杂、多元的后传统社会中,这既不可能,亦无必要。同时,哈贝

---

① [德]哈贝马斯:《在事实与规范之间》,童世骏译,三联书店 2003 年版,第 373—374 页。

② [德]哈贝马斯:《包容他者》,曹卫东译,上海人民出版社 2002 年版,第 291 页。

马斯也不同于自由主义,他认为人民不能放弃主权而将其交给宪政国家,因为没有参与的"代议制民主"是对民主本意的违背。在他看来,共和主义与自由主义的观点都是从一种值得质疑的国家概念和社会概念出发的。这种概念的基础是整体与部分的关系,其中整体要么是由拥有主权的全体公民所组成,要么是由宪法所建构。这种认识除了上述两种观点之外就不可能还有别的观点。据此,哈贝马斯提出一种非中心化的社会概念,认为政治系统既不是社会的核心,也不是社会的顶端,甚至也不是社会的基本结构模式,而是众多行为系统中的一个。"这种社会和政治公共领域一起分化出来,成为一个感知、识别和处理一切社会问题的场域。"①在此基础上,哈贝马斯提出其双轨制的审议民主模式——政治公共领域交往系统中的商谈与国家议会中的商谈之间实现良性互动。因此,"商议性政治的成功并不取决于一个有集体行动能力的全体公民,而取决于相应的交往程序和交往预设的建制化,以及建制化商议过程与非正式地形成的公共舆论之间的共同作用"②。这样,人民主权就既没有落实到具体的人民头上,也没有被放逐到无人称的宪法结构和宪法权力部门中,而是体现在无主体的政治公共领域和各种交往形式之中,是在这些无主体的交往形式以民主的方式来调节公民意见和公民意志的形成过程中生成的。人民主权就表现为一种交往地产生的权力,产生于具有法治国建制形式的意志形成过程和文化上动员起来的公共领域之间的相互作用,这是人民主权的生成性。同时,人民主权在非中心化的社会中实现了匿名化,"因为人民主权不再集中于一个集体之中,不再集中于联合起来的公民的有形在场,或者他们的聚集起来的代表,而是实现于具有理性结构的协商和决策之中,所以,说法治国中不可能有主权者[Souvernä]这种说法,具有了一种无害的意义"③。人民主权成了无人称的东西,这就是人民主权的匿名性,而且"只有以这种匿

---

① [德]哈贝马斯:《包容他者》,曹卫东译,上海人民出版社2002年版,第291页。

② [德]哈贝马斯:《在事实与规范之间》,童世骏译,三联书店2003年版,第371页。

③ [德]哈贝马斯:《在事实与规范之间》,童世骏译,三联书店2003年版,第168—169页。

名的①方式,它的处于交往之流中的权力才能把国家机器的行政权力同公民的意志连接起来"。② "自我组织的法律共同体的'自我'消失在一些无主体的交往形式之中,这些交往形式用特定方式来调节商谈性意见形成和意志形成过程,以至于这些过程的具有可错性的结果享有被假定为合理结果的地位。"③人民主权由此得以实现。

第二节　哈贝马斯的审议民主对共和主义 民主与自由主义民主的扬弃

根据历史与逻辑相一致的思维方法可以看出,西方民主理论的产生和发展是与不同历史阶段的社会状况和政治生活需要相适应的。在古希腊城邦社会,城邦政治生活比日常生活具有更高的伦理价值,参与政治生活乃是人之为人的本质体现,这是共和主义民主得以产生的政治文化基础和主观条件。城邦作为小国寡民的政治共同体,公民数量有限,而且奴隶与妇女对体力劳动与家务劳动的承担,使成年男性公民具有足够的时间与精力参与城邦的政治生活,这又为共和主义民主的产生奠定了社会基础。共和主义民主倡导公民直接参与政治生活,真正体现了民主的本意——人民的统治。到了近代,随着政治共同体公民数量的增多以及社会分工的日益复杂,公民直接参与政治事务不再现实,通过民选代表为中介手段参与政治事务的自由主义民主应运而生。问题在于,"代议制"民主不可能真正实现代表公民的真实意志,而更可能走向民主的反面,沦为以投票为中心的政治。从这个意义上讲,自由主义民主是对共和主义民主的否定性发展。到了当代社会,自由主义民主的弊端日益突出,已经危及国家统治的合法性基础,民主理论的逻辑发展再次遭遇困难,需要再次予以否定,恢复民主的本真内涵。而多元化、信息化、开放性的当代社会,则为这种复兴奠定了

---

① 这里的"匿名的"(anonymous,参见 *Between Facts and Norms*,p. 136)并不是通常意义上的"隐匿名称的",而是特指"没有人称的"。

② [德]哈贝马斯:《在事实与规范之间》,童世骏译,三联书店 2003 年版,第 168 页。

③ [德]哈贝马斯:《在事实与规范之间》,童世骏译,三联书店 2003 年版,第 374 页。

社会基础。哈贝马斯正是基于当代社会的社会状况,建构了审议民主理论,确保了真正的"人民的统治",实现了对自由主义民主的否定性发展。当然,哈贝马斯的审议民主理论对民主的真正复兴,并不是回归到共和主义民主意义上的民主,因为这种直接参与式的民主在现代大型社会已不可能。审议民主理论只是复兴了民主的本意,哈贝马斯通过建构一种不同于直接参与式的双轨制民主模式实现了这种复兴。因此,审议民主理论是对共和主义民主的"否定之否定",或者说,审议民主理论实现了对共和主义民主与自由主义民主的扬弃。

哈贝马斯的审议民主对共和主义民主与自由主义民主的扬弃,一方面体现为对这两种民主模式的合理因素的保留与吸收,正如他所说:"从自由主义和共和主义那里各吸收了一些因素,并把它们重新组合起来。"①另一方面则体现为他对这两种民主模式的批判与修正。

哈贝马斯从共和主义那里吸收的合理因素是人民主权原则,从自由主义那里吸收的合理因素则是对法治国家宪法的重视,即宪政原则。对人民主权原则的吸收使他强调政治公共领域中的商谈,对宪政原则的肯定则使他强调国家议会中的商谈,正是这两个层次的商谈过程构成其审议民主理论的民主机制。

哈贝马斯对共和主义民主的修正体现在两方面:其一,共和主义民主让全体公民亲自参与政治决策在现代大型社会并不现实,哈贝马斯的政治公共领域原则上向所有公民开放,并且尊重公民自由选择参与政治的权利,既不损害民主的合法性基础,又使民主参与具有可操作性。其二,共和主义民主意志的合理性依赖于公民的道德,这是一种冒险的政治,哈贝马斯立足理性的对话与商谈,以民主意志形成过程中的"辩论的共识",切实确保了民意的合理性。

哈贝马斯对自由主义民主的修正也体现在两方面:其一,自由主义强调国家对经济社会的管理要以实现个人权利为目的,因此投票、选举等政治意志形成过程的功能只是对政治权力之行使的合法化,而不是对政治权力本身的合法化。哈贝马斯主张通过公共领域与国家议会之间的交往之

---

① [德]哈贝马斯:《包容他者》,曹卫东译,上海人民出版社 2002 年版,第 288 页。

流,形成具有合法性的交往权力,交往权力通过法律中介转变为政治权力,政治权力就通过与交往权力的连接而与生活世界的民意相通,从而获得合法性基础。其二,自由主义民主依赖于国家能够成功地考虑社会利益并作出相应的决策,从而以此来维护和保障个人权利。问题是高高在上的国家不可能充分认识社会的总体利益,因而可能作出损害个人权利的不合理决策。哈贝马斯以一个面向整个生活世界的平等、自由、开放的政治公共领域,来协助国家感受、辨别、汇聚和传输涉及全社会的问题,从而确保国家的合理决策。

具体而言,哈贝马斯的审议民主对自由主义与共和主义民主的扬弃,可以归纳为审议民主理论实现了三个统一,即:主观权利与客观法同源、人权与人民主权相统一、私人自主与公共自主良性互动。

一、主观权利与客观法同源

自由主义民主立足于个人主义,强调公民个人权利的至上性,认为法律的意义仅在于维护和保障个人权利,法律依据主体权利而建立,从整体上贯彻的就是"法无明文规定不为罪"的原则。① 因此,主观权利先于并高于客观法,是客观法的合法性根据,而主观权利的合法性则源于它自身,即它划出了私人自主的支配领域,这恰恰可以保障人与生俱来的不可侵犯性。共和主义民主则强调政治共同体的价值和意义,并视法律为政治共同体自我实现的工具,主观权利是得到客观法的授予才获得了合法性,客观法的合法性则来源于公民的公共自主,即公民集体意志的表达。

哈贝马斯不同意上述区分主观权利与客观法的合法性地位的观点。他指出,主观权利不是个人与生俱来的,因为人作为社会之人,只有在社会中才能享有权利,不存在任何所谓的"自然权利";主观权利也不是源于国家的客观法的授予,因为这种授予是一种权利恩赐,国家既然有权授予权利,也就能够收回权利,因此这样获得的权利并不牢固。依他之见,只有把主观权利建立在平等自由的主体之间相互承认和授予的基础之上,权利的基础才坚实并易于理解。客观法的合法性不是源于个体的主观权利,而是

---

① 参见[德]哈贝马斯:《包容他者》,曹卫东译,上海人民出版社 2002 年版,第 297 页。

源于公民的自我立法,但这种自我立法不是为了实现政治共同体的价值,而是为了把主观权利法律化,即通过法律来建构权利体系。因此,哈贝马斯认为主观权利与客观法之间不存在谁是合法性根据的问题,它们是同源的,都源于主体间的协商和沟通、彼此的承认与共识。

当然,哈贝马斯同时指出,主观权利在逻辑上先于客观法。因为如果某个共同体决定按照法律进行自治,根据商谈原则,只有经过该共同体所有成员协商同意的法律才是合法之法。为此,人们就必须享有基本权利,比如平等的自由权、公民资格、法律的保护权、政治参与权和基本生活条件的保障。否则,人们就无法参与这种立法并通过这种合法之法进行自治。因此,人们首先要互相承认各自的主观权利,然后觉得有必要把这些权利赋予法律的形式,从而获得法律的确认、保护和协调,这才产生了客观法。但就实际过程而言,哈贝马斯并不认为它们有先后顺序,而是都源于以商谈原则为基础的民主立法过程,因此,它们实际上是同源同构的关系。它们的合法性基础不在于对方,也不在于个体的价值或国家的价值,而在于民主的交往过程和商谈程序所确保的主体间的承认。也就是说,主观权利是公民经过商谈过程相互承认和赋予的,确认和保护权利的客观法是公民通过政治参与过程形成的,两者都是人们之间交往互动的产物。这样,公民通过行使政治参与权,就将他们的主观权利与客观法连接起来了。

二、人权与人民主权相统一

自由主义传统为维护个人权利,强调人权高于人民主权;共和主义传统则强调人民主权优于人权,认为离开群体的伦理生活,抽象的人权毫无意义。哈贝马斯认为,自由主义与共和主义片面强调个体或集体的意义与价值,从而将人权与人民主权相割裂是不合理的。自由主义没有人民的政治参与,必然导致民主合法性的匮乏;共和主义则可能导致普遍意志对个人权利的消解,而且其民主合法性只是形式上的。在他看来,只有将人权与人民主权内在地统一起来,才能克服上述缺陷,从而使宪政民主国家既是人权的保护力量,也是人民主权得以实现的形式。

具体而言,其审议民主将人权与人民主权统一于民主的商谈过程之中,二者都是民主立法过程的产物。人权不再是个体的主观权利,而是主体之间互相授予的权利。人民主权也不再是作为整体的人民的权力,而是人们在民主商谈过程中形成的交往权力。"如果在高度发达的社会中,人民主权这一观念还有现实意义的话,那么,它就必须同对体现在集体中亲身参与并共同决定的成员身上的具体阐释脱离开来。"①这样,他所理解的人民主权就不是共同体所有成员的个人意愿集合而成的普遍意志的表达——这种普遍意志的表达是共和主义民主的人民主权概念,它来自"心灵的共识"——而是存在于人们通过对话与商谈、形成共识的交往过程的"辩论的共识"。由此,民主的合法性就不是由普遍意志所实现的形式合法性,而是由人们参与民主意见与意志形成过程所确保的真正的合法性。而且,人们在民主参与过程中并没有丧失其个体性。"这种民主程序在协商(Verhandlung)、自我理解的话语(Selbstverstandigungsdiskurse)以及公正的话语(Gerechtigkeitsdiskurse)之间建立起了一种有机的联系,并证明了这样一种假设,即在这些前提下,合理乃至公正的结果是可以取得的。这样,实践理性就从普遍主义的人权或一定共同体的道德当中抽身出来,还原成为话语原则和论证形式,它们从交往行为的有效性基础,说到底,就是从语言交往结构当中获得了其规范内涵。"②其中,"协商"代表一种交往的主体间性,"自我理解的话语"代表个体性,"公正的话语"代表整体性。也就是说,审议民主通过主体间的对话与商谈,融合了个体的人权与体现在整体中的人民主权,并由此实现了民主意志的合法性,人权与人民主权就统一于民主的商谈过程之中。

三、私人自主与公共自主良性互动

自由主义对人权、主观权利的强调,体现为对私人自主的维护,但却无法论证人权、主观权利的合法性基础。共和主义强调人民主权、客观法,突出了公共自主的重要性,但又存在消融个人于群体之中的可能性,私人自主无从保障。在哈贝马斯看来,民主的真正意蕴是人类自己主宰自己的命

---

① [德]哈贝马斯:《公共领域的结构转型》,曹卫东等译,学林出版社 1999 年版,"序言"27 页。

② [德]哈贝马斯:《包容他者》,曹卫东译,上海人民出版社 2002 年版,第 286—287 页。

运,即实现自主性。但是,"法律的实在性迫使自主性发生了分裂。"①这源于法律具有双重性:事实上的有效性与规范上的有效性。前一属性体现为立法者制定的强制之法,后一属性体现为法律的强制性得到法律话语参与者的非强制性认同,从而使之成为合法之法。法律事实上的有效性保障的是法律接受者的私人自主,法律规范上的有效性实现的则是法律制定者的公共自主。因此,自主性在法律领域就以二元的形式出现:私人自主与公共自主。

但在民主政治中,哈贝马斯认为,"民主法治国家,就其观念而言,是一个符合人民要求的制度,并经过人民的意见和意志而实现了合法化;在这个制度当中,法律的接受者同时也是法律的制定者"②。也就是说,真正的民主在哈贝马斯看来,应当既包括私人自主又包括公共自主。"这两个环节必须协调起来,最终做到一种形式的自主不能损害另一种形式的自主。私法主体的行为自由与公民的公共自主是互为前提的。这一互动关系体现了这样一种观念:即只有当法人在行使其公民权的过程中能够领悟到自身便是那些他们作为受众而必须遵从的法律的创造者,他们才可能是自主的。"③

确实,私人自主与公共自主同等重要并互为前提。没有私人自主,人们就无法参与到政治活动中来,公共自主就无从谈起;没有公共自主,私人自主就是一种消极的自由,只能由国家法律而不是自我来决定,而没有公民参与制定的国家法律是不具有合法性的强制之法,私人自主的命运可想而知。因此,哈贝马斯说:"一方面,公民在私人自主受到平等保护的基础上充分独立,这样他才能恰当地利用其公共自主;另一方面,公民只有在恰当地运用其政治自主时,才能有效地控制其私人自主,并相互达成一致。"④哈贝马斯的审议民主通过民主的商谈程序,形成具有广泛约束力的合法之法,体现的正是私人自主与公共自主的良性互动。

综上所述,哈贝马斯的审议民主理论体现出明显的折中性。"商谈论

---

① [德]哈贝马斯:《包容他者》,曹卫东译,上海人民出版社 2002 年版,第 298 页。
② [德]哈贝马斯:《后民族结构》,曹卫东译,上海人民出版社 2002 年版,第 77 页。
③ [德]哈贝马斯:《包容他者》,曹卫东译,上海人民出版社 2002 年版,第 299 页。
④ [德]哈贝马斯:《包容他者》,曹卫东译,上海人民出版社 2002 年版,第 302 页。

赋予民主过程的规范性涵义，比自由主义模式中看到的要强，比共和主义模式中看到的要弱。在这方面它也是从两边各采纳一些成分，并以新的方式把它们结合起来。"①但是，哈贝马斯将审议民主奠基于主体间的交往理性之上，从交往主体的对话与商谈过程来证成民主意见与意志的合法性，实现了主观权利与客观法、人权与人民主权、私人自主与公共自主的统一，确实是对自由主义民主与共和主义民主的扬弃。

第三节　哈贝马斯政治哲学思想的特质——作为现代性理论的政治哲学

尽管哈贝马斯认为当代资本主义社会及其民主实践的危机根源于现代性问题，即启蒙理性所带来的负面效应，但他并未就此放弃现代性理想，而是立足于理性的反思与重建来建构其民主理论，并坚信通过审议民主能实现平等、自由与正义等政治理想。因此，哈贝马斯的政治哲学思想充分体现了他对现代性这项"未竟的工程"的捍卫。其政治哲学作为一种现代性理论主要体现在两个方面：一是对理性的反思与重建，二是对现代性理想的捍卫与实现。

一、对理性的反思与重建

哈贝马斯在《交往行为理论》的开篇就写道："意见和行为的合理性（Rationalitat）是哲学研究的传统主题。甚至可以说，哲学思想就是源自对体现在认识、语言和行为当中的理性（Vernunft）的反思。理性构成了哲学的基本论题。"②可以说，对理性的反思与探讨是哈贝马斯全部理论的出发点。正是在反思启蒙理性的基础上，哈贝马斯重建了以主体间性为中心的交往理性，并以此作为其审议民主的规范基础。哈贝马斯提出交往理性主

---

① ［德］哈贝马斯：《在事实与规范之间》，童世骏译，三联书店2003年版，第370页。
② ［德］哈贝马斯：《交往行为理论：行为合理性与社会合理化》，曹卫东译，上海人民出版社2004年版，第1页。

要是针对两种片面的理性观:工具—目的理性与各种非理性、反理性思潮。

首先,哈贝马斯认为工具—目的理性是在笛卡尔以来的意识哲学范式下发展起来的。意识哲学将主体从客观世界中分离出来,主体与客体、人的意识与客观世界构成一种对立关系,主客关系就成为意识哲学研究的主要内容。具体而言,主体的任务是要认识、把握和主宰客体,从而使客体解除神秘性以便为主体所用,工具—目的理性就是为这一目标而发展起来的。"自我是在同外在自然力量的搏斗中形成的,因此自我既是有效的自我捍卫的产物,也是工具理性发挥作用的结果;在启蒙过程中,主体不断追求进步,它听命于自然,推动了生产力的发展,使自己周围的世界失去了神秘性;但是,主体同时又学会了自我控制,学会了压制自己的本性,促使自己内在本质客观化,从而使得自身变得越来越不透明。战胜外在自然,是以牺牲内在自然为代价的。这就是合理化的辩证法,这点可以用工具理性的结构来加以说明,因为工具理性把自我捍卫当做最高目标。工具理性在推动进步的过程中,也带来了许多的非理性,这一点在主体性的历史上反映得一目了然。"①哈贝马斯认为,工具—目的理性本是启蒙理性的维度之一,但在资本主义的发展进程中,工具—目的理性的日益膨胀使之逐渐成为启蒙理性的代名词,这种片面的理性最终成为主宰一切的力量,导致韦伯所谓的意义丧失与自由丧失等一系列现代性问题。"以主体为中心的理性是一种分化和僭越的产物,而且是一个社会过程的产物。在这个过程中,一个次要的因素占据了整体的位置,却又没有同化整体结构的能力。"②

其次,哈贝马斯认为各种非理性和反理性思潮仍然是立足于主体性哲学的前提,试图去摆脱传统的理性观念。他们宣称理性不过是传统形而上学所臆造出来的一个超验的思辨概念,应当予以彻底抛弃。这种激进的理性批判完全将理性当做了负面的东西。"一种理性,只有当我们赋予它绝对权利的时候,它才可能包容或排斥。因此,内和外是与统治和臣服联系

---

① [德]哈贝马斯:《交往行为理论:行为合理性与社会合理化》,曹卫东译,上海人民出版社 2004 年版,第 363 页。
② [德]哈贝马斯:《现代性的哲学话语》,曹卫东等译,译林出版社 2004 年版,第 367 页。

在一起的；而克服掌握权力的理性则和砸破监狱的大门、确保进入无拘无束的自由联系在一起的。所以说，理性的他者始终都是权力理性的镜像。"①

依哈贝马斯之见，无论是将理性片面化为工具—目的理性，并因工具—目的理性导致"现代性工程"的严重偏颇而悲观地看待现代性理想的态度，还是仅仅针对理性的一部分，即工具—目的理性，就彻底否定理性、彻底否定现代性价值的观点，都是片面的，都没有从根本上解决问题。通过哲学层面的考察，哈贝马斯指出现代性问题的根源在于意识哲学主客二分的分析范式，因此，问题的解决就在于转变主客二分的分析范式为主体间性的理解范式。"一个范式只有在遭到另一个不同范式的明确否定时才会失去其力量，即是说，在因认识而被剥夺价值时才会失去其力量；……但只有当一个具有认知能力和行为能力的孤立主体的自我意识范式、自我关涉范式被另一个范式，即被理解范式（交往社会化和相互承认的个体之间的主体间性关系范式）取代时，解构才会产生明显的效果。随后才会出现一种对以主体为中心的理性的占有思想的具体批判——对西方'逻各斯中心主义'的批判，它对理性的诊断不是太多，而是太少。"②正是通过对理性的这种反思，哈贝马斯才提出了以主体间性为中心的交往理性概念，并以此为出发点建构其审议民主理论。他深信，通过振兴交往理性，恢复人们之间的理性对话与商谈，可以产生既合理又合法的民主意志，从而实现人民自己统治自己的民主理想。而交往理性的发展可以将工具—目的理性行为限制在合理化交往的约束性规范范围之内，从而逐步克服工具—目的理性片面膨胀所引发的各种社会问题，关于社会进步、历史发展和个人自由与解放的现代性理想——平等、自由与正义等，就有了实现的希望。

哈贝马斯从历史哲学层面确立了一条以交往合理化为目标的理性重建之路，并落实到政治哲学思想的建构之中。以交往合理性为社会发展目

---

① ［德］哈贝马斯：《现代性的哲学话语》，曹卫东等译，译林出版社 2004 年版，第 361 页。

② ［德］哈贝马斯：《现代性的哲学话语》，曹卫东等译，译林出版社 2004 年版，第 362 页。

标,既是对当代资本主义社会发展困境的批判,又是对现代性精神的重建。其理性重建论,既有别于老一代法兰克福学派单纯激烈的文化批判与社会批判,更不同于后现代主义的彻底虚无主义。他肯定理性的进步价值,是一种历史主义的态度。毫无疑问,哈贝马斯在重建理性基础上构建的政治哲学,是对现代性理想的坚定捍卫。伯恩斯坦真正道出了哈贝马斯的理论旨趣:"也许可以把哈贝马斯整个理智方案和基本立场概括为一部新的启蒙辩证法——一部公正地对待启蒙遗产的阴暗面并解释它的原因,然而又承诺并证明我们今天仍不懈祈求的自由、正义和幸福的希望。现代性的方案,启蒙思想家的希望,既不是纯粹的幻想,也不是会转变为暴力和恐怖的幼稚的意识形态,而是一个今天还在有待完成,同时又能指导我们和规范我们行为的实践任务。"①

二、对现代性理想的捍卫与实现

自由、平等与正义作为人类始终追求的理想生存状态与人生价值目标,历来就是政治哲学家们进行理论建构所欲求的中心。应该说,对正义的追求几无异议,只是对正义的理解尚存差异。但是,不同的政治哲学家对自由与平等的关注程度却各不相同,这源于二者之间存在着内在的张力。当然,人们最初并未意识到这一点,比如法国大革命时期就提出了"自由、平等、博爱"的口号。如果只停留在思考的出发点上,这种提法也不存在什么问题。关键在于,只要进一步思考自由与平等的关系,问题就会出现:强调自由必然导致不平等,尤其结果不平等;而关注平等,尤其结果平等,必然会损害自由。这也就是当代所谓效率原则与公平原则的对峙。西方政治哲学虽然流派很多,但归结起来无非是关注自由与关注平等这两类学术传统,前者以洛克为代表,后者以卢梭为代表。之后有很多政治哲学家力图综合这两大传统,以真正实现既平等又自由的理想生存状态,但都没有成功,当代罗尔斯的努力最具代表性。罗尔斯没有达到的理论初衷,被哈贝马斯接了过来。哈贝马斯通过建构审议民主理论,扬弃了西方政治

---

① [美]理查德·伯恩斯坦编:《哈贝马斯与现代性》导言,转引自傅永军:《法兰克福学派的现代性理论》,社会科学文献出版社 2007 年版,第 335 页。

哲学思想史上的自由主义民主与共和主义民主,切实体现了他对自由与平等的追求与捍卫。

在洛克那里,人们按照自然法所享有的基本权利具有重要的价值与地位,其中最重要的生命、财产和自由权利是不可侵犯与剥夺的。为了协调自然状态中的冲突,人们通过缔结社会契约组建国家以协调冲突、保障个人权利时,转让的只是"惩罚别人的侵权行为的权力"①,也就是说,"加入了政治社会而成为任何国家成员的人因此放弃了他为执行他的私人判决而处罚违犯自然的行为的权力"②。其目的是将他们的基本权利托庇于政府。而生命、财产与自由权利在洛克看来是不可转让的。其中生命权是一种最基本的自然权利或者说人性权利,没有生命权,其他的一切自由与权利都化为乌有。一个人除非他剥夺了他人的生命,否则他的生命权就是不可剥夺的。从这个意义上讲,生命权是一种广义的自由权利。财产权则是一个人的经济自由权利的体现,是生命权的物质基础和直接延续。广义的自由权利除了生命权与财产权外,还包括思想自由,比如言论自由、出版自由、学术自由等,以及政治自由,即选举与被选举权、参政议政权和监督权等。当然,洛克也指出,国家作为公共权力机关,并不必然会保障个人权利。相反,它天然地具有侵犯个人权利的倾向,是个人实现自由权利的一大障碍。因此,洛克主张制定有力的措施来防止政府滥用权力。具体而言就是要确立有限政府的观念,实行权力分立与彼此制衡。

正是基于对个人自由权利的推崇与张扬,洛克主张通过宪政民主来保障和实现个人的自由权利。所谓宪政民主,其实质在洛克看来就是法治,而法治的基本内涵有两个,一是法律面前人人平等,二是以宪法的形式肯定和保障基本人权。可见,洛克对法治的理解是"rule by law",是从工具主义的角度把法律理解为政治统治的工具,法律只具有事实上的有效性,这与强调法律本身具有内在价值的哈贝马斯不同。哈贝马斯对法治的理解是"rule of law",强调通过制定既具有事实上的有效性又具有规范上的有效性的合法之法来实现"人民自己的统治"这一民主理想。可以说,洛克的政

---

① [英]洛克:《政府论》(下),叶启芳等译,商务印书馆1964年版,第78页。

② [英]洛克:《政府论》(下),叶启芳等译,商务印书馆1964年版,第54页。

治哲学都是围绕保障个人的自由权利来进行理论建构的,凸显了他对个人自由的强烈关注,而平等在他那里只具有一种形式意义,即"法律面前人人平等",并且法律上的平等仍然是为个人自由服务的。

相反,平等在卢梭那里却具有优先性地位与实质性价值。为了结束人类在从自然状态向社会状态过渡时的"战争状态",卢梭也主张通过缔结社会契约的方式组建国家,协调人际冲突并管理公共事务。与洛克不同的是,卢梭强调全体人民在缔约过程中将自己的所有权利都转让给主权者——全体人民。在他看来,既然权利是转让给主权者,也就是全体人民自身,因而权利仍然属于人们。由于"主权在民",因而不可分割和代表,只能由人民自己行使,人民就享有平等地参与国家政治管理的权利。而且卢梭认为,国家作为全体人民通过缔约而组成的政治共同体,本身具有伦理性质,作为共同体成员的个人只有在参与国家共同体的公共事务的过程中才能实现自身的价值。尽管卢梭也强调自由,但他认为自由只能通过平等的政治参与、从而自由地表达自己的意见来实现,因为如果实行代议制而非直接民主制,那么人们只有在选举代表的瞬间才是自由的。他说:"英国人民自以为是自由的;他们是大错特错了。他们只有在选举国会议员的期间,才是自由的;议员一旦选出之后,他们就是奴隶,他们就等于零了。在他们那短促的自由时刻里,他们运用自由的那种办法,也确乎是值得他们丧失自由的。"①由此可见,卢梭对于平等的关注甚于关注自由,而且他不仅仅关注政治领域的法律平等,还强调人们在经济与文化领域的事实平等,尽管事实平等会损害自由,卢梭也在所不惜。这种平等观给随后的法国大革命带来了违背初衷的后果。

对自由与平等不同程度的关注,是与思想家们所处的时代背景以及个人经历密切相关的。洛克处于资本主义的上升发展期,从小接受良好的教育,他对个人自由的关注与推崇就不难理解。卢梭则一直生活在社会的最底层,不但目睹而且亲身经历了社会的不平等给第三等级带来的深重灾难,因而消除特权与等级、实现平等必然成为其首要追求。但是,如果从学理上分析,我们很难说洛克和卢梭实现了正义的政治理想,尽管他们都认

---

① 〔法〕卢梭:《社会契约论》,何兆武译,商务印书馆 2003 年版,第 121 页。

为他们所构想的政治社会是正义的。所谓正义社会,应当是与对人类尊严和解放的承诺联系在一起的,而人的尊严与解放可以具体化为人是自由与平等的。因此,无论是片面关注自由还是片面强调平等,都不足以称为正义。正义应是自由与平等的同时实现:正义既是平等的自由,即受平等制约的自由,同时又是自由的平等,即以自由为基础的平等。

在当代政治哲学界,罗尔斯是深刻地理解了正义的双重内涵的政治哲学家。由此,他提出了两条正义原则来解决这一问题:基本的社会制度应该如何设置才能体现平等与自由原则,以及应该如何理解这两个理想并使它们保持平衡。其正义原则包括两条:"第一个原则:每个人对与所有人所拥有的最广泛平等的基本自由体系相容的类似自由体系都应有一种平等的权利。第二个原则:社会和经济的不平等应这样安排,使它们(1)在与正义的储存原则一致的情况下,适合于最少受惠者的最大利益;并且(2)依系于在机会公平平等的条件下职务和地位向所有人开放。"①第一条原则我们可称为"平等的自由"原则,第二条原则可称为"自由的平等"原则。同时,罗尔斯指出,这两条正义原则是按照词典序列排列的,即第一条原则优先于第二条原则,第二条原则的第一方面优先于第二方面。他认为,只要按照正义原则来安排社会的基本制度,就能实现平等与自由。如此一来,罗尔斯似乎解决了自由与平等的对立统一,即正义问题。其实不然,因为他强调两条正义原则的优先顺序,暴露了他强调自由在价值上与时间上的优先性。在他那里,自由是开路的先锋,先行一步,平等则是殿军后卫,紧随其后,为自由打扫战场、清除垃圾和废墟,消除后遗症;自由是发展与进步的动力,平等则是安全与稳定的保证。在自由与平等的优先性问题上,罗尔斯与萨托利如出一辙。萨托利说:"从时间上和事实上来讲,自由应当先于平等而实现。自由首先到来,是根据这个简单的认识:如果没有自由,人们甚至无法提出平等的要求。固然,也有一种先于自由而存在并且与自由毫无关系的平等,但那是奴隶之间的平等,存在于同样一无所有、或者同样卑微的个人之间的平等,或者是存在于同样绝对臣服的两者之间的平等。然而,奴隶或受奴役的臣民的平等,并不是争得的平等,而且——但愿——

---

① [美]罗尔斯:《正义论》,何怀宏等译,中国社会科学出版社1988年版,第302页。

与我们所珍爱的平等毫不相干。"①因此，认为罗尔斯实现了正义理想仍然过于牵强。罗尔斯已是如此，仅仅承认"平等的自由"原则的诺齐克与哈耶克，以及比罗尔斯更强调再分配与社会福利的极端平等主义者和民主社会主义者，就更难以说他们实现了真正的正义，他们不过是洛克与卢梭的当代版本而已。

那么，自由与平等能否同时实现呢？或者说正义的理想是否具有实现的可能呢？答案在哈贝马斯那里是肯定的，因为尽管自由与平等存在差异甚至冲突，但是二者之间也存在一定的包容与同一关系。自由与平等的差异主要体现为自由的出发点是个人，平等的出发点则是集体、社会，因为平等是由比较而产生的价值追求，冲突则表现在自由与事实平等或者说结果平等之间存在冲突。自由与平等的包容与同一关系则表现为：自由部分地包含了平等，因为自由是每一个人的自由，是以尊重他人的自由为前提的，人人都享有平等的自由；平等也部分地包含了自由，权利平等、机会平等、事实平等，都是以自由为前提的，是以承认竞争、个性与差别为前提的。因此，自由与平等具有同时实现的可能，只不过以往的政治哲学家没有找到切实可行的途径，哈贝马斯的政治哲学力图完成的就是这个重任——实现现代性工程所允诺的前景。

哈贝马斯意识到通过缔结社会契约的方式组成政治国家来实现自由或者平等，在当代社会既不可能也不可欲，因为社会契约只是一种理论假设。即使根据这一理论假设来安排国家政治制度，制度安排上固有的缺陷在他看来也不能实现自由或平等的初衷。洛克主张由投票、选举、代议制度和国家行政司法机构来行使人民主权，致使国家权力不足以反映人民的真实意志，无论通过何种制度安排来防止国家滥用权力，毕竟权力在国家机构手里，因此个人自由并没有切实的保障。卢梭主张由全体人民来亲自行使政治权力则是一种不现实的制度安排，平等的理想只能停留在美好的理论构建之中。对于罗尔斯的两条正义原则，哈贝马斯认为罗尔斯尽管既强调自由的权利，又关注平等的价值，但他在落实平等的制度安排时主张

——————————

① ［美］萨托利：《民主新论》，冯克利、阎克文译，东方出版社 1998 年版，第 403—404 页。

由一种福利国家通过再分配形式使处于社会底层的人们过上体面的生活，尽可能实现事实平等，这会付出巨大的代价。一方面，个人接受福利国家的保障会使公民产生对国家的依赖，从而失去自主性与责任感，自由无从谈起。另一方面，福利国家在提供生活保障的同时会不可避免地限制私人的活动空间，造成对公民生活的监管，平等就成为监管之下的平等；而且按照哈贝马斯的观点，平等的本意应该是使人们获得更大的自由，结果反而导致监管。因此，他批评罗尔斯所提倡的福利国家是家长主义。鉴于上述分析，哈贝马斯试图实现自由与平等的两全其美，即消除了不平等的自由，或者避免了家长主义的平等。哈贝马斯综合了政治公共领域中非正式的商谈制度形式与国家议会中正式的商谈制度形式的审议性政治正是用以实现这一理想的理论建构。其中，他尤其强调政治公共领域中的民主商谈。

政治公共领域作为社会问题的共振板和民意的传感器，是面向整个生活世界开放的，并以交往理性为运行规则，以对话与商谈为主要特征。任何具有言语和行为能力的人都可以进入其中，平等地交流，理性地沟通，并自由地表达。而国家议会对政治公共领域也保持开放状态，政治公共领域中形成的关于个人权利的诉求和关于公共事务管理的意见都可以直接输入议会，并经议会中同样的民主商谈形成一致的、具有约束力的民主意志。而据此形成的立法产品和政治决策仍将继续向政治公共领域保持开放，使因实践条件的变化而产生的新问题、新诉求能进一步被输入民主过程，从而形成适应新变化的民主意志。由此可见，审议性政治模式真正实现了人民自己的统治，人们的自由、平等诉求都通过自己运用理性得以决定和实现。

其中，自由可以实现于平等——包括事实平等——之中：如果在某一时期人们都意识到事实平等更能实现自由，比如当贫富差距过度悬殊时，穷人的不自由自不待言，富人也会因社会仇富心态的增强而丧失一定的自由，这时人们就会取向于通过事实平等来实现或确保自己的自由，那么政治公共领域中就会产生事实平等的诉求，并传达至议会，凝结在立法产品与政治决策中。

同时，平等也不是仅仅通过国家家长主义式的再分配实现的，而是人们在民主过程中的自主决定,平等是实现于自由之中的;即使人们通过理性商谈,形成由国家通过再分配来实现平等的共识,最终实现的平等也是人们自主决定的结果,国家再分配不过是人们借以实现平等的途径而已,并不影响人们自主决定这一前提,况且人们还可以随着实践条件的变化而形成关于平等实现途径的其他共识。

可以说,哈贝马斯关于自由实现于起点平等还是结果平等、平等如何实现等问题,都是通过人们的自主决定来解决的,而人们的自主决定又是随着社会实践条件的变化而变化的。因此,自由与平等或者说正义在他那里是历史的、具体的,而且正因为如此才具有实现的可能性。综上所述,哈贝马斯的政治哲学实现自由与平等,或者说正义的关键在于人们在政治过程中的自主性,而不是洛克与罗尔斯单纯的制度设计。当然,这种主自性也不同于卢梭要求全体人民在场所实现的集体自主——这是不可想象的,而是可以真正自己做主的自主——平等地享有政治自主权利,但可以自由地决定是否实现以及如何实现自己的政治自主权利。

哈贝马斯的审议性政治以自由、平等与正义等现代性理想为目标,其审议民主理论也因此扬弃了自由主义民主与共和主义民主,确保了自由、平等与正义的实现,体现了他对现代性理想的捍卫。因此,笔者将其政治哲学思想归结为一种现代性理论,从而在一个更为广阔的背景下明确其理论价值。

第六章　哈贝马斯的审议民主理论与
政治哲学思想评析

对任何理论与学术的评价都取决于两个因素：一是对文本和所掌握材料的充分理解与甄别，二是评价的参照系。如果没有自己的立场、观点和方法，人们就无法认识世界。但有了自己的立场、观点和方法之后，往往又难以做到实事求是的评价，因为评价难免会与评价者的立场、观点和方法有关。对于审议民主，我们尽量用马克思主义的立场、观点和方法来分析。

第一节　民主理论的"审议转向"

审议的观念与实践像民主本身一样古老，亚里士多德就是第一个捍卫审议价值的思想家。亚里士多德将审议界定为公民公开讨论、相互证明其规则与法律的过程，并认为通过普通公民间的相互论辩和共同决策得出的结果，比专家们独立决策得出的结论效果更佳。但审议民主理论在当代兴起的时间却不长，按照德雷泽克的说法："在 1990 年前后，西方政治哲学经历了一个审议转向。"①因此，乔恩·埃尔斯特（Jon Elster）、埃米·古特曼（Amy Gutmann）、丹尼斯·汤普森（Dennis Thompson）指出，审议民主与其说是一种创新，不如说是一种复兴。学界普遍认为，"deliberative democracy"一词是由约瑟夫·贝赛特于 1980 年首次使用，但在 20 世纪 80 年代并不常见。直到 20 世纪 80 年代末期，曼宁、科恩的文章《论合法性与

---

① 谈火生等编译：《审议民主》，江苏人民出版社 2007 年版，"选编说明"第 1 页。

政治审议》、《审议与民主的合法性》发表以后，"审议民主"一词才逐渐流行开来。但就审议民主思想在当代的兴起而言，哈贝马斯的贡献比其他任何思想家的都大，他在 1992 年出版的《在事实与规范之间》中，不仅刺激了人们对审议的兴趣，而且将审议建立在更加民主的基础之上。可以说，古代只具有审议的观念，到了哈贝马斯才真正建构了审议民主的理论体系。正是在这个意义上，德雷泽克才有"在 1990 年前后，西方政治哲学经历了一个审议转向"的说法。因此，审议民主"复兴论"的观点值得商榷。如果从理论体系的完整建构来看，我们完全有理由将审议民主理论在当代的产生视为一种理论创新而非单纯的复兴。不论审议民主是创新还是复兴，我们姑且用德雷泽克关于政治哲学的"审议转向"这一说法来理解审议民主在当代的兴起。

一、哈贝马斯之前民主理论的"审议转向"

民主理论"审议转向"的核心与实质是探讨审议与政治合法性的问题。最早使用审议民主概念的古特曼将审议民主理论的社会作用界定为促进集体决策之合法性；曼宁与科恩的文章作为审议民主理论的奠基之作，其文章标题都明显地表明了他们理论关注的核心问题是审议与政治合法性之关联。因此，下面主要从合法性角度来谈谈民主理论"审议转向"的早期情况。

曼宁认为，政治决策的合法性来源不是在未经审议就进行的多数投票中预先设定的个人意愿，而是这种意愿的形成过程，即话语过程或者说审议本身。"合法的法律是共同审议（general deliberation）的结果，而不是共同意志（general will）的表达。"①科恩则认为："审议民主概念是基于政治正当性（justification）理想而形成的。依据这种理想，集体政治权力行使的正当性必须建立在平等的公民对公共理性的自由运用的基础上。审议民主使这种理想制度化。"②

---

① ［美］曼宁：《论合法性与政治审议》，见谈火生等编译：《审议民主》，江苏人民出版社 2007 年版，第 149—172 页。

② 转引自谈火生等编译：《审议民主》，江苏人民出版社 2007 年版，"选编说明"第 5 页。

曼宁主要是通过批判以往的合法性观点来说明,为什么是"审议"而不是全体同意,应该成为现代政治合法性理论的基础。他首先指出,自由主义的正义理论以及现代民主思想关于合法性的观点是:全体同意是合法性的唯一源泉。但大多数民主理论在关心合法性问题的同时,也关注效率,因此就会引入比全体同意更为现实的决策原则,即多数原则。然而他认为,"它们用以弥合决策原则(多数)和合法性原则(全体同意)的方法却比任何一种建立在个人主义基础上的政治思想都更加强调全体同意的要求"①。对此,曼宁以西耶士(Sieyes)、卢梭和功利主义的思想为例进行了说明。西耶士尽管认为赋予政治以合法性的全体同意是组成政治联合体的所有成员的个体意志的总和,但却认为全体同意即使在一个相当小的群体中也是一个难以实现的目标,对于一个数百万人的社会而言几乎更是不可能的。因此,他主张找到一种办法使全体同意的"所有特点"都体现在多数中,从而将多数意志视为全体一致的意志的等价物。但在曼宁看来,这只是一种现实的需要,多数原则不过是一种方便的惯例而已,它和合法性原则之间并没有合理的联系。卢梭将共同意志作为政治合法性的唯一源泉,而共同意志在原则上必须等同于全体成员的意志,因为只有如此,每一个人在服从共同意志的时候,才能保持自由,并仅仅只是在服从他们自己。问题在于,当出现分歧时,少数意见被卢梭视为是误解了共同意志的意见,共同意志作为多数意志取消了全体同意的要求,这又与卢梭的初衷相悖。而功利主义以"最大多数人的最大幸福"为社会目标,因而视多数统治是最好的决策程序,因为其决策结果能获得最大数量的幸福。他们主张,如果牺牲某些人的幸福能够使更多的人得到满足,那么牺牲就是合法的。但是功利主义预设了不同个体效用之间的同质性——只有这样,不同效用之间才有比较的可能——这又与个体意志的绝对差异性是相悖的。因此,功利主义对多数原则的证明并不成立。

曼宁认为,无论是西耶士与卢梭在调和全体同意原则与多数原则时的失败,还是功利主义在证明多数原则时未能达成其目标,都源于他们认为

① [美]曼宁:《论合法性与政治审议》,见谈火生等编译:《审议民主》,江苏人民出版社2007年版,第149—172页。

合法性取决于自由的个人及其早已定型了的意志,即合法性源于这些业已存在的个体意志的总和,这在曼宁看来是不合理的。首先,个体在就社会问题进行决策时,永远不可能获得他所需要的所有信息,由此形成的个人意志往往是不真实的。其次,设想所有人从一开始就有相似甚至相同的偏好既不现实也不合理,因为不但不同的个体有不同的偏好,就是每个人自己的各种愿望也存在冲突。正如韦伯所言,政治领域永远有价值冲突,这是"诸神之争",不仅发生在个体与个体之间,更扎根于个体自身之中。在曼宁看来,只有通过审议才能解决这两个问题。一方面,审议本身是一个获取信息的程序,可以通过相互交换各自提议的证据,获得以往所不知道的信息并澄清这些信息;另一方面,"在审议和观点交锋的过程中,个体开始意识到他们自己的各种愿望之间存在着内在的冲突,这会引导他们修正其最初的目标,放弃某些目标而强调另外一些目标,以便能和其他的人协调起来,达成妥协和折中"[1]。这样,政治的本质在曼宁看来就是:"权衡相互冲突的诉求、尽可能地弥合这些诉求、按照证据最充分的立场来进行决策。"[2]因此,政治决策的特点就在于"将全体的审议作为合法性的根本条件"。"一项合法的决策并不是代表所有人的意志,而是从所有人参与的审议中产生出来的决策。每个人的意志都是在审议过程中形成的,是这一点赋予决策以合法性,而不是早已定型的意志之总和。"[3]

在论证了政治合法性的基础在于审议之后,曼宁简要介绍了审议的必要条件与两种类型。其必要条件包括视角与论证的一定多样性和由公民自己来组织政党。由于意志形成于不同观点之间的冲突,因而多样性是必要的,但这种多样性是一定程度的多样性,而不是极端的多样性,这是审议的政治多元主义区别于传统多元主义之所在。传统多元主义类似于市场竞争的模式,认为各种利益与力量之间可以通过相互作用而产生平衡,就

---

① [美]曼宁:《论合法性与政治审议》,见谈火生等编译:《审议民主》,江苏人民出版社2007年版,第149—172页。

② [美]曼宁:《论合法性与政治审议》,见谈火生等编译:《审议民主》,江苏人民出版社2007年版,第149—172页。

③ [美]曼宁:《论合法性与政治审议》,见谈火生等编译:《审议民主》,江苏人民出版社2007年版,第149—172页。

像通过市场调节的经济平衡一样,无需高层次的政治决策就能解决冲突。而曼宁认为,政治领域中不可能通过各种利益与力量的自发作用而实现平衡,这一方面是由于一项政治决策的影响只有经过较长时间才能为人们所感受到,另一方面是由于人们可能忽视那些对自己影响不大的政策建议,尽管这些政策建议对整个社会而言非常重要。因此,市场的自我控制优点在政治领域是不可能的。相反,政治劝说倒是非常必要的,即必须说服公民采纳某项政策建议,因为他们不能仅仅根据某项政策对他们的即时影响来进行选择。如此一来,政治过程不但要提供各种备选方案,还要帮助公民看清自己的需要,引导他们对各派方案进行权衡。从这个意义上讲,审议所要求的多元主义只是一定程度的多样性——在有限的备选方案基础上的自由审议。正是由于不可能对所有的可能性都进行审议,或者说政策建议的范围必须予以限制,因此政党的"有效多元化"就成为有效审议的另一个必要条件。所谓政党的"有效多元化",是指那些有能力决定哪些议题能够被提到集体审议之议事日程中的政党,要保持和广大公民的联系,这就需要由公民自己来组织政党。只有这样,才能实现政策动议部分地源于人民自身。由此可见,曼宁所谓的审议民主,是以政党来组织和实现的,其审议过程是以政党提供选择方案、经由人们权衡,最后以投票而告终。可见,曼宁并不主张一种完全的政治审议理论,即在政治共同体所有成员之间展开的广泛的审议。在这一点上曼宁不同于主张面向整个生活世界的政治公共领域进行审议的哈贝马斯,尽管他们都强调审议对于合法性的重要意义。曼宁最后将审议分为两类,一是作出多数决策的审议,二是贯彻决策的审议。不论何种审议,都是一种部分的审议而非完全的审议。

科恩将审议民主理解为某种联合,其事务由其成员通过公共审议来进行治理,并认为这是民主合法性的保障。通过分析罗尔斯关于民主的论述,科恩指出审议民主具有三个特征:政治论辩围绕共同利益加以组织、对公民明示的平等形式、对公民之认同与利益的形塑——这种形塑有助于形成一种关于共同利益的公共观点。但是,科恩不同意罗尔斯认为这三个特征是公平观念的自然结果的观点,比如在多元主义民主的政治体系中,尽管其所有的团体也得到了公平的代表,也体现了公平的理想,但其民主却以讨价还价为特征。科恩认为,"只有当我们考虑到如何才能保持公平的制度安排和达致公平的结果问题时,我们才能实现这些特征"①。简言之,审议民主的旨趣在于实现民主的合法性。

具体而言,科恩是通过理想审议程序的特征将审议民主的形式概念与实质性的民主联合理想相勾连来确保民主合法性的。科恩将审议民主的形式概念归纳为五个特征:"D1 审议民主是一种正在进行中的独立联合,其成员希望它能延续到无限的未来。D2 联合体的成员共享着(而且他们知道他们共享着)这样的观念:适当的联合条款为他们的审议提供了基本的框架,同时,这些联合条款也是他们审议的结果。……D3 审议民主是一种多元的联合。其成员具有不同的偏好、信念和生活理想。……D4 由于民主联合体的成员将审议程序作为合法性的根源,因此,他们联合的条款不仅仅因为是他们审议的结果而合法,而且是被他们证明为合法的。……D5 联合体的成员相互之间承认对方具有审议的能力。"②而理想审议程序的特征体现为自由、理性、平等与共识,即"决策结果只有经过平等公民自由而理性的同意,才是民主的、合法的。"③根据审议程序的这些特征,就从审议民主的形式概念引申出审议民主的实质性内容:促进共同利益并尊重个体自主。"这样,我们就从审议民主的形式概念出发到达了更加实质性的联合理想:这种联合由旨在实现共同利益的审议来加以调节,并尊重其成员的自主性。为了在制度中体现这种理想的审议程序,我们努力设计各种制度,以便将政治讨论集中在共同利益之上,并让公民以为共同利益添砖加瓦的形式来形成他们的身份认同和利益,同时,也为自主性所要求的审议性权力之运用创造一个良好的条件。"④因此科恩指出,理想审议程序的制度化乃是审议民主的关键所在,是理想审议民主应具备的条件。这与哈贝马斯所提出的以达致理解为目标的话语理想很接近。

① [美]科恩:《审议与民主的合法性》,见谈火生等编译:《审议民主》,江苏人民出版社2007 年版,第 173—189 页。
② [美]科恩:《审议与民主的合法性》,见谈火生等编译:《审议民主》,江苏人民出版社2007 年版,第 173—189 页。
③ [美]科恩:《审议与民主的合法性》,见谈火生等编译:《审议民主》,江苏人民出版社2007 年版,第 173—189 页。
④ [美]科恩:《审议与民主的合法性》,见谈火生等编译:《审议民主》,江苏人民出版社2007 年版,第 173—189 页。

审议程序制度化的核心在科恩看来是要建构一些公民可以为政治议程提出议题、并参与议题讨论的场域;并且这种场域的存在是一种公共产品,应以公共资金来支持。当然,这并不是因为公共支持是保障这种场域的唯一途径或最有效途径,而是因为公共支持表达了民主秩序的基本承诺:通过平等公民间自由的审议来解决政治问题。关于由公共资金支持的场域如何组织才能促进审议的问题,科恩基于两方面的原因认为应当以政党的形式来组织。一个原因是物质上的不平等是政治不平等的重要根源;另一个原因是针对地方性、局部性或某些特定问题而组织的审议场域不太可能产生出审议程序之制度化所要求的开放式审议。而政党组织一方面能够为那些在财富上处于弱势的个人或团体提供一个克服由财富上的弱势所带来的政治弱势的途径,从而有助于克服审议场域中由于物质不平等而产生的政治不平等。当然,科恩强调政党组织必须摆脱私人财产的控制,即由公共资金来支持,才能发挥这样的作用。另一方面,政党组织是达致对政治议题之更为全面的理解所必需的,它们可以提供一个更为开放的场域,以形成并清晰地表述共同利益观念。由此可见,科恩关于审议制度的运作机制就是构建一些由公共资金支持的审议场域,其具体组织就是由公共资金支持的政党。

科恩把由公共资金支持的政党作为实现民主合法性的必要条件,这一点与提倡由公民自己组成的政党来组织审议的曼宁倒是颇为相似,只不过科恩是基于平等与开放的需要,而曼宁是基于广泛性与效率的需要,其中效率体现于由政党来决定审议议题。从这个意义上讲,科恩与曼宁所主张的都不是一种向所有公民开放的完全的审议,向所有公民开放的完全的审议是哈贝马斯的主张。哈贝马斯所倡导的审议是应用于国家机构与市民社会中的双轨制审议,即使是市民社会中的审议,也不局限于政党组织,而是覆盖于各种公民团体,比如工会、职业协会、居民委员会等,甚至家庭和朋友圈子之中。

由于共同的经历与背景,阿伦特与哈贝马斯一样,强调审议尤其公共领域的审议对于民主政治的重要意义。承受着极权主义政治所带来的巨大伤痛,阿伦特通过对人类生存条件与现实生存境况的分析,深刻地揭示出极权主义的根源在于公共领域的衰落。因此,重建公共领域就成为阿伦特建构理想民主蓝图的落脚点。阿伦特通过对人的活动的分类揭示了人之为人的条件是参与公共领域、参与政治。她把人的活动分为三类:劳动、工作与行动。其中劳动是相对于人的生理过程而言、不留下永久客体的活动,基本上只是重复着生命现象的简单再生产;工作是产生耐久性客体,从而创造出一个与自然界不同的人工世界的活动;行动则是唯一不需要借助任何中介而进行的人与人之间直接交往的活动。在她看来,劳动和工作都是人类在自然环境中采取的活动模式,属于私人领域,还不足以构成人之为人的条件;而行动体现的则是人类之间的互动关系,是优于劳动与工作的真正自律的人类活动,属于公共领域,人之为人的本质就体现于这种作为行动的活动中,因为人们只有在与同类一道行动时,他们的人生价值与不朽的精神才能通过同类的判断与记忆而保存下来,并达致永生。因此,人之为人的本质在于超越劳动与工作去寻达不朽。在阿伦特看来,一个忙于私人领域中的劳动与工作而无暇顾及公共领域中的行动的人,不是一个真正的人,也绝不可能实现真正的自由与解放。

在公共领域中行动,主要意味着参与政治,因为政治在阿伦特看来就是"教会人们如何达致伟大与辉煌"的艺术,参与政治就是人类生存与实现自由的条件。阿伦特由此提出一种独特的政治本质论:政治不是生存的结果,而是生存的条件。但是,人类生存的现实境况却令她极度失望。她认为,西方自古希腊罗马以降,政治就不配再称为政治:只有劳动而无行动,只有行政而无政治。归根到底,私人领域在扩张,公共领域却在衰落。而公共领域的衰落正是极权主义兴起的根源。首先,公共领域中他人的"在场"印证着我们与世界的实在性,使我们获得实在的知识,公共领域就成为现实感的坚实基地、抵御谎言的主要堡垒。公共领域的衰落必然给欺骗和谎言造成可乘之机,而极权主义总是和欺骗与谎言联系在一起的。其次,公共领域是生命意义与人生价值的源泉,其衰落必然导致人们精神空虚、孤立无援。极权主义制度的承诺正好为这些精神上无家可归者提供了一种避难所。阿伦特认为,现代大众的基本特征是不相信事实而喜欢系统性和一致性,因而他们很容易被那些看上去具有普遍性而又能自圆其说的东西所捕获。极权主义制度的承诺——能使人摆脱孤独而步入一个确定的、可理解的天地,代价是放弃现实而承认虚构——之所以对现代大众具有感召力,正是因为它迎合了意义与价值失落后大众对规则的可理解世界的需要。

因此,要消除极权主义,阿伦特认为只有通过复兴公共领域才能实现,而公共领域的复兴途径就是"革命运动"。因为通过革命运动可以涌现出各种人民社团、公社和委员会等,这些团体将给平等、公共的政治行动带来良机,从而成为理想社会结构的萌芽。人们进一步地参与进来展开政治行动,公共领域就得以形成和发展。行动作为人们之间的互动关系,总是伴随着说话。因此,阿伦特认为,政治的精髓是论辩与商谈。据此,参与公共领域,就公共事务表达见解并与他人一起展开讨论,不仅是公民实现自身价值的必由之路,而且是政治民主的切实保障。

从阿伦特提出的政治本质论以及她对公共领域的强调不难看出,古希腊城邦生活和雅典直接民主制是她无限向往的理想政治生活状态。因此,她所钟情的公共领域是雅典政治下既展开公共商谈、又进行政治决策的公共领域,不同于哈贝马斯所探讨的公共领域。哈贝马斯所强调的公共领域发挥的只是"信号功能",即感受、辨认、放大并传递问题,而并不取代政治系统进行政治决策,因而他所构想的审议民主是双轨的:公共领域与国家议会的协同作用。应该说,阿伦特的政治理想尽管诱人,但在现代巨型社会不仅不现实,而且存在着危险。首先,现代人的私人生活日益丰富,他们很难对所有公共议题都保持积极关注,而是更愿意将精力放在个人生活体验中。因此,要想使现代人成为"政治动物"非常艰难。其次,现代社会中建立在日常交往之上的公共领域,只能形成一些初步的、掺杂着个人情感体验的民主意见,并很难在整个社会贯彻。这些民主意见必须经过进一步的论证与过滤,才能形成统一的民主意志并得以贯彻。最后,小国寡民从而人人得以直接参政并作决策的时代已经一去不返,这种不合时宜的政治理想往往会导致街头政治的危险。

二、哈贝马斯真正确立民主理论的"审议转向"

从前述分析可以看出,在哈贝马斯之前,民主理论的"审议转向"多为一种意向,充其量只是一种局部的"审议转向"。推动民主理论实现真正"审议转向"的是哈贝马斯。正如德雷泽克所言:"约翰·罗尔斯和哈贝马斯是20世纪晚期最重要的自由主义理论家和批判理论家,他们在其主要论著中都把自己看做协商民主①论者,他们的学术声誉对民主走向协商作出了巨大贡献。"②因此,我们结合罗尔斯的思想来看看哈贝马斯在民主理论的"审议转向"中所作出的重要贡献。

麦加菲将审议民主模式区分为三类:以偏好为基础的审议民主、理性的程序主义审议民主和综合的审议民主,并将哈贝马斯与罗尔斯归为第二类,认为他们是以纯粹规范为取向、而不关注实际的策略性目标这样的经验事实的哲学家。姑且不论她将哈贝马斯与罗尔斯都纳入程序主义的审议民主是否合适,就他们关注规范性目标而言,麦加菲无疑是正确的。可以说,哈贝马斯与罗尔斯正是通过追求一种具有普遍性的规范来为政治合法性提供论证的,审议与政治合法性问题由此成为他们理论研究的中心问题。

关于普遍性规范的思想源头,可以追溯到康德主义的规范性诉求。他们认为,作为理性的个体,只有当他们按照可以被理性地普遍化的准则来行动时,他们的行动才可以被认为是道德的。这里,完全按照普遍化的规范来行动就意味着自主,或者说真正的自主就是按照为所有人接受的、而不仅仅是自己所中意的规则来生活。由此,政治统治的合法性就在于政治统治的决策应当是一种理性地普遍化了的规范,人们只有在这种规范下生活才是完全自主的生活。对于这样一种普遍化的规范,哈贝马斯与罗尔斯认为只有通过所有受此规范影响的人的理性审议并为他们所接受才能真正实现。落实到政治过程中即是说,只有当以下两个条件得到满足时,某项政策或法律才可以说是公正的、合法的:一是所有会受其影响的人都有机会参与到这项政策或法律的集体审议中来,二是所有受其影响的人都赞同这项政策或法律。因此,哈贝马斯与罗尔斯都将审议视为产生合法的政治决策的方法,换句话说,他们都认为在理想的条件下,各项合法的政治决策都是由全体公民自己制定的。哈贝马斯与罗尔斯对政治合法性的审议

① 即"审议民主""deliberative democracy",文中引用的是中译本的译法"协商民主"。
② [澳]德雷泽克:《协商民主及其超越——自由与批判的视角》,丁开杰等译,中央编译出版社2006年版,"前言"第2页。

取向,埃斯尔特是这样总结的:"哈贝马斯和罗尔斯所提出的论证中有一个共同点:政治选择要想具备合法性,必须是由自由、平等而理性的行动者对各种目标进行审议的结果。"①这种以审议为基础的民主观在哈贝马斯与罗尔斯看来,优于以利益为基础的民主模式。以利益为基础的民主模式主要将民主视为人们表达偏好和需求、并将其登记为选票的过程。在审议民主论者看来,该模式对政治过程的理解具有非理性与私人化的倾向,因为人们是通过投票来决定哪些政策最符合他们所认定的自身利益,这种以私人的狭隘追求为导向的利益聚合通常是不理性的。因此,哈贝马斯正式确立了一种以讨论为基础的审议民主理想,其核心在于对共同利益进行讨论,而不是就私人利益展开竞争。正如艾利斯·马瑞恩·杨(Iris Marion Young)所言:"审议民主模式将民主视为一个'公共'创生的过程,其间公民们就集体性的问题、目标、理想和行动展开讨论。"②

当然,对于审议的理想条件,哈贝马斯与罗尔斯的界定是各不相同的,而这正是导致他们关于程序性与实质性之争的根源。哈贝马斯认为,建立普遍性规范的过程是通过合理的对话与商谈达成共识的审议过程,而要实现合理的对话与商谈,并达成共识,关键在于要有一种"理想的言语情境"。哈贝马斯通过创立普遍语用学与话语伦理学对"理想的言语情境"给予了揭示,前文已有详细阐述,这里不再展开说明。而罗尔斯认为要建立普遍性规范,人们必须摆脱个人、社会以及时代的局限性,从公正的立场来进行商谈与选择。因此,关键在于人们进行商谈与选择的出发点是一种"理想处境"(ideal condition),即他在《正义论》中阐述的"原初状态"(original position)。具体来说,"原初状态"是三方面因素的综合:一是客观条件方面自然资源的"适度匮乏",二是主观心理方面人们之间的"相互冷淡",三是人们处于"无知之幕"背后,以避免任何外在的事实与信息影响他们的公正选择。罗尔斯自信地认为,只要人们处于"原初状态",他们在商谈之后必

---

① [美]埃尔斯特编:《审议民主》,转引自谈火生等编译:《审议民主》,江苏人民出版社2007年版,第54页。

② [美]艾利斯·马瑞恩·杨:《沟通及其他:超越审议民主》,见谈火生等编译:《审议民主》,江苏人民出版社2007年版,第110—123页。

然会选择他所推演出来的两条具有普遍性的正义原则,而根据这两条正义原则,就可以合法地安排社会的基本结构与政治法律制度。这里,哈贝马斯与罗尔斯都认为他们自己是通过一种程序设计——"理想的言语情境"或"理想处境"——来获得普遍性的共识或正义原则的,因而都声称他们的理论是程序主义的。所谓"程序主义",是指侧重于强调达成结果的程序而非结果本身,并将经过该程序而达到的结果都视为正确的,具有普遍有效性。

事实上,罗尔斯在设立审议程序之前,已经预先设定了自由与平等的价值——自由的价值体现在第一条正义原则中,平等的价值体现在第二条正义原则中,程序只不过是将这些价值推演出来的一种条件预设。因为正义原则是他自己通过推演而给定的,并不是真正由人们按照一定程序进行商谈而得出的结论。因此,在罗尔斯那里,正义原则并不是程序的结果,相反,程序却成为达到某种预定结果的设计。正是在这个意义上,哈贝马斯批评罗尔斯的正义原则表面上是程序性的,实际上却是实质性的,而根据这种给定的正义原则来安排的社会基本结构和制定的政治法律制度,在普遍性与合法性上显然并不能证成,因为政策法律已经完全脱离了审议的过程。在他看来,只有在理想程序中经过人们的审议而达成的共识才是程序的结果,才具有普遍有效性,因为"程序的"意味着就是"形式的",根据康德主义,"形式的"就是"普遍的"。至于共识的具体内容是什么,只能由参与审议的人们自己决定,哈贝马斯并不像罗尔斯那样自己给出了答案,并错误地将它视为"程序的结果"。

在罗尔斯的构想中,审议的成分较少,他强调的主要是人们对正义原则这一给定结果的必然选择。人们之所以必然选择正义原则,乃是"理想处境"这一程序条件的使然。因此,他把他自己给定的正义原则视为程序的结果,从而赋予其普遍性。其目的在于以正义原则来支配社会基本结构的安排和政治法律制度的制定,社会基本结构与政治法律制度就因正义原则而获得了普遍性。事实上,其正义原则本身的普遍性就有问题,因为它实质上是给定的唯一选择,而并非人们在一定程序下审议的结果,根据正义原则而制定的政策法律的普遍性就更成问题,因为它完全脱离了审议过程。相比之下,哈贝马斯将"理想的言语情境"中达成的共识视为人们自己为自己制定的行为规范，直接构成政策法律。政策法律就完全是在一定程序下审议的结果，因而具有真正的普遍性与合法性。

其实，我们不应该将关注的重点放在审议民主是程序性的还是实质性的，而应该重点关注审议过程的包容性。当哈贝马斯把审议与民主相结合时，使其结合的纽带并不是纯粹的程序主义。哈贝马斯与罗尔斯将政治合法性与审议勾连在一起，都是基于审议过程的包容性，尽管罗尔斯主张根据给定的正义原则来制定政策法律的构想与他的初衷相背离。可以说，审议的包容性构成了判断审议之民主程度的基本标准，进而构成政治合法性的判断标准。尽管哈贝马斯与罗尔斯在审议过程的包容性问题上，都预设了一种最理想的包容性，但这种包容性往往都被冠以"乌托邦"的称谓，因为包容所有人在内的"理想言语情境"与"理想处境"都被认为是实现不了的理论假设。而且后面我们还将谈到，审议民主面临的一个很大的挑战就在于它本身具有排斥性特征。因此，如何真正实现一个具有充分包容性的审议过程才是我们应当努力思考的问题。哈贝马斯与罗尔斯的理想尽管难以践行，但无疑为我们指明了正确的方向。

三、哈贝马斯审议民主理论的理论地位

审议民主的理念可以追溯到古希腊的城邦政治对公民积极参与自我管理的崇尚，有学者据此认为，审议民主理论并非一种范式创新，而是基于范式复兴之上的范式超越，是对古希腊雅典城邦民主模式的现代回归与发掘，也是对当代西方自由主义民主的反思、纠正与完善，因此并不是独立于共和主义民主与自由主义民主之外的第三种民主模式。我们可以部分同意前面的分析，但却不能同意后面的结论。审议民主理论确实体现了对古典共和主义民主某些因素的现代复兴，比如对对话与讨论的强调，但它并不是从整体上对古典共和主义民主的复兴。哈贝马斯自己也说，审议民主理论是从自由主义与共和主义两边各采纳了一些成分，并以新的方式把它们重新组合起来。因此，简单地将审议民主理论定位于是对古典共和主义民主的现代复兴、因而并不是独立共和主义与自由主义的第三种民主模式的结论过于匆忙。

另外，有学者又认为审议民主是在自由主义民主的宪政框架下对后者

的纠正与弥补,因此,审议民主只能在民主运作中起到一种纠偏性、辅助性的作用,只是发挥通过公共审议为现有民主格局注入新的活力的作用,因而并不能作为民主运作的一种独立模式。比如克里斯蒂诺(Christiano)就认为,审议民主并不能取代投票,因为审议民主不具备投票制所具有的权力制衡的机制。还有人认为审议民主不能取代投票的原因在于,公共审议并不见得总是能够达成共识,而政治决策又不可能无限期地后延,因此必须诉诸投票,投票仍然是当代民主运作中不可或缺的重要机制。应该说,在哈贝马斯以外的审议民主,大多数关注的是审议与政治统治合法性的关系,几乎没有论及审议民主的建制化问题,没有涉及审议与民主制度相结合的问题。他们强调公共审议的重要性无疑是正确的,但公共审议之后怎么办,却是他们的理论盲点。从这个意义上讲,他们所说的审议民主确实只是起到了一种辅助性作用——为政治统治的合法性提供了新的保障,因此很难说是一种独立运作的民主模式。但是,哈贝马斯的审议民主模式却很难被认定为只具有辅助性作用。

首先,哈贝马斯不但强调公共审议对于政治合法性的重要意义,而且更加关注公共审议得以实现的制度安排。公共审议被融入制度安排,既确保了公共审议的实现,又确保了审议民主的独立运作。哈贝马斯用以实现公共审议的制度安排就是作为审议民主机制的两个层次的商谈过程——政治公共领域中非建制化的公共审议与国家议会中建制化的审议相结合。

其次,尽管哈贝马斯的审议民主理论是在吸收以往民主模式的合理因素的基础上建构起来的,并确实克服了以往民主模式存在的不足,但并不能因此而认为哈贝马斯的审议民主理论只具有辅助性作用。审议民主理论是哈贝马斯立足于当代社会现实状况的理论建构,同共和主义民主与自由主义民主一样,都是基于不同历史阶段的社会状况与政治生活需要而产生的。共和主义民主作为古希腊城邦社会的政治理想,是适应城邦生活的产物,到了近代,却不能适应公民数量急剧上升与社会分工日益复杂的现实状况,因而被自由主义民主的取代。自由主义民主作为近代的政治理想,尽管适应于近代西方社会的现实状况,但却违背了民主的本意,可以被视为对共和主义民主的否定。而自由主义民主的缺陷与当代信息社会的形成与发展,则促使哈贝马斯实现了对自由主义民主的再否定。这种再否定使哈贝马斯所建构的审议民主理论实现了对共和主义民主的"否定之否定",并回归到一种真正的民主。因此,哈贝马斯的审议民主理论既不是对共和主义民主的现代复兴,也不是对自由主义民主的补充和完善,而是在西方民主理论之"肯定——否定——否定之否定"的辩证发展进程中对共和主义民主与自由主义民主的扬弃,是适应当代社会现状与政治需要而产生的,完全称得上是独立的民主模式。

最后,哈贝马斯力图超越意识哲学范式,通过重建历史唯物主义,更新了民主理论的哲学基础,并重建了民主理论的规范基础,他是从根本上来重建民主理论的,并不是对共和主义民主的现代复兴或者对自由主义民主的理论纠补。

基于上述分析,我们既不能同意"复兴论"的结论,也不能同意"辅助论"的功能认定。相反,我们完全可以将哈贝马斯的审议民主理论视为共和主义民主与自由主义民主以外的第三种独立运作的规范性民主模式。

第二节 哈贝马斯审议民主理论的
理论难题与实践困境

审议民主自20世纪80年代兴起以来,就一直面临理论与实践上的挑战,尤其是哈贝马斯系统建构的审议民主理论。从理论上看,哈贝马斯并未真正跳出意识哲学的思维范式,反而造成一些新的问题。从实践上看,由于审议民主尚未在现实政治实践中得以完全实现,而只是审议因素的部分践行,因而在实践上的挑战主要是可操作性方面。

一、哈贝马斯审议民主理论的理论难题

首先,哈贝马斯并未真正跳出意识哲学范式。通过考察西方民主的实践困境与理论难题,哈贝马斯将其归咎于意识哲学范式的思维方式以及由此而带来的理性的不平衡发展。因此,他力图跳出意识哲学的思维范式来建构新的民主理论。他说:"从意识哲学向语言哲学过渡,不仅仅是方法论上的革新,还带来了实实在在的好处。它把我们带出了形而上学思想和反

形而上学思想,即唯心论和唯物论之间无休止的争论怪圈。"①通过重建历史唯物主义,哈贝马斯更新了民主理论的哲学基础与规范基础,进而在语言哲学范式下,立足于交往行为以及蕴含于其中的交往理性来建构其审议民主理论。但事实上,哈贝马斯并没有真正跳出意识哲学范式,反而建构了一种具有人本主义倾向的民主理论。这主要源于他从对历史唯物主义的一种极端理解——唯生产力论或经济决定论——的批判中,走向了另一种极端:强烈的人本主义倾向,从而重建了一种唯心主义历史观。导致其重建工作失败的主要原因在于他对马克思唯物史观理解上的偏差。

哈贝马斯狭义地理解了马克思的劳动范畴,将马克思的劳动概念只理解为生产劳动而与交往相对立,认为马克思没有合理区分社会劳动与交往行为,并以前者消解后者,从而忽视了交往行为在社会历史发展进程中的重要作用,因此其历史唯物主义只注重(生产)劳动而不注重交往,仅从物质生活的生产为起点来考察人类社会的发展,具有"工具理性"倾向和"技术至上"色彩。因此,他为了解决这一问题,就单纯从交往维度来重建历史唯物主义。事实上,马克思并没有忽视交往在人类社会发展进程中的作用,更没有用社会劳动来消解交往行为。姑且不论马克思一再使用表达人与人之间交往关系的术语——比如"交往"、"交往形式"、"交往关系"、"精神交往"、"普遍交往"、"世界交往"等——这种形式上对交往的重视,马克思还强调,"人们在生产中不仅仅影响自然界,而且也互相影响。他们只有以一定的方式共同活动和互相交换其活动,才能进行生产。为了进行生产,人们相互之间便发生一定的联系和关系;只有在这些社会联系和社会关系的范围内,才会有他们对自然界的影响,才会有生产。"②"某一个地域创造出来的生产力,特别是发明,在往后的发展中是否会失传,完全取决于交往扩展的情况。"③"一切历史冲突都根源于生产力和交往形式之间的矛盾。"④显然,马克思并未将社会劳动与交往混为一谈,而是强调了二者的不

---

① [德]哈贝马斯:《后形而上学思想》,曹卫东、付德根译,译林出版社2001年版,第42—43页。
② 《马克思恩格斯选集》(第1卷),人民出版社1995年版,第344页。
③ 《马克思恩格斯选集》(第1卷),人民出版社1995年版,第107页。
④ 《马克思恩格斯选集》(第1卷),人民出版社1995年版,第115页。

可分割性以及对人类社会发展都具有重要作用——生产作为社会劳动的主要形式是以交往为前提的,而交往的形式又是由生产决定的,二者统一于"社会实践"的范畴之下,都是推动社会发展的动力。只是由于当时革命斗争实践的需要,马克思没有详细阐述他的交往观罢了。马克思在从生产方式的角度对社会形态进行划分的同时,也根据交往的演进形态将人类社会的演变形态划分为以人的依赖关系为基础的前资本主义社会、以物的依赖关系为基础的资本主义社会和以自由个性为特征的共产主义社会这三种形态,足见他对交往活动在社会形态与社会结构变革中的重要作用的充分肯定。当然,马克思又认为生产力才是社会发展的最终决定力量,尽管它不能直接变革社会制度和社会形态,但总是由于生产力的发展才导致交往关系的改变、从而社会制度的变革。也就是说,交往关系的发展及其所导致的制度变革,总是为了顺应生产力发展的要求。因此,马克思是以物质生活的生产而不是以交往为起点来考察人类社会发展的。在哈贝马斯看来,马克思以物质生活的生产为起点来考察人类社会发展所创立的历史唯物主义就是一种"唯生产力论"或"经济决定论",具有"工具理性"倾向和"技术至上"色彩。事实上,由于"全部人类历史的第一个前提无疑是有生命的个人的存在"[1],马克思才"从直接生活的物质生产出发阐述现实的生产过程,把同这种生产方式相联系的、它所产生的交往形式即各个不同阶段上的市民社会理解为整个历史的基础"。这样,他就"始终站在现实历史的基础上,不是从观念出发来解释实践,而是从物质实践出发来解释观念的形成"[2],即"在劳动发展史中找到了理解全部社会史的锁钥"[3],因而对人类历史发展作出了科学的说明。那种"唯生产力论"或"经济决定论"其实也是马克思所反对的,是被后人教条化了的理论,不幸被哈贝马斯当成了马克思的观点而加以批判。哈贝马斯对马克思的误解,一方面是由于他没有看到马克思对人类历史首要前提的认识,另一方面是由于他没有看到马克思对生产力作用的说明是基于"最终"和"根本"意义上来谈的。马

---

① 《马克思恩格斯选集》(第1卷),人民出版社1995年版,第67页。
② 《马克思恩格斯选集》(第1卷),人民出版社1995年版,第92页。
③ 《马克思恩格斯选集》(第4卷),人民出版社1995年版,第258页。

克思并没有把交往和交往关系排除在社会发展的动因之外,也没有把社会制度看成是生产力作用的直接结果,而是看成为了适应生产力的发展而产生的结果,马克思是在这个意义上说生产力是社会发展的"最终"决定力量的。

正是由于上述理解上的偏差,哈贝马斯就抛弃社会劳动而转向于交往在社会发展中的作用来重建历史唯物主义。立足于交往行为和交往理性,即立足于人的主体向度,哈贝马斯把学习机制看做社会发展的决定性力量,尤其是道德实践知识的学习;反对用生产力与生产关系、经济基础与上层建筑两对范畴的辩证关系和矛盾运动来说明人类历史的发展,主张以社会劳动与相互作用的关系代替之;反对从生产方式演进的角度划分社会历史的发展阶段,而以抽象的社会组织原则作为衡量社会进步的尺度,并以社会一体化形式的更替来说明社会形态的演变。应该说,哈贝马斯重视交往与社会发展之间的联系是对的,但他却走得太远,以至片面强调交往而否定生产劳动在社会发展中的作用,忽视了社会发展所必需的客观物质基础,也忽视了交往行为和交往理性同样需要以客观物质条件作为基础、并且会随着交往实践的发展而发展。因而他将交往作为社会发展的决定性因素所重建的"历史唯物主义"具有强烈的人本主义倾向,已经完全背离了历史唯物主义,陷入了唯心史观的窠臼,并没有如他所期望的那样"更好地达到这种理论所确立的目标"。

通过他重建的"历史唯物主义"对交往行为的确证,哈贝马斯着手从交往维度来建构其审议民主理论,进而导致审议民主理论也具有人本主义的唯心倾向。一方面,哈贝马斯认为民主意志的形成主要在于成功的交往,而交往的成功取决于在"理想的言语情境"中实现主体间的交往理性,但他忽视了交往理性的实现与交往行为的成功需要以客观物质条件作为基础。另一方面,单纯的交往维度也导致哈贝马斯对主体间性的抽象理解。在他那里,交往主体只是进行着对话活动的主体,因为交往行为被他视为以语言为媒介的行为。而根据马克思的历史唯物主义,任何主体都是现实的活生生的人、从事着实践活动尤其是生产劳动的人,都有着各自的利益取向,哈贝马斯忽视了这一点。哈贝马斯对交往主体的抽象理解,就使得主体间性抽象化了。因为他强调交往双方只能以相互理解为目的,任何一方都不得视对方为达到自身目的或满足自己需要的手段,否则交往行为就会蜕变为工具—目的理性行为。显然,这只是一种假设的抽象关系,因为人们总是处于一定的生产关系之中,是生产关系决定了人们在交往中的话语权利。哈贝马斯对物质生产条件与人们之间生产关系的忽视,最终导致他走向唯心主义,仍然困束于意识哲学范式之中。这也决定了审议民主理论的下述理论缺陷。

其次,审议民主理论的政治讨论方式——批判性论辩与商谈——可能导致某些人在民主实践中失语或者被贬低,从而不能切实实现民主的目标。审议民主理论致力于使理性在政治中凌驾于权力之上,认为只要消除了政治权力与经济权力上的差异,人们就能平等而自由地参与理性辩论并达成共识。但事实上,影响人们理性地进行辩论的因素除了政治上的支配与经济上的依赖外,还有文化与社会地位上的差异,而后者往往存在于论证与抗辩中,并以权力的形式压制或贬低某些人的言论。原因在于,论证与抗辩通常将审议塑造为竞争,那些喜欢竞争并熟悉竞争规则的人就更有优势;在论辩中,正式的、普遍的话语具有更大的优势;在论辩中,冷静的、非情绪化的话语更具优势……所有这些都与人们对于自己是否有发言权的内在感觉有关,与别人对自己的言谈风格的评价有关,与自己是否博学与睿智有关,与自己是否具有清晰地表达自己观点的能力有关,归根结底,与自己的文化地位密切相关。在现实政治中,这些公民可能是妇女、穷人,也可能是人口数量较少的种族,特别是黑人。正是由于论辩所蕴含的人们在文化地位上的差异,占优势地位的人就使优势作为一种权力重新进入了审议场所,使压制另外一些人的言论成为可能,尽管审议论者声称已经排除了权力因素的影响。因此,论辩所暗含的这种文化上的偏见往往影响真正民主的贯彻。艾利斯·马瑞恩·杨就认为,论辩在政治讨论中尽管是必要的,但绝不能被视为政治沟通的唯一方式,而必须由另外一些沟通方式来补充之,比如礼节(Greeting)、修辞(Rhetoric)和叙事(Storytelling)等。

最后,审议民主理论将共识或者共同利益这种一致性作为民主商谈的目标,这使之具有排他性特点,从而与其民主理想之间存在着内在悖论——排他性损害了审议民主声称要捍卫的公民平等原则。审议民主理论要求人们在就集体行动或公共政策进行公共讨论的过程中,不但要提出建议,而且要说明提出建议的根据与理由,说明建议是他人应该予以接受的,从而促使个人的初始偏好从主观的欲望转变为客观的或普遍的意见,即共识。这个过程就是建构一致性的过程,是审议民主的民主讨论所要实现的目标。但是,当参与讨论的人都被假定抛开了他们的特殊利益,并以一致性为目标时,由于文化与社会地位的差异,那些占优势地位的人就可能支配对共同利益的界定,以共同利益的名义来实现他们的特殊利益,从而使弱势群体被迫放弃他们自身的利益诉求而接受对他们不利的所谓共同利益。从这个意义上讲,这种对一致性的强调所暗含的排斥机制,其实是对审议民主所捍卫的公民平等原则的违背,往往导致审议民主所达成的共识是一种虚假共识。对此,林·M.桑德斯(Lynn M. Sanders)建议把诉说(give testimony)作为民主讨论的一个潜在模式,使诉说与审议在民主过程中都具有相应的位置。其中,诉说是一种允许表达不同观点的模式,审议则是寻求共同意见的模式。也就是说,在审议过程中,需要容纳和体现更多批判的声音与被排斥的观点,尤其是当一些公民的观点在公共对话中遭到系统的压制时,更应该首先保证这些被排斥的观点得到表达。"力图保证那些通常被排除在公共讨论之外的人学会说,而不管他们的观点是否是公共的,并且保证那些通常在公共讨论中占支配地位的人学会倾听他人的观点。"[①]其实这并不能真正解决审议民主的内在悖论,因为即使保证了不同声音都能够得以表达,但审议民主最终寻求的还是共同意见,政治决策不可能似是而非或者政令不一。如果说桑德斯的建议尚有意义的话,可能仅限于使共同意见不致于导致严重的后果,因为毕竟有不同声音的制约。

二、哈贝马斯审议民主理论的实践困境

哈贝马斯的审议民主理论在实践中主要面临两方面的困境。一方面是审议民主理论的可行性问题,另一方面是审议民主实践的技术性问题。

审议民主理论的可行性问题至少体现在三个环节上。首先,哈贝马斯将理性的商谈与成功的交往诉诸于"理想的言语情境","理想的言语情境"

---

① [美]林·M.桑德斯:《反对审议》,见谈火生等编译:《审议民主》,江苏人民出版社2007年版,第344页。

包括说出符合三大有效性要求的话语、遵守一定的对话规则和话语伦理学的基本原则，而这在现实交往中是不可想象的。即使是小范围的交往也难以实现，更不用说涉及整个政治共同体所有成员的交往乃至世界范围内的交往。其次，哈贝马斯把通过对话商谈与理性辩论而达成的话语共识作为权力合法性的基础，并力图以此来消灭一切统治，实现真正的民主。问题在于，话语共识除了以"理想的言语情境"为前提外，还受到言说者的表达能力、所掌握的信息量、对问题的敏感度以及听者的理解能力等诸多因素的影响。因此，真正的共识可遇不可求，甚至就是一种天真的幻想。如果话语共识不是真实、正确和公正的，那么也就不可能完全消灭一切统治。最后，哈贝马斯尽管立足于合法之法，详尽地探讨了保障商谈结果正义性的具体机制——在"理想的言语情境"中实现两个商谈层次循环往复的互动，但他忽略了或者说回避了商谈得以进行的一个根本性前提条件，即商谈主体愿意商谈，而这恰恰是现实政治中最难以满足的基本条件，尤其是在全球政治中。在一国政治中，不是所有成员都愿意而且能够参与到商谈中来；在世界政治中，实力悬殊与宗教冲突都不容易实现商谈。比如，由于恐怖组织与超级大国之间的实力悬殊，往往使恐怖组织采取非理性的极端行为而不是理性的商谈来表达他们的诉求。又如中东地区因宗教问题引发的战争状态显然不是由于商谈不足，而是根本无从商谈。如果没有商谈主体愿意商谈这个前提，再完美的商谈理论也仅仅是一个苍白无力的理论而已。综上所述，审议民主理论之所以存在可行性问题，是由于哈贝马斯主要关注的是民主的实现形式，而忽略了在民主实现形式背后起作用的一个决定性因素——利益关系。基于可行性问题，哈贝马斯的审议民主理论往往被视为一个乌托邦构想。

审议民主实践的技术性问题也体现在三个环节上。首先是关于"理想的言语情境"的保障机制。哈贝马斯仅仅论述了"理想的言语情境"对于理性商谈和成功交往的重要性，但没有论述如何才能确保商谈参与者在商谈过程中一定能够说出符合三大有效性要求的话语、并遵守一定的对话规则和话语伦理学的基本原则，是依靠个人自律还是凭借相互监督，抑或其他？哈贝马斯对此并无涉及。在商谈过程中，如果完全依靠商谈参与者的个人自律来保证"理想的言语情境"的实现，那么我们可以说这永远实现不了，因为个人自律本身就是不确定的,更不用说广泛的个人自律了。如果凭借商谈参与者之间的相互监督来实现"理想的言语情境",那么这种相互监督如何组织? 一旦就监督的内容出现了分歧,又当如何实现意见统一? 一句话,监督机制本身就是一个重大的课题。其次是关于公共领域公开商谈的组织机制。公共领域的公开商谈是哈贝马斯用以确保民主意志合法性的关键环节,从某种意义上讲,正是引入了公共领域的公开商谈,其审议民主理论才得以与其他民主理论相区别。因此,公共领域的公开商谈在审议民主理论中具有重要的地位。但是,相对于国家议会的立法商谈,公共领域的公开商谈具有范围广、论题杂、参与者多等特点,进而决定其组织过程复杂而困难。对此,哈贝马斯没有给予特别的说明。最后是关于公共领域公开商谈与国家议会立法商谈这两个商谈层次之间的勾连机制。哈贝马斯只是说,公共领域中经由公开商谈而汇聚、放大的社会问题会由国家议会接手过去,国家议会中经过立法商谈而形成的法律产品以及由法律授权的行政机构所作出的政治决策,也要反馈到公共领域中接受进一步的理性检验。但他并未说明这种交往之流的具体机制,因而无法保证公共领域中的问题必然会被议会接过去,也无法保证自上而下的政治决策不具有强制性。机制的匮乏往往导致形式主义,这种教训不胜枚举。

三、哈贝马斯审议民主理论的理论性质

哈贝马斯立足于交往行为理论所建构的审议民主理论,在逻辑论证上几乎无可挑剔,但是却面临太多的理论难题与实践困境,究其原因在于其交往行为理论赖以建立的理论基础——重建的"历史唯物主义"。本着对历史唯物主义的"潜在力量"的信任,哈贝马斯在分析晚期资本主义社会现实的基础上,重建了以交往为核心范畴的"历史唯物主义",并由此确立了交往行为与交往理性在解释社会现象与解决社会问题上的重要性与合理性。审议民主理论正是哈贝马斯立足于交往行为理论来解决当代民主危机的理论成果,它存在的理论难题与面临的实践困境归根结底都源于重建历史唯物主义的失败。

前面分析哈贝马斯审议民主理论的理论难题时谈到,哈贝马斯重建历史唯物主义的失败主要源于他对马克思唯物史观的理解偏差。但是,认为

当今世界最伟大思想家之一的哈贝马斯误解了马克思及其理论似乎过于牵强,难免令人怀疑他是有意为之。种种迹象表明,哈贝马斯重建历史唯物主义是出于自身理论建构的需要,即借历史唯物主义之名为自己的理论进行论证与辩护,具体而言,就是对交往行为理论进行论证与辩护。交往既是他重建历史唯物主义的起点,又是他重建历史唯物主义的归宿。当重建的"历史唯物主义"确立起交往行为的理论地位时,交往行为就成为哈贝马斯解决当代资本主义社会问题的"灵丹妙药"。比如,在对待资本主义社会的态度问题上,哈贝马斯并不像法兰克福学派老一辈理论家那样持全面否定的态度,而是结合晚期资本主义社会的两大趋势,得出资本主义社会既具有一定的合理性,又发生了一定危机的结论,并且深信通过交往理性的确立能够克服这些危机。他认为,晚期资本主义社会产生了两大新趋势,即科学技术成为第一生产力与国家对社会生活的全面干预。由于科学技术成为第一生产力,科技进步不仅推动了社会物质生产领域的发展,而且渗透到政治领域,具有了使统治合法的意识形态功能。加上国家对社会生活的全面干预,相互作用结构的发展受到极大的限制。这样,晚期资本主义社会的问题就表现为以社会劳动领域为核心的经济与政治的大力发展和相互作用结构的滞后发展之间的矛盾,哈贝马斯以"生活世界的殖民化",即系统对生活世界的侵蚀来界定之。其中系统就是社会的物质再生产领域,以工具理性为运行准则,包括经济子系统与政治子系统;生活世界则是相互作用结构的再生产领域或者说社会文化再生产领域,以交往理性为运行准则。因此,晚期资本主义社会的问题在于工具理性过分膨胀而交往理性不发达,解决问题的关键就是诉诸交往理性的发展以限制工具理性的扩张,通过交往理性恢复生活世界的再生产动力,实现生活世界的复兴,从而实现系统与生活世界两大领域的合理化发展,即整个社会的合理化发展。从这个意义上讲,哈贝马斯通过重建历史唯物主义来确证交往行为的最终目的,是为了对当代资本主义社会进行诊断并予以治疗,而不是彻底批判,其资产阶级立场昭然若揭。

同理,面对当代西方的民主危机,哈贝马斯立足于交往行为与交往理性而建构的审议民主理论,也充分暴露出他对当代西方民主的同情与挽救,而不是彻底的批判与否定。尽管哈贝马斯看到了资产阶级民主存在危机的一面,但他仍然将之推崇为现代性的一种成就,并相信通过大力发展交往理性可以解决这些危机,从而完善资产阶级民主。因此,哈贝马斯对于资产阶级民主所持的是一种改良态度,其审议民主理论并没有突破资产阶级意识形态的局限,甚至可以说就是在为资产阶级民主的价值观鸣锣开道,最能体现这一点的莫过于哈贝马斯对人权与人民主权关系的一种全新理解。

哈贝马斯在扬弃自由主义民主与共和主义民主的基础上所建构的审议民主理论,尽管旨在实现人权与人民主权的统一,但事实上他在理解人权与人民主权的关系时,并没有止于这种统一,仍然有所侧重。关于人权与人民主权的关系问题,始终存在着两种对立的观点。自由主义者强调人权的绝对性,主张人权高于人民主权。这种绝对的人权是法律之外的道德权利,是人之为人所天然享有的,任何个人与组织都无权进行干预。法律对于人权只能起保护作用,而不能进行限制,否则个人权利就可能遭受根据多数原则而制定的法律的侵害。共和主义者则强调人民主权优于人权,因为真正具有现实意义的人权只能通过人们之间的相互授权而实现,那种天赋的抽象人权在他们看来毫无意义。同时,为了保证社会的共同利益,个人的权利应该受到限制。哈贝马斯反对这两种将人权与人民主权视为相互冲突的观点,强调人权与人民主权的同源共生性,并试图在其审议民主理论中实现两者的统一。具体而言,哈贝马斯是将民主的商谈过程作为人权与人民主权的生成之源,两者都同时产生于民主立法过程,这在前面已经探讨过了。这里需要强调的是,哈贝马斯尽管强调人权与人民主权的同源共生性,但是他的强调并不彻底,而是通过对人权的细分,从另一个层面上确立了人权的绝对性和人权高于人民主权的观点。

哈贝马斯提出了两个人权概念——道德意义上的人权与法律意义上的人权。他说:"人权具有双面脸,它同时指向道德和法律。…… 如同道德规范一样,人权涉及'人类面貌承载'的一切;但是,作为法律规范,人权只是在这样的情况下保护单个个人,即人权属于一个特定的法律社团。"①这

---

① 中国社会科学院哲学研究所编:《哈贝马斯在华讲演集》,人民出版社2002年版,第4页。

即是说,道德意义上的人权是所有人都同样享有的个人权利,具有普遍有效性,是康德道德义务论意义上的人权;而法律意义上的人权则是指民族国家共同体内部的人们共同制定的法律所规定的人权,因而其有效性仅限于民族国家内部。通过这种细分,哈贝马斯就确立了具有普遍有效性的道德意义上的人权的绝对性及其优先性。当然,这同他关于人权与人民主权同源共生的观点并不矛盾,因为他指出人权都是根源于法律上的人权,不存在独立于法律之外的人权,即使是道德意义上的人权,也来源于公民在立法过程中的相互授予。换句话说,哈贝马斯认为人权尽管有道德上的意义,或者说能够从道德上加以证明,但却没有道德上的起源,而只有法律上的起源。因此,尽管他认为(道德意义上的)人权是绝对的,并高于人民主权,但它仍然是同人民主权一样,产生于民主的立法过程中。

哈贝马斯对人权的细分以及对人权地位的确认,根本目的是对资产阶级民主价值观的肯定、继承与巩固。尽管在一国范围内道德意义上的人权与法律意义上的人权能够实现一致,并且都与人民主权同源共生,但是在世界政治中,道德意义上的人权与法律意义上的人权可能出现不一致,并且可能造成灾难性后果。比如,发达国家尤其是发达资本主义国家与发展中国家对于普世人权的理解就存在很大分歧,进而影响到它们对法律意义上的人权的理解与认定,这种分歧在世界政治中引发的政治灾难不胜枚举。很多西方发达资本主义国家往往用他们所谓的普世人权作为理由,去干涉其他主权国家的内政,甚至不惜采取战争这种极端方式来推行普遍尊重人权的主张,科索沃战争就是典型的例子。哈贝马斯站在道德意义上的人权的角度对这场战争给予了支持与肯定。由于(道德意义上的)人权高于人民主权,因此他认为,如果某个国家践踏了人权,那么其他国家就有充分的道德理由来谴责并制止这种反人道行为。他指出,在北约向南联盟展开空袭前的几个月,"科索沃的杀戮、恐怖和驱逐已使大约三十万人受害。其间,成千上万的人被赶出家园,逃往马其顿、黑山和阿尔巴尼亚,这一幅幅令人震惊的图景确凿无疑地证明,种族清洗是蓄谋已久的"①。因此,哈

---

① [德]哈贝马斯:《兽性与人性——一场法律与道德边界上的战争》,刘慧儒译,《读书》1999 年第 9 期。

贝马斯认为北约的干预行为"是作为对一个被迫害之少数种族(以及少数宗教群体)的紧急救援而进行的",①因而在道德意义上科索沃战争是正当的。但他同时也看到,这场战争没有经过联合国安理会授权,违背了联合国关于不干预主权国家内政的原则,因而不具有法律上的正当性。因此他认为,科索沃战争的发生是道德意义上的人权与法律意义上的人权在世界现实政治中发生背离的后果。正是基于这样的理由,哈贝马斯把科索沃战争称为"一场法律与道德边界上的战争"。哈贝马斯正是用资本主义的普世人权来为这场战争作论证的。当然,我们在这里不能回避哈贝马斯后来对另一场战争即伊拉克战争的态度。这一次,哈贝马斯出于同样的理由——捍卫道德意义上的普世人权,却得出了相反的结论——在没有联合国毫不含糊的支持的情况下,美国不应该投入伊拉克战争。因为在他看来,美国为其战争行为进行辩护的理由——推翻独裁、建立民主(当然最初的理由是伊拉克藏有大规模杀伤性武器,因未找到证据,才转向"维护他国人民的民主自由"这个理由)——并非出于对普世人权的捍卫,而是对自身民族主义的民主自由价值观的强行输出。哈贝马斯认为,道德意义上的普世人权具有康德式的世界范围内的普遍主义特征,而美国以霸权形式强加给别国的民主自由等价值只具有民族主义的普遍主义特征,因此后者不足以为其战争行为进行正当性辩护。

通过分析哈贝马斯对人权与人民主权关系的全新理论不难看出,哈贝马斯是立足于资产阶级立场来建构其审议民主理论的,审议民主理论实质上是另一幅面孔的资产阶级民主模式,这正是其理论难题与实践困境的根源所在。哈贝马斯所追求的人权与人民主权的统一、私人自主与公共自主的统一等,充其量只是一种华丽的憧憬,他的理论真诚性应该受到质疑。尤其是他将审议民主理论拓展到世界范围所构想的"后民族民主",实质上是想在全球范围内推广资产阶级的民主价值观。因此,我们有理由认为,哈贝马斯的审议民主理论及其世界拓展是在为资产阶级民主价值观的灌输做理论上的论证,这也难怪有人将哈贝马斯称为资本主义制度的一个"理论清道夫"。

---

① [德]哈贝马斯:《兽性与人性——一场法律与道德边界上的战争》,刘慧儒译,《读书》1999 年第 9 期。

当然,尽管哈贝马斯的审议民主理论具有强烈的意识形态特征,并存在诸多理论难题与实践困境,但审议民主理论确实适应于当代社会的现实状况与政治生活需要。当代社会是一个多元化、信息化和开放性的社会,尤其是互联网的普及,使得很多社会问题不但可以在一国范围内迅速传播开来,而且能够迅速传遍全球。信息及其传播不再具有垄断性,而是越来越开放与快捷。同时,对个性与主体自由的尊重也是前所未有的,这使当代社会日益多元化,并刺激了人们通过参与政治进言来捍卫自由权利的热情。这些都是审议民主理论得以产生并赖以存在的社会基础。在这样的社会条件下,政治要民主化,就不得不重视审议的声音与力量,这也是审议在现实政治实践中被逐步接受并得以推广的原因所在。因此,我们不能全盘否定审议民主理论的强劲生命力。现在的问题是,我们应当根据现实政治的需要来克服审议民主理论所存在的难题和面临的挑战,使其积极、合理的因素真正落实到政治生活当中,促进世界政治的民主化发展。

第三节　关于哈贝马斯政治哲学思想的
比较研究与相关论争

一、哈贝马斯与马克思

哈贝马斯从早期开始就深受马克思主义的影响,即使在苏联解体、东欧剧变之后,他同一些西方思想家一样,仍然在捍卫着马克思主义的当代价值,认为苏联模式的"社会主义"的失败并不意味着社会主义的失败。这既得益于马克思著作的直接影响,更得益于作为其前辈的西方马克思主义理论家对他的引导,其中具有深厚的马克思主义传统的法兰克福学派理论家对他的影响较大。他说:"是卢卡奇把我引向了青年马克思。当然,其中阿多尔诺起了决定性作用。从他那里,我首先获知,不能只是历史地对待马克思。"①"得感谢布洛赫(Bloch)和阿多诺(Adorno),是他们的著作让我

----

① ［德］哈贝马斯:《我和法兰克福学派——J.哈贝马斯同西德〈美学和交往〉杂志编辑的谈话》,张继武译,俞长彬校,《哲学译丛》1984 年第 1 期。

们茅塞顿开,懂得马克思主义并没有终结,其传统远远超过了历史学和语言学的影响,更适宜于进行系统的研究。"①作为法兰克福学派的第二代代表人物,哈贝马斯的思想无疑深深地打上了马克思主义的烙印,最典型的当数他对历史唯物主义的重建。但是,哈贝马斯又是一位颇具原创性的思想家,在很多具体问题上又与马克思主义大相径庭。比如,根据历史条件的变迁,他认为马克思关于经济基础决定政治上层建筑的观点已经过时,从而将经济系统与政治系统合二为一,纳入"系统"的结构中,并以"生活世界"代替经济结构,使之成为"系统"的基础。这里,我们主要谈谈哈贝马斯在政治哲学方面与马克思主义的理论差异。

马克思是从市民社会与政治国家关系的视角来阐释现代民主制度及其民主理想的。他把市民社会主要看做经济基础,即近代的资产阶级社会。在深入地研究资本主义市民社会与政治国家相分离的基础上,马克思指出,二者的分离即市民社会的出现是现代代议制民主制度产生的根本原因。马克思在《黑格尔法哲学批判》与《论犹太人问题》两本著作中对此进行了论证。首先,市民社会与政治国家的分离促使社会从等级制发展到代表制。其次,这种分离导致了立法权、司法权与行政权的分立。最后,这种分离导致了人权与公民权的确立,并且使公民权成为人权的一部分。在马克思看来,正是由于代表制、权力分立以及人权的确立这些民主要素的产生与积累,才促进了近代资本主义代议制民主制度的产生。马克思由此揭示了市民社会与现代民主制度的内在相关性。他说:"在人们的生产力发展的一定状况下,就会有一定的交换[commerce]和消费形式。在生产、交换和消费发展的一定阶段上,就会有相应的社会制度、相应的家庭、等级或阶级组织,一句话,就会有相应的市民社会。有一定的市民社会,就会有不过是市民社会的正式表现的相应的政治国家。"②马克思进一步指出,市民社会与政治国家在资本主义社会的分离只是形式上的,二者在根本上又是

---

① 包亚明主编:《现代性的地平线——哈贝马斯访谈录》,李安东、段怀清译,上海人民出版社1997年版,第4页。

② [德]马克思:《马克思致帕·瓦·安年科夫》,见《马克思恩格斯选集》(第4卷),人民出版社1995年版,第532页。

一致的——资本主义市民社会所确立的民主政体维护的是资产阶级的民主,其政治国家是资产阶级进行阶级统治的工具,这根源于资本主义民主制度是建立在私有制基础上的,而私有制又根源于市民社会中资产阶级对无产阶级劳动力的驱使与占有,以及对生产资料的私人占有与垄断。因此,资本主义民主在他看来是虚假的民主,而不是真正的民主;要实现真正的民主,必须进行社会革命,必须从根本上消除资本主义市民社会中生产资料的私有制性质。当然,马克思并不是一般地反对政治国家与市民社会的分离形式。相反,他认为市民社会的发展,即使是资本主义市民社会的发展也为真正民主制的实现奠定了物质基础。

在批判了资本主义民主的虚假性之后,马克思阐述了自己的民主理想:"代替那存在着阶级和阶级对立的资产阶级旧社会的,将是这样一个联合体,在那里,每个人的自由发展是一切人的自由发展的条件。"①在马克思这里,"自由人的联合体"而不是国家,成为了真正民主的实现形式。因为作为阶级统治工具的国家,从一开始就建基于对物质资料的私人占有,维护的是有产阶级的利益。正如恩格斯所说:"现代国家,不管它的形式如何,本质上都是资本主义的机器,资本家的国家,理想的总资本家。"②民主的旨趣在于人的解放,解放在于使人的世界和人的关系回归于人自身。而国家却总是在某种程度上使人不能实现自身,比如资本主义国家中资产阶级对无产阶级的剥削和压迫。因此,马克思认为真正的民主制度与国家总是相背离的,它只能实现于国家消亡之后的"自由人的联合体"。

与马克思一样,哈贝马斯也强调市民社会对于现代民主制度的重要意义,只不过马克思是从经济角度揭示了市民社会对于产生现代民主制度所具有的决定性意义,哈贝马斯则是从文化角度分析了市民社会具有理性辩论和批判性的特征,从而具有确保现代民主合法性的功能。他们的根本区别在于,马克思运用阶级分析方法,强调自由资本主义时期的阶级对立,以

---

① [德]马克思、恩格斯:《共产党宣言》,见《马克思恩格斯选集》(第1卷),人民出版社1995年版,第294页。

② [德]恩格斯:《反杜林论》,见《马克思恩格斯选集》(第3卷),人民出版社1995年版,第629页。

及资产阶级以民主名义来实现自身利益与阶级统治的民主的虚伪性,因而主张通过大力发展生产力、进行阶级斗争以及暴力革命对所有制性质的改变,来消灭阶级对立,从而改变现代民主的资产阶级属性,实现真正的民主。而哈贝马斯在继承马克思的阶级分析方法对晚期资本主义社会进行分析时,得出了阶级结构发生了变化的结论:"那些同维护生产方式紧密联系的利益,不再是阶级的利益,它们不再带有'明显的[阶级]局限性'。"①"但是,这并不意味着阶级对立的消亡,而是阶级对立的潜伏。阶级的特殊差别依然以集团文化传统的形式和以相应的差异形式继续存在;这种差异不仅表现在生活水平和生活习惯上,并且也表现在政治观点上。"②简言之,自由资本主义时期的阶级对立到晚期资本主义时期转化成了潜在的阶级差别。因此,哈贝马斯主张晚期资本主义社会应放弃阶级斗争,而以调节生活方式与政治观点的差异为核心。在他看来,"政治对于共同生活的调节,越来越依赖于民主法治国家中的话语组织,越来越依赖于公民社会和政治公共领域中的交往过程。"③可见,哈贝马斯并不想触动资本主义所有制的内核,而是寄希望于通过市民社会的发展来推动资产阶级民主的合法化,因为他认为市民社会中的公共领域具有普遍的民主价值。另外,国家在马克思那里是行将消亡的政治组织,国家消亡或者说国家被市民社会充分吸收之时,就是真正民主的实现之时。而哈贝马斯尽管看到了国家在全球化进程中的功能缺陷,但仍然对国家有所肯定与期许,因而主张一种国家扬弃论,并认为真正的民主既可以实现于一国之内,也能够拓展到世界范围,形成"没有世界政府的世界内政"的政治格局。

客观地讲,哈贝马斯对市民社会的特点与功能分析具有一定的价值,他主张通过发展公共领域中具有批判性的公共舆论来维护民主合法性的思想,对于我们建设社会主义民主政治具有重要的启示作用。但是,他对晚期资本主义社会的分析却停留于表面现象,以生活方式和政治观点等方

---

① [德]哈贝马斯:《作为"意识形态"的技术与科学》,李黎、郭官义译,学林出版社1999年版,第66页。

② [德]哈贝马斯:《作为"意识形态"的技术与科学》,李黎、郭官义译,学林出版社1999年版,第67页。

③ [德]哈贝马斯:《后民族结构》,曹卫东译,上海人民出版社2002年版,第200页。

面的差异掩盖了无产阶级与资产阶级之间的对立,没有看到这些差异背后更深层的原因在于对生产资料的不同占有。归根结底,哈贝马斯没有看到物质生产对于政治民主的基础性作用,而是把民主建立在公共领域中人们的理性交往之上。这源于他误解了马克思,认为马克思只注重社会劳动而忽略了人类交往在人类社会发展中的作用。"马克思对相互作用和劳动的联系并没有作出真正的说明,而是在社会实践的一般标题下把相互作用归之劳动,即把交往活动归之为工具活动。"①因此,他就片面地强调了人类交往在社会发展中的作用,这使他最终并未成功地跳出意识哲学的范式,而是陷入了唯心主义的窠臼。

二、哈贝马斯与西方马克思主义者

尽管哈贝马斯也属于西方马克思主义理论家,但是由于西方马克思主义在 20 世纪 20 年代初产生以后,形成了多流派的发展格局。这导致它并不是一股匀质的学术思潮,而只是具有相对一致的学术传统。因此,哈贝马斯与其他西方马克思主义理论家在政治哲学方面也存在差异。用哈贝马斯的话来说,他们之间的主要区别就在于:"在政治理论方面,老法兰克福学派从来没有公正地认真对待过资产阶级民主。"②而他自己则将资产阶级民主推崇为现代性的一种成就,但同时又看到其存在危机的一面,并试图完善之。因此,哈贝马斯与其他西方马克思主义理论家在政治哲学上的显著区别主要体现在民主问题上:前者持积极的乐观态度,在批判以往民主理论的基础上进行了理论重建;而后者则具有强烈的悲观主义色彩,基本上是持批判态度而少有建构。西方马克思主义理论家对资产阶级民主的批判主要体现在两个方面。其一是对法西斯主义的批判。由于法西斯主义是通过民主程序上台的,因而对法西斯主义的批判表明传统资本主义社会的民主在逻辑上存在着问题,甚至会走向自己的反面,危害到民主本

---

① [德]哈贝马斯:《作为"意识形态"的技术与科学》,李黎、郭官义译,学林出版社 1999 年版,第 33 页。

② [德]哈贝马斯:《我和法兰克福学派——J.哈贝马斯同西德〈美学和交往〉杂志编辑的谈话》,张继武译,俞长彬校,《哲学译丛》1984 第 1 期。

身。因此这一批判实际上是对整个资本主义民主的批判。其二是对当代资本主义民主的虚伪性的批判。具体来看,卢卡奇和葛兰西的文化与意识形态批判、霍克海默与马尔库塞的社会制度批判、阿多诺的社会关系批判以及弗洛姆(Fromm)的心理批判等,都揭示了他们对资本主义民主虚伪性的批判。当然,他们当中也不乏对民主的设计,比如马尔库塞主张通过爱欲的解放来摆脱压抑,从而实现民主的诉求;葛兰西主张无产阶级通过逐步夺取文化领导权,然后用一种"有机的"、运动的民主集中制的方式夺取国家政权。但这些民主设计大多具有浓厚的乌托邦色彩而流于空泛,不具有现实的可操作性。相比较而言,哈贝马斯对资产阶级民主的批判是为了有的放矢地重建,其审议民主不但建立在一定的规范基础之上,而且建立了相应的民主机制与程序,不再是空洞的想象。甚至可以说,哈贝马斯对资产阶级民主并不是彻底的批判,反而是对它的一种挽救。

上面只是简单地概括了哈贝马斯与西方马克思主义理论家在民主问题上的主要区别。由于西方马克思主义理论家为数众多,一一进行比较分析并不现实也没有必要,现在就选择两个具有代表性的思想家——葛兰西与德拉·沃尔佩(Della Volpe),将他们的思想与哈贝马斯的理论进行比较研究。

在其他西方马克思主义理论家中,哈贝马斯与葛兰西最具亲缘关系,这是由他们市民社会理论的家族相似性决定的。下面主要以市民社会为主线来比较二者的政治哲学思想。葛兰西是在探索西方发达资本主义国家革命道路的过程中,通过分析东、西方社会结构的不同特点,提出其市民社会理论的。他指出,西方社会异于东方社会的主要特征就在于市民社会发达和民主传统悠久;而所谓市民社会,主要是指诸如政党、学校、教会、学术团体等民间的社会组织机构,是国家背后强大的"堡垒和工事",与政治社会一起构成上层建筑的组成部分。"我们目前可以确定两个上层建筑'阶层':一个可称做'市民社会',即通常称做'私人的'组织的总和,另一个是'政治社会'或'国家'。这两个阶层一方面相当于统治集团通过社会行使的'霸权'职能,另一方面相当于通过国家和'司法'政府所行使的'直接统治'或管辖职能。这些职能都是有组织的、相互关联的。"①在葛兰西

---

① [意]葛兰西:《狱中札记》,曹雷雨等译,中国社会科学出版社 2000 年版,第 7 页。

看来,发达的市民社会作为西方国家的上层建筑,发挥着比政治社会更为坚固的堡垒作用,因而被他视为西方社会主义革命的首要战场。哈贝马斯则是在分析资本主义社会的历史演进与现实问题的基础上提出了前后期稍异的市民社会理论。在早期,他通过分析自由资本主义时期国家与社会相分离的状态,提出作为私人自主领域而独立于政治国家的市民社会概念,包括"商品交换和社会劳动领域"以及"资产阶级公共领域"。前者指以市场为核心的经济活动与经济关系领域,是市民社会的经济维度;后者指社会文化体系,"包括教会、文化团体和学会,还包括了独立的传媒、运动和娱乐协会、辩论俱乐部、市民论坛和市民协会,此外还包括职业团体、政治党派、工会和其他组织等"①,是市民社会的文化维度。到了后期,哈贝马斯结合当代垄断资本主义时期国家对社会全面干预的新趋势,指出在国家与社会日益一体化的条件下,私人自主领域中的"商品交换和社会劳动领域",即经济领域,逐渐与政治领域融为一体,共同构成以权力和金钱为媒介的系统世界,市民社会就仅指"资产阶级公共领域",即与系统世界相对应的"生活世界"。"今天称为'市民社会'的,不再像在马克思和马克思主义那里包括根据私法构成的、通过劳动市场、资本市场和商品市场之导控的经济。相反,构成其建制核心的,是一些非政府的、非经济的联系和自愿联合,它们使公共领域的交往结构扎根于生活世界的社会成分之中。"②事实上,哈贝马斯在早期尽管是从经济与文化的双重维度来界定市民社会,但其理论探讨的重心却是文化意义上的市民社会,因此可以说其前后期思想是连贯一致的。

葛兰西与哈贝马斯的市民社会理论既是对西方政治文化传统的继承,又是在新的历史条件下对当代西方社会进行深刻分析的产物,他们对市民社会的内涵界定与功能理解具有共同之处。

首先,从对市民社会的内涵界定看,葛兰西与哈贝马斯都是在现代市民社会理论的基础上,结合当代西方社会现实而提出其市民社会概念的。

---

① [德]哈贝马斯:《公共领域的结构转型》,曹卫东译,学林出版社 1999 年版,"序言"第 29 页。

② [德]哈贝马斯:《在事实与规范之间》,童世骏译,三联书店 2003 年版,第 453—454 页。

现代市民社会理论立足于国家与社会的分离,从经济与文化的双重意义上来规约市民社会;葛兰西与哈贝马斯则进一步立足于经济与文化的分离,从文化意义上来规约市民社会,代表了市民社会研究的当代转型。作为一个历史范畴,"市民社会"的内涵在西方几经变迁。在古典市民社会理论中,"civil society"一词被译为市民社会、公民社会或文明社会,意指与野蛮社会或自然状态相对应的城邦国家或政治共同体。因此,市民社会在传统意义上与政治社会、政治国家是同义语。正如马克思所说,"中世纪的精神可以表述如下:市民社会的等级和政治意义上的等级是同一的,因为市民社会就是政治社会,因为市民社会的有机原则就是国家的原则。"①近代以来,随着市民等级获得从事工商业活动的自由,私人领域的独立开始了市民社会与政治国家相分离的过程,近代启蒙思想家由此对政府与社会予以区分,为黑格尔在明确区分政治国家与市民社会的基础上提出现代市民社会概念奠定了基础。由黑格尔提出并由马克思加以完善的现代市民社会概念,主要是指处于政治国家之外的社会生活的一切领域,即"非政治性的社会",包含了经济与文化的双重含义而与政治国家相对应。当然,他们强调市民社会的实质是经济关系,即黑格尔所说的"需要的体系"和马克思所说的"私人利益的体系",因而并未对作为市民社会构成要素的文化领域——比如黑格尔所说的同业公会等自治性团体这样的民间组织——给予充分讨论。葛兰西与哈贝马斯基本沿袭了黑格尔和马克思关于市民社会概念的用法,只是更侧重于强调市民社会的文化维度。葛兰西更是仅仅发展了现代市民社会概念中的文化维度,将经济维度从市民社会中剔除出去,并将市民社会与政治社会在新的基础——上层建筑——上相统一。哈贝马斯尽管在早期对市民社会的内涵界定与黑格尔和马克思相同,但探讨的理论重心却由黑格尔和马克思所强调的经济维度转向了文化维度。在他那里,"'市民社会'的核心机制是由非国家和非经济组织在自愿基础上组成的。"②他对市民社会经济维度的考察,目的只是为公共领域的私人自

---

① 《马克思恩格斯全集》(第 1 卷),人民出版社 1956 年版,第 334 页。
② [德]哈贝马斯:《公共领域的结构转型》,曹卫东译,学林出版社 1999 年版,"序言"第 29 页。

律寻找一个生发地。因为他认为公共领域的产生以及功能实现并非是无条件的,这个条件就是市场的自主化,即商品交换和社会劳动领域不受政治权威的干预,完全是私人自主的活动。简言之,这个条件就是"建立在私人财产所有权基础之上的私人自律"。"对于这种'成熟的'资产阶级公共领域来说,其社会前提条件在于市场不断获得自由,尽力使社会再生产领域的交换成为私人相互之间的事务,最终实现市民社会的私人化。"①到了后期,哈贝马斯完全同葛兰西一样,将经济维度排除在市民社会之外,而单纯从文化维度来界定市民社会了。因此从总体上讲,哈贝马斯与葛兰西的市民社会理论具有家族相似性,他们在继承现代市民社会理论传统的基础上,根据当代资本主义的社会现实,发展了文化维度的市民社会,从而与强调市民社会经济意义的现代市民社会理论传统区别开来,代表着市民社会研究的当代转型,同属当代市民社会理论传统。

其次,就市民社会的功能而言,葛兰西与哈贝马斯都强调市民社会作为社会文化领域所具有的合法化功能与社会整合功能,市民社会在他们那里就成为当代西方国家政治统治合法性的主要策源地。市民社会作为政治统治合法性的基础,在葛兰西那里是通过意识形态灌输实现的,在哈贝马斯那里则是通过论辩与监督达成的。葛兰西在上层建筑意义上界定当代西方市民社会,把当代资本主义国家分为政治社会与市民社会两部分,"国家=政治社会+市民社会,即强制力量保障的霸权。"②政治社会主要指国家的暴力机关,包括军队、警察、监狱等国家权力机构,通过实施直接的强制性权力来行使国家的统治职能;市民社会主要指诸如政党、学校、教会、学术团体等民间的社会组织机构,它通过社会舆论向人们传播本阶级的价值观体系,以获得群众的认同与忠诚,这使得市民社会通过行使基于民众同意之上的"文化领导权",构成政治社会强大的在野帮手,成为政治统治合法性的坚实基础。因此他说:"在西方,国家和市民社会关系得当,国家一旦动摇,稳定的市民社会结构立即就会显露。国家不过是外在的壕

---

① [德]哈贝马斯:《公共领域的结构转型》,曹卫东译,学林出版社 1999 年版,第 84 页。
② [意]葛兰西:《狱中札记》,曹雷雨等译,中国社会科学出版社 2000 年版,第 218 页。

沟,其背后是强大的堡垒和工事。"①哈贝马斯在早期从经济与文化双重维度来界定市民社会,作为经济维度的"商品交换与社会劳动领域"为文化维度的"资产阶级公共领域"提供私人自律与批判精神的基础,后者则通过与公共权力机关展开讨论以捍卫前者免受政治干预而私人化。公共领域的形成,"不仅意味着公共机构失去权力,变得威信扫地,同时也意味着经济依赖关系在原则上不容许继续存在"②。这样,公共领域作为私人自主领域中与公共权力机关发生联系的领域,就代表私人自主领域的利益而与公共权力机关展开讨论与论辩并对其进行批判与监督,从而使国家的统治遵从"理性"标准与"法律"形式,实现国家统治的合法化。到了后期,哈贝马斯结合垄断资本主义阶段国家与社会、政治与经济相互融合的新趋势,指出源自私人自主领域的私人自律不复存在,公共领域由此发生结构与功能转型,由批判的公共性转变为操纵的公共性,致使资本主义国家丧失来自社会的理性力量和来自群众的忠心,最终产生合法化危机。因此在他看来,解决危机的关键就在于重建公共领域,即复兴生活世界。哈贝马斯所要复兴的理想生活世界,其特征是多元的社会组织、多元的利益和多元的价值观,以及在此基础上的自我管理,其活动是以交往理性为准则的语言交往实践活动,由此产生的理性精神可以对国家权力构成批判与监督的社会制衡,从而为资本主义国家提供合法性基础。

葛兰西与哈贝马斯尽管都是从文化意义上界定市民社会,强调市民社会的合法化功能,但是由于他们处于不同的历史时代,有着不同的理论诉求,因而他们的市民社会理论也存在着显著的差异。

首先,他们的根本不同在于理论立场与理论旨趣。葛兰西处于西欧社会主义革命相继失败的革命时期,他从无产阶级立场出发,考察市民社会的根本目的在于探索西方国家的革命道路,以推翻资本主义国家,建立新型的社会主义国家,具有强烈的革命性。他意识到西方发达资本主义国家在发生严重的经济危机时并没有发生社会主义革命或者即使发生革命也最终归于失败,原因就在于西方国家的政治社会与市民社会都非常强大,

---

① [意]葛兰西:《狱中札记》,曹雷雨等译,中国社会科学出版社 2000 年版,第 194 页。
② [德]哈贝马斯:《公共领域的结构转型》,曹卫东译,学林出版社 1999 年版,第 41 页。

西方国家不仅通过国家机器在政治与经济上压迫与剥削工人阶级,而且运用市民社会的意识形态优势使资产阶级赢得了社会各阶级的支持,从而使其统治拥有了厚实的合法性基础,导致革命的阶级意识无法形成。市民社会就成了统治阶级整个防御系统中最坚固的堡垒,起着比政治社会更重要的作用。"'市民社会'已经演变为更加复杂的结构,可以抵制直接经济因素(如危机、萧条等)'入侵'的灾难性后果。市民社会的上层建筑就像现代战争的堑壕配系。在战争中,猛烈的炮火有时看似可以破坏敌人的全部防御体系,其实不过损坏了他们的外部掩蔽工事;而到进军和出击的时刻,才发觉自己面临仍然有效的防御工事。"①市民社会通过提供合法性而发挥的统治职能是西方社会主义革命的主要障碍,因此葛兰西提出西方的社会主义革命先要进行市民社会革命,再进行政治社会革命的革命方略,即先要夺取市民社会的文化与意识形态领导权,以唤醒工人阶级的革命意识,条件成熟时再进行经济革命与政治革命,最终夺取国家领导权的总体革命模式。而由于市民社会是西方国家最坚固的堡垒,因此要夺取文化与意识形态领导权,只能通过"阵地战"的方法,在市民社会中逐个夺取新阵地,最终掌握文化与意识形态领导权。葛兰西在新的历史条件下对市民社会与西方国家革命模式问题的新思索,是对马克思主义政治理论的创造性发展,从这个意义上讲,他无愧于真正的马克思主义者。而哈贝马斯处于资本主义国家相对稳定但又面临深刻危机的发展时期,其理论诉求不是要推翻资本主义国家,而是立足于资产阶级立场,在批判资本主义制度的基础上寻找解决资本主义危机的办法,使资本主义能够持续稳定地发展下去。他认为当代资本主义国家对社会全面干预的这一新趋势,导致国家与社会日益一体化,政治与经济融为一体,构成以权力和金钱为媒介的系统世界,逐步窒息了人们之间以语言为媒介、平等自由地交往的公共空间,即生活世界领域,这是当代资本主义合法性危机的根源。因此,他主张通过重塑生活世界(市民社会)来提升资本主义国家的合法性基础,从而建立一个公正合理的社会。其资产阶级立场与改良主义倾向显而易见,在这个意义上,很难说哈贝马斯是一个彻底的马克思主义者。

---

① [意]葛兰西:《狱中札记》,曹雷雨等译,中国社会科学出版社2000年版,第191页。

其次,在国家与市民社会的关系问题上,葛兰西认为市民社会与国家是在上层建筑层面上相互保障的统一关系,而哈贝马斯认为市民社会是作为国家的抗衡力量来实现国家统治合法化的,二者是依赖与被依赖的统一关系。葛兰西将完整的国家视为政治社会与市民社会两部分,而无论是作为广义的完整国家的组成部分,还是作为狭义的政治国家的平行领域,市民社会都通过发挥意识形态功能而成为国家的坚强堡垒,政治国家的暴力机关则运用强制性力量保障着市民社会的霸权职能,因此二者在相互巩固的基础上实现了统一。当然这种统一不同于古典市民社会理论传统中国家与社会尚未分离的直接同一,而是在国家与社会相分离的前提下,在上层建筑层面上的统一。哈贝马斯认为市民社会是独立于政治国家的私人自主领域的一部分,并成为私人自主领域与公共权力机关之间相联系的中介,既具有私人属性,又具有公共性与批判性,主要就私人领域中某些具有公共性质的问题与公共权力机关展开辩论,借以批判与监督公共权力机关以实现国家统治的合法化。因此,可以说市民社会是作为政治国家的对立面与批判力量来确保国家统治合法化的,或者说国家统治的合法化依赖于市民社会的公共性与批判性。值得一提的是,作为当代市民社会理论传统的代表,葛兰西与哈贝马斯在国家与市民社会的关系问题上,与黑格尔和马克思大不相同。由于黑格尔和马克思主要是在经济意义上规约市民社会,因而是从经济与政治相对应的角度来理解国家与市民社会的关系——决定与被决定:黑格尔从伦理精神的角度认为国家决定市民社会,马克思则从现实的角度认为市民社会决定国家。葛兰西与哈贝马斯将市民社会界定为社会文化领域,并强调其合法化功能,因此可以说他们都视国家与市民社会是统一的,只是二者统一的方式或者说市民社会合法化功能的实现方式不同而已,这就引出了下一个差异性。

再次,国家统治合法性的实现方式不同。尽管葛兰西与哈贝马斯都从文化意义上来规约市民社会,将它视为政治国家获得统治合法性的基础,但葛兰西在上层建筑层面把市民社会与政治国家相统一,视市民社会为政治国家的意识形态部分,政治国家主要通过意识形态灌输而取得人们的同意,从而获得统治合法性,因此国家统治合法性的实现是一个主动的过程。而哈贝马斯把市民社会视为政治国家的对立面与批判力量,主要通过公众舆论来迫使政治国家建立公正合理的统治原则,因此政治国家合法性是通过论辩与监督实现的,是一个被动的过程。

最后,在对待市民社会态度问题上,葛兰西出于革命的需要,旨在削弱乃至消解资产阶级市民社会的合法化功能,哈贝马斯则出于改良的需要,旨在巩固与强化其合法化功能。葛兰西强调市民社会具有阶级属性,分为资产阶级的市民社会与无产阶级的市民社会,前者以资产阶级价值观为核心,是他竭力批判的对象,后者以无产阶级价值观为核心,是他要努力实现的目标。因此,葛兰西强调无产阶级要打破资产阶级市民社会的堡垒作用,以无产阶级的价值观体系取代资产阶级的价值观体系,从而占领市民社会,取得市民社会的文化领导权,并建立无产阶级市民社会,最终取得社会主义革命的胜利。哈贝马斯并不强调市民社会的阶级属性,或者说他本来就站在资产阶级的立场,充分肯定资产阶级市民社会在巩固政治统治合法性方面的功能,因此主张重塑业已发生结构与功能转型的资产阶级公共领域,并加强市民社会建设,通过发挥其政治功能而解决当代资本主义所面临的危机。

总的说来,葛兰西与哈贝马斯都是在变化了的历史条件下重新思考市民社会的。葛兰西对市民社会的研究,在理论上是对西方发达资本主义国家加强意识形态领导权的直接回应,在实践中是对西欧照搬俄国革命道路的反对。他看到了当代资产阶级统治的合法性已经得到了来自市民社会的意识形态力量的巩固,因此强调无产阶级造就成熟的阶级意识,并与资产阶级争夺意识形态领导权的重要性,由此提出夺取文化领导权的革命道路与采取阵地战的革命策略。葛兰西在新形势下对无产阶级革命途径的积极探索,体现了他作为一位具有创造性的马克思主义者的独创精神。哈贝马斯同样是在反思当代资本主义国家合法化危机的过程中提出其市民社会理论的。尽管他从资产阶级立场出发,旨在改良而非推翻资本主义国家,但相对于那些极力粉饰资本主义现实的资产阶级学者而言,仍然是一种理论上的进步。当然,不论是葛兰西还是哈贝马斯,他们解决当代西方国家危机的策略都是治标不治本。他们强调从文化角度入手来推翻或者改良资本主义社会,忽视了文化背后起决定作用的经济因素,这决定了他们理论诉求的空想性。但是,他们的理论对我们今天的社会主义建设,尤其是建构社会主义和谐社会具有积极的启发意义。一方面,他们重视社会文化领域,以致于将经济领域排除在市民社会之外,由此而设想的改造与改革尽管由于片面而沦于空想,但仍然从反面警醒我们要弥补马克思市民社会理论偏重于经济而忽视文化的不足。同时也提醒我们,社会主义现代化建设必须在坚持以经济建设为中心的基础上,注重社会主义文化与精神文明建设。另一方面,他们关于市民社会是政治统治合法性基础的论述,对于加强执政党的建设、正确处理国家与公民、政府与社会的关系、转变政府职能以及培育中国的公民意识和公民社会,都具有重要的参考价值。

作为西方马克思主义者,德拉·沃尔佩在其政治哲学著作《卢梭和马克思》中就西方政治哲学的三大主题——平等、自由与民主——进行了系统的探讨,并进一步分析了资本主义民主与社会主义民主的关系问题。由于哈贝马斯立足于资产阶级立场所建构的审议民主理论也是旨在捍卫平等与自由等现代性理想,因此,有必要将二者的政治哲学思想进行相互比较。

前面谈到,西方马克思主义理论家对当代资本主义民主的批判主要是指向其虚伪性,这与传统的马克思主义者是一致的。在传统的马克思主义者看来,资本主义民主由于其阶级局限性,只是资产阶级所享有的民主,体现为资产阶级国家的一种统治形式。对于大多数无产阶级而言,这种民主是虚假的民主,只有社会主义民主才是真正的人民当家做主,才实现了真正的民主。作为西方马克思主义理论家,德拉·沃尔佩也承认并批判资本主义民主的历史局限性。但与传统的马克思主义者不同的是,他更强调社会主义民主对资本主义民主的扬弃,也就是说,他主张社会主义民主应当在继承和包容资本主义民主的基础上实现对资本主义民主的否定与超越。他说:"在社会主义国家中,自由国家或资产阶级国家的公民自由既被否定,也被保留了下来(用黑格尔的话说,即扬弃——中译者),或者说被更新。如我们所知,这意味着(社会主义合法性的)历史辩证法是自由主义或'议会民主'同社会民主或严格意义上的民主之间否定—肯定的关系。"①这就是德拉·沃尔佩所确立的资本主义民主与社会主义民主的关系。

---

① [意]德拉·沃尔佩:《卢梭和马克思》,赵培杰译,重庆出版社1993年版,第67页。

为说明这一关系,德拉·沃尔佩提出了关于现代自由和民主的两个方面或两个灵魂的著名论断:"现代自由和民主的两个方面或两个灵魂,就是由议会民主或政治民主所倡导开创的并由洛克、孟德斯鸠、康德、洪堡和贡斯当加以理论阐释的公民(Civil)自由(政治自由),和由社会主义民主确立和实行的并且由卢梭首先进行理论阐述,尔后由马克思、恩格斯、列宁直接或间接加以发掘和发展的平等主义的(社会的)自由。"①换言之,关于现代自由和民主的两个方面主要是指资本主义民主的公民自由与社会主义民主的平等主义自由。在他看来,资本主义民主是指西方自由主义传统意义上的民主,强调的是政治民主与公民自由;社会主义民主是指人民主权意义上的民主,强调的是社会民主与平等主义自由。其中,后者才是严格意义上的民主。根据这种区分,德拉·沃尔佩引出了现代西方政治哲学中关于自由与民主、平等的冲突问题,以及由此而产生的两种民主理论的冲突。以洛克、孟德斯鸠、康德等为代表的自由主义民主理论追求的是自由的价值,而以卢梭为代表的共和主义民主理论追求的则是民主的价值、平等的价值(当然,德拉·沃尔佩是把马克思、恩格斯、列宁与卢梭并列在一起,统称为社会主义民主理论,卢梭式的共和主义民主理论可以被视为社会主义民主理论的前身)。这样,资本主义民主与社会主义民主的关系就转换为洛克式的自由主义民主与卢梭式的共和主义民主的关系,或者说自由与民主的冲突关系。在分析现实政治的基础上,德拉·沃尔佩引用博比奥的观点对此进行了说明:"苏维埃政权和西方政权之间的差异,并不是民主和非民主或较大规模的民主和较小规模的民主之间的差异,而是专政的政权和自由主义的政权之间的不同。简而言之,它不是自由主义者向共产主义者自我夸耀的更大程度的民主(无论是在人民行使管理国家的权利的政权的意义上说,还是在为人民行使国家管理职能的政权的意义上说),而是更大限度的自由;对于自由主义者来说,这个更大限度的自由是民主真正发挥作用的前提条件(无论正确与否,这一点是必须予以证明的)。值得强调的一个事实是,列宁关于'无产阶级民主比任何资产阶级民主要民主一千倍'的论断,听起来似乎是极端的,却不与我们的看法相矛盾。但是,假若我们

---

① [意]德拉·沃尔佩:《卢梭和马克思》,赵培杰译,重庆出版社1993年版,第101页。

将此论断转换为'无产阶级民主比任何资产阶级民主要自由一千倍',那就令人觉得是不正确的了。"①这即是说,社会主义民主与资本主义民主之间并不是民主程度的差异,而是民主与自由的差异——社会主义更加强调民主,资本主义更加强调自由。通过反思苏联模式的社会主义存在的重大缺陷——有足够的民主却无足够的自由,德拉·沃尔佩就将解决自由与民主冲突的希望寄托于真正的社会主义民主——既有足够的民主又有足够的自由。

解决自由与民主的冲突是德拉·沃尔佩的政治哲学所关注的核心问题。由于他认为社会主义民主是由卢梭提出,经由马克思、恩格斯和列宁的进一步完善而形成的真正人民主权意义上的民主,而要想使这种人民主权意义上的民主克服苏联模式的缺陷,成为真正具有合法性的社会主义民主,就应当将资本主义民主所关注的自由融入其中。因此,他将真正的社会主义民主视为洛克式自由主义民主与卢梭式共和主义民主的合题,借以实现自由与民主的统一,以此解决资本主义民主的局限性问题。作为自由主义与共和主义之合题的社会主义民主,主要是通过扬弃西方自由主义传统意义上的资本主义民主来实现自由与民主的统一的。首先,德拉·沃尔佩认为社会主义民主可以吸收资本主义民主的议会制的积极内容。在他看来,议会制只是民主的一种组织方式或者说民主的手段,并不是资本主义民主所独享的。作为真正的社会主义民主,当直接民主已无实现的可能时,就必须努力寻求人民意志与人民代表之间的和谐关系,实现代表与人民的主体融合。这样,社会主义民主国家中的代议机构就如列宁所说的那样,把资本主义议会的清谈馆变为真正为人民办事的工作机构,制定法律并对法律的实施负责,对法律的产生所实施的整个过程进行指导。"一方面是作为民族—人民(资产阶级)主权之功能的议会制和立宪制,另一方面是作为彻底的人民主权之功能的直接的民主制……正如我们已经看到的,这两种方法只有在(苏维埃)社会主义的合法性的创造性的社会—政治

① [意]德拉·沃尔佩:《卢梭和马克思》,赵培杰译,重庆出版社 1993 年版,第 38 页。

的合题中才可能达成一致。"①其次,德拉·沃尔佩主张社会主义民主国家对资本主义民主国家的法律规范进行有条件的保留与更新。在他看来,同资本主义民主的议会制一样,法律也是一种民主的手段,既可以为资本主义民主国家所用,也可以为社会主义民主国家所用。对此,他援引了博比奥的话:"重要的是人们不应再把法律理解为一种资产阶级现象,而是应当理解成为这样一个技术规范体系:无产阶级和资产阶级都可以运用这个规范体系去追求它们的某些共同的目的,因为它们两者都是社会存在物。"②比如资本主义民主国家的法律中关于信仰、言论、出版、集会、结社的自由等,就可以而且确实被写进了社会主义民主国家的宪法当中。当然,对待资本主义民主国家的法律规范只能是借鉴而不能是照搬,因为它必须是在社会主义性质的范围之内。最后,德拉·沃尔佩主张有选择性地恢复资本主义民主中的公民自由权利。他认为,资本主义民主的公民自由仅仅是部分人的自由,而且是针对政治国家而言的政治自由,即个体不受国家限制或约束的自由,或者说贡斯当眼里的消极自由。而社会主义民主的平等主义自由则是所有人的自由,并且是广泛的社会自由,即每个个体发展其自身潜力的自由,或者说贡斯当眼里的积极自由。因此,平等主义自由必须否定公民自由。但他同时指出,这种否定应当是辩证的否定即扬弃——不是取消公民自由,而是使公民自由在现实中更加扩大化,使之成为所有人的自由。这是由于他看到在现实政治中,斯大林时代的苏联模式社会主义因国家权力的滥用对公民自由的破坏导致了极其惨重的灾难,所以他更加强调对公民自由的恢复与扩大,认为真正的社会主义民主国家必须继承资本主义民主中的公民自由原则,即限制国家权力、保护人身自由。"只要国家甚至像社会主义国家这样先进的民主国家存在,而且,只要依据统治者—被统治者的关系组织起来的社会还存在,那么,法律国家的基本原则,即就国家公民的人身而言要限制国家权力的原则就不会被超越。破坏这个限制,只能造成无数的人类不公正和苦难。"③当然,德拉·沃尔佩也强调

---

① [意]德拉·沃尔佩:《卢梭和马克思》,赵培杰译,重庆出版社 1993 年版,第 112 页脚注。
② [意]德拉·沃尔佩:《卢梭和马克思》,赵培杰译,重庆出版社 1993 年版,第 102 页。
③ [意]德拉·沃尔佩:《卢梭和马克思》,赵培杰译,重庆出版社 1993 年版,第 54 页。

这种恢复是有选择的,"其中不包括例如生产资料中私有财产的权利,因为历史上已经表明,这种'权利'是反经济、反社会、反人道的,而且最终将蜕变为一种特权"①。

总体上看,德拉·沃尔佩的努力就是把资本主义民主中的公民自由引入到社会主义民主当中,使之与人民主权意义上的民主相融合,从而实现自由与民主的合题。换句话说,就是将公民自由作为社会主义民主国家中人的一项基本权利,并使之扩大化与普遍化,逐渐与平等主义自由相接近乃至于相统一。应该说,他对待资本主义民主的态度是历史的、辩证的,没有因资本主义民主在否定封建专制制度上的历史进步作用而盲目推崇资本主义民主,也没有因资本主义民主的历史局限性而简单地否定它,而是将其合理因素吸收到更高类型的社会主义民主当中,以解决政治哲学价值诉求之间的冲突难题。由此,德拉·沃尔佩所构设的真正具有合法性的社会主义民主,就是在人民当家做主的前提下保障公民自由、在公民自由的基础上实现人民当家做主这两方面的统一。

不难看出,同其他西方马克思主义理论家一样,哈贝马斯与德拉·沃尔佩都批判资本主义民主的历史局限性——未能真正确保和实现自由、平等与民主等价值诉求,并且都在为解决这种历史局限性而进行理论建构。不同的是,哈贝马斯是立足于资产阶级立场,力图超越自由与平等、人权与人民主权的冲突,是在资本主义的范围内寻求真正的民主道路;德拉·沃尔佩则越出了资本主义的樊篱,立足于马克思主义的立场,通过扬弃资本主义民主来寻求真正具有合法性的民主模式,最终主张以社会主义民主取代资本主义民主。可以说,哈贝马斯是对资本主义民主的一种改良,而德拉·沃尔佩则是对资本主义民主的辩证否定,比哈贝马斯更加激进。

三、哈贝马斯与后马克思主义者

后马克思主义是西方马克思主义各种流派兴起之后出现的一个重要思潮,其内涵界定、范围与特征在学界尚未达成共识,但是几乎没有异议的

---

① [意]德拉·沃尔佩:《卢梭和马克思》,赵培杰译,重庆出版社 1993 年版,第 103—104 页。

是,典型的后马克思主义是由英国著名学者拉克劳(Laclau)和墨菲(Mouffe)在1985年出版的《领导权与社会主义的策略》中率先提出、并逐渐扩展开来的一种理论思潮。其主要思想是,通过对当代西方资本主义社会的社会阶层的分析,指出组建统一的工人阶级联盟来进行社会主义革命在当代社会已不可能,从而在批判传统马克思主义的"经济决定论"、阶级联盟、阶级斗争与暴力革命的基础上,主张在社会各阶层的多元对抗中建立松散的联合,并通过掌握话语来夺取文化领导权,从而建构一种多元的民主秩序。鉴于这种典型的后马克思主义重视话语在夺取文化领导权中的作用,与哈贝马斯对对话与商谈的强调具有相似性,而其激进、多元的民主理论却是在批判审议民主理论的基础上提出来的,因此这里将这种思潮的民主思想与哈贝马斯以对话与商谈为核心的审议民主理论进行比较分析。

后马克思主义者认为,苏东社会主义的解体并不像福山所说的那样,意味着历史的终结,或者说自由民主的彻底胜利。在墨菲看来,自由民主充其量是取得了暂时性胜利,而且这并不是出于它自身的成功,更多的是缘于其"敌人"的崩溃,"西方民主国家的政治生活根本不是十分健康的,其中令人不满意的地方越来越多,民主价值观败坏的危险征兆也越来越明显"①。因此,墨菲对"自由民主理论范式"——审议民主——进行了考察,在分析其种种不足的基础上提出一种"激进多元主义民主",作为审议民主的替代性模式。

墨菲尽管认为审议民主的目标——反对以利益为基础的聚合式民主,希望把道德与正义问题引入政治领域——值得肯定,但她认为审议民主以公共领域中的理性与理性论证来取代利益与偏好的聚合作为政治的中心问题时,却仅仅是从一种经济模式转向一种道德模式,从而将政治问题视为具有道德属性因而可以被理性地加以决定的问题,民主公共领域的作用

---

① [英]尚塔尔·墨菲:《政治的回归》,王恒、臧佩洪译,江苏人民出版社2001年版,第157页。

就在于"通过话语的方式来赎回规范的有效性要求"①。因此,墨菲认为审议民主同聚合式民主一样,都缺乏政治的维度,不能更好地理解民主政治的本质。她以哈贝马斯的审议民主理论为考察对象,指出在"理想的言语情境"中、通过公共讨论达成理性共识、以确保决策的合法性的审议民主模式至少面临两方面的挑战。首先,理性共识是一种"自由的梦幻",因为要想达成共识,必须就所使用的语言达成一致,而这在维特根斯坦看来意味着就生活方式达成一致,因此仅仅通过一种理想程序而脱离我们的生活方式就达成理性共识是不可能的。正如维特根斯坦所言:"当我们想要获得一种彻底的理解时,我们就已经踏上了没有摩擦力的溜滑的水面,在某种意义上,这是一种理想状态,但是也正因为如此,我们无法行走,所以我们还是需要摩擦力。回到凹凸不平的地面上来吧!"②其次,"理想的言语情境"实现不了,即使是在理论上,所有人毫无障碍地就共同关心的问题进行无拘无束的自由沟通与理性讨论也是不可能的,因为没有这些所谓的障碍,就不可能有沟通与审议发生。因此,"使审议成为可能的那些条件同时也就是使理想的话语环境成为不可能的条件。就此而言,我们没有理由说哪种'道德观点'是绝对公正无私的,据此可以不偏不倚地估量何为普遍利益。"③在第二个问题上,墨菲的批评可谓一语击中要害。

归纳起来,墨菲认为审议民主模式的根本缺陷在于:它假设公共领域可以消除权力和对抗,并可以达成理性共识,从而否认了冲突在政治中的核心地位。而在她看来,"离开了相互抗衡的主张和利益之间的冲突,政治领域就没有了主题;就无需去做什么政治决策。"④因此,对抗与冲突被拉克劳和墨菲视为当代政治最重要的本质。没有对抗或者彻底消除对抗的观点,在他们看来会导致民主政治的灾难性后果。比如美国在国际政治实践

---

① 参见[英]尚塔尔·墨菲:《审议民主抑或竞争式的多元主义?》,见谈火生等编译:《审议民主》,江苏人民出版社2007年版,第353—361页。

② [英]维特根斯坦:《哲学研究》,转引自谈火生等编译:《审议民主》,江苏人民出版社2007年版,第356—357页。

③ [英]尚塔尔·墨菲:《审议民主抑或竞争式的多元主义?》,见谈火生等编译:《审议民主》,江苏人民出版社2007年版,第353—361页。

④ [英]尚塔尔·墨菲:《政治的回归》,王恒、臧佩洪译,江苏人民出版社2001年版,第66页。

中强行推行其自由民主理念，否定其他多样性的价值观，力图取消差异，消除对抗，恰恰是对自由民主的平等自由原则的破坏与颠覆。"对抗不是内在的，而是外在于社会的，或者更确切地说，它们构造了对社会的限制以及后者完全构造自身的不可能性。"①社会完全构造自身的不可能性和社会的多元对抗性就成为他们政治哲学的理论基础，普遍主义、理性主义和个人主义由于看不到对抗在政治中的建构作用而被他们所抛弃。在此基础上，墨菲说："一旦我们承认政治是必要的，并且不可能存在一个没有对抗的世界，那么需要正视的就是在这些条件下如何可能创立或维持一种多元民主秩序。"关于多元民主秩序的建立，墨菲认为首先必须对敌人（enemy）与对手（adversary）作出区分，并且用对手的范畴置换敌人的预设，并从多元主义出发，承认差异与"他者"。"在政治共同体的语境中，它要求不能把反对者视为有待消灭的敌人，而应作为一个对手，其存在不仅是合法的而且必须被容忍。"②这是因为，"一个健康的民主程序需要诸多政治力量的震荡冲突和众多利益的开放性的矛盾斗争，一旦缺少这些，它就会轻易地被不可谈判的道德价值与本质主义的身份认同之间的敌对状况所取代。"③其次，拉克劳与墨菲主张以"新社会运动"作为民主斗争形式。所谓"新社会运动"，拉克劳与墨菲认为它"是一个不能令人满意的术语，它把一系列极端不同的斗争汇集在一起，这些斗争包括都市的、生态主义的、反权力主义的、反制度化的、女权主义的、反种族歧视的、少数民族权力的、地区的或性少数的斗争，它们的共同点就是它们与被当成'阶级'斗争的工人斗争有所区别"。④ 新社会运动尽管目标各异，但正是这种多样化的社会冲突对扩展民主话语具有重要意义。"我们对于新社会运动感兴趣，不是它把各种斗争归属为与阶级观念相对的一个范畴，而是它在把迅速消融的社会冲突解

---

① [英]拉克劳、墨菲：《领导权与社会主义的策略——走向激进民主政治》，尹树广、鉴传今译，黑龙江人民出版社 2003 年版，第 142 页。

② [英]尚塔尔·墨菲：《政治的回归》，王恒、臧佩洪译，江苏人民出版社 2001 年版，第 5 页。

③ [英]尚塔尔·墨菲：《政治的回归》，王恒、臧佩洪译，江苏人民出版社 2001 年版，第 8 页。

④ [英]拉克劳、墨菲：《领导权与社会主义的策略——走向激进民主政治》，尹树广、鉴传今译，黑龙江人民出版社 2003 年版，第 177—178 页。

释为越来越多的关系方面所起的新作用。"①新社会运动的不同群体,通过使民主话语得到扩展和激进化而达到某种共同的政治认同,从而构造一种新的领导权形式。这样一来,民主政治的主要问题就不是如何消除权力,而是如何建构与民主价值相协调的权力形式,即在冲突和多样性的背景下创造公民团结。激进多元主义民主正是基于这样一个目标提出来的:把"对抗"(antagonism)转化为"竞争"(agonism)(所以墨菲也称该民主模式为"竞争式的多元主义")。该民主模式主张民主政治的首要任务不是消灭激情,也不是将激情放逐到私人领域、以便使理性共识成为可能,而是要把各种激情动员起来,并通过各种新社会运动来推动民主蓝图的实现。这样,"竞争式的多元主义"在部分合作与部分冲突的"混合游戏"中,实现的就是一种"冲突的共识"而非审议民主所强调的"理性的共识"。在墨菲看来,较之审议民主,该模式更善于接纳多元社会所包含的多样化声音,以及这个多元社会所蕴含的权力结构的复杂性。只有这样站在政治的视角而不是经济的或道德的视角,才能更好地理解民主政治的本质——对抗与冲突是政治的本质特征,民主不是消除对抗与取消差异,而是建立并维护一种多元秩序。她的理解是,"竞争式的多元主义""将始终是'将来到'的民主,因为冲突和对抗同时是其完全实现的可能性和不可能性的条件。"②

应该说,哈贝马斯在反对暴力革命、承认与尊重差异、重视话语的作用、强调开放而自由的公民联合等方面,与后马克思主义是基本一致的。正是在这个意义上,哈贝马斯被部分学者归于后马克思主义阵营。但是笔者认为,哈贝马斯与后马克思主义的政治哲学的旨趣是截然有别的。哈贝马斯旨在建立一种完善的资产阶级民主模式而实现人的解放,是一种改良主义的态度。而后马克思主义尽管抛弃了马克思主义的范畴与命题,但却保留了其激进性,并主张在工人阶级革命意识淡化的情况下,通过联合社会各阶层人士的激进运动来反抗权力,旨在实现民主社会主义的理想。因此,从这个意义上讲,很难把哈贝马斯归于后马克思主义阵营。况且这种

---

① [英]拉克劳、墨菲:《领导权与社会主义的策略——走向激进民主政治》,尹树广、鉴传今译,黑龙江人民出版社 2003 年版,第 178 页。

② [英]尚塔尔·墨菲:《政治的回归》,王恒、臧佩洪译,江苏人民出版社 2001 年版,第 10 页。

理论旨趣的差异,最终决定了前述的一致性并非完全的一致。比如对话语的重视,哈贝马斯是为了达成共识,最终实现政治统治的合法性,而后马克思主义者是为了夺取文化领导权,这仍然具有激进的革命意味。因此我们认为,激进多元主义民主作为后马克思主义者在晚期资本主义社会提出的政治规划,既是一种后现代的政治学说,又是一种社会主义革命的策略。

　　事实上,墨菲在批判哈贝马斯及其审议民主理论时,也存在一些误解。一方面,哈贝马斯所要达成的理性共识,并不是完全消除了差异与冲突的共识,而是"存异求同"式的共识,同样包含了多元的声音与诉求,正如哈贝马斯对利奥塔(Lyotard)与德里达等人对他的批判所作的反驳一样。另一方面,哈贝马斯并没有假定公共领域可以消除权力,倒是认为公共领域可以建构民主的权力形式——交往权力,建构与民主价值相协调的权力形式恰恰是墨菲的多元主义民主所主张的。

四、哈贝马斯与当代自由主义思想家罗尔斯

　　哈贝马斯的政治哲学思想旨在捍卫平等、自由与正义等现代性理想,其审议民主模式的公共领域的公开商谈,正是在尊重与保护个人权利的基础上确保了民主意志的合法性。尊重个人权利是自由主义传统的显著特征,因此,哈贝马斯是当代西方政治自由主义流派的重要成员之一。罗尔斯则以其《正义论》和《政治自由主义》成为当代西方新自由主义的哲学领袖,被誉为"20世纪的洛克"。当代社会政治哲学自由主义流派的两位大师,在20世纪90年代初展开了一场思想上的对话与论争。尽管这场论争诚如哈贝马斯所言,是一种家族内部的争议(因为他们在秉承自由主义基本价值立场上是一致的,只不过对自由主义的论证有所不同),但是为了深入了解两位思想家的思想实质,有必要对他们的政治哲学思想进行相关的比较分析。

　　近代以降的西方政治哲学无非三大主题——自由、平等与民主,西方两个多世纪的民主思想发展历程中,因对于现代民主社会的自由与平等之双重要求的不同偏重而使西方的民主传统主要分为两派。一派是强调"现代自由"即人身、生命与财产权的洛克派,另一派是重视"古代自由"即平等

的政治自由与公共生活价值的卢梭派。当代的罗尔斯与哈贝马斯这两位大师都试图超越西方民主传统的内在矛盾,重新确立自由与平等的政治价值,使自由与平等的对立得到消解,从而使人类实现自由与平等的理想生存状态。不同的是,两位大师采用了不同的论证方式来论证自由与平等的政治价值以及它们的统一性。罗尔斯采用的是词典序列的正义原则,哈贝马斯采用的是程序主义的商谈原则。具体而言,罗尔斯的第一个正义原则即"平等的自由原则"——"每个人对与所有人所拥有的最广泛平等的基本自由体系相容的类似自由体系都应有一种平等的权利"①——承袭了古典自由主义的传统,确认了自由的价值;第二个正义原则即"自由的平等原则"——"社会和经济的不平等应这样安排,使它们(1)在与正义的储存原则一致的情况下,适合于最少受惠者的最大利益;并且(2)依系于在机会公平平等的条件下职务和地位向所有人开放"②——则确认了平等的价值。在此基础上,罗尔斯认为通过正义原则来安排社会基本结构,就可以确保自由与平等的实现。与此不同,哈贝马斯将自由与平等的实现与统一建立在商谈论的基础上,而不是制度安排上。在他看来,"有效[gultig]的只是所有可能的相关者作为合理商谈的参与者有可能同意的那些行动规范。"③这意味着,确保人们自由与平等的规范只能由人们自身通过合理的商谈而得出,自由与平等不能由某个被给定的原则来加以保障,就像不能由罗尔斯所构设的正义原则来保障一样,因为在他看来正义原则本身就值得怀疑——根据其普遍语用学和话语伦理学,正义原则的形成并不满足语用学条件和纯程序化条件,因而并不具备合法性。这是哈贝马斯与罗尔斯之间的根本分歧所在。

根据这一根本分歧,哈贝马斯对罗尔斯展开了具体的批判,我们可以通过这些批判来反观两位大师的思想差异。首先,哈贝马斯批判了罗尔斯关于"原初状态"的设计。在他看来,"无知之幕"是一种信息强制,其本质是把所有参与社会契约或原则协商的人都蒙在鼓里,这在现代民主社会是

---

① [美]罗尔斯:《正义论》,何怀宏等译,中国社会科学出版社 1988 年版,第 302 页。
② [美]罗尔斯:《正义论》,何怀宏等译,中国社会科学出版社 1988 年版,第 302 页。
③ [德]哈贝马斯:《在事实与规范之间》,童世骏译,三联书店 2003 年版,第 132 页。

不可想象的。同时,即使让人们在"无知之幕"背后对社会基本结构进行理性的选择,也不能保证判断不偏不倚,因为在"原初状态"的理性设计中,人们只是采取一种理性利己主义的第一人称视角,而没有采取他人的视角,因而人们的理性选择是在独白者的视角下通过一种虚拟对话实现的,并不具备合法性。哈贝马斯认为,一切可普遍化的原则,包括正义原则,只能依靠公共对话基础上达成的公共理性来保证,其关键在于建立理想的公共领域,建立能够为对话各方所理解的"理想言语情境",然后通过反复讨论与磋商,最后达成某种共识。简言之,可普遍化原则应当在人们采取他者的视角的基础上,通过相互之间实际的对话来求得。其次,哈贝马斯批判了罗尔斯将合法性等同于可接受性的观点。罗尔斯通过"原初状态"的设计,认为他所构想的两个基本正义原则比已有的正义原则更适合于表达现代民主社会自由而平等的民主公民理想,因而是各方都能接受的可普遍化原则,据此安排社会基本结构可以保障一种理想生活方式的实现。"只有当我们履行政治权力的实践符合宪法——我们可以理性地期许自由而平等的公民按照为他们的共同人类理性可以接受的那些原则和理想来认可该宪法的根本内容——时,我们履行政治权力的实践才是充分合适的。这就是自由主义的合法性原则。"①可接受的正义原则就成为制定确保人们自由而平等地生活的宪法的依据。哈贝马斯认为可接受性并不足以成为合法性,合法性只能来自商谈中形成的合理共识,而正义原则是罗尔斯本人的一种理论构想,没有得到来自人们的理性检视,因而并不具备合法性。同时哈贝马斯指出,在后形而上学时代,哲学家的任务只能局限于阐明主体间商谈的前提条件,而不能为主体预先提供任何一种具体的生活方案设计。所以哈贝马斯在重建民主理论时,只是局限于对民主商谈的前提条件的重构上,而把所有实质性的问题都留给了理性本身的公共运用。最后,哈贝马斯批判了罗尔斯在寻找解决现代社会价值多元与社会稳定之间矛盾的新途径时,对私人自律与公共自律的割裂。对于现代社会的多元化,罗尔斯认为这是现代民主社会的一个永久性特征而非某种偶然的历史性状态,这是由自由理念的确立所决定的。问题在于,多元价值之间的分歧

---

① ［美］罗尔斯:《政治自由主义》,万俊人译,译林出版社 2000 年版,第 145 页。

与冲突必然会带来整个社会的内在分裂,为了使民主社会得以延续和发展,就要寻求一种解决分歧与冲突的方式。哈贝马斯基本同意罗尔斯对当代社会现状及其问题的分析,但不同意罗尔斯解决社会问题的方式——通过引入"重叠共识"的概念把普遍的正义原则与政治稳定性问题相联系。罗尔斯首先区分了公共理性与非公共理性。公共理性主要是公民在进行政治活动时所运用的理性,它只与基本权利相关,优先于各种善;非公共理性则是公民在学校、教会、科学社会团、家庭等非政府的场合所运用的理性,即"市民社会的理性",其中非公共理性构成现代民主社会的日常文化背景,因而公共理性尽管优先于非公共理性,但并不排斥非公共理性。可以说,正是由于非公共理性的多元化与冲突,才需要形成一种公共理性来解决现代民主社会在多元背景下的统一与稳定问题。公民通过公共理性的运用,对基本的政治正义观念达成认同,形成"重叠共识",从而为多元社会的统一与稳定奠定基础。由于公共理性包含权利优先于善的特征,因此"重叠共识"的形成过程是一个排斥与包容的过程——对一些善的观念进行包容同时对另一些善的观念予以排斥的过程,而对于善观念的分辨,罗尔斯依据的是正义原则。这即是说,只有那些尊重正义原则的善观念才能得到人们的认可和接受。这样,正义原则就成为现代民主社会在理性多元背景下实现统一与稳定的基础;由于公共理性并不排斥非公共理性,社会的多元宽容也就得到保障。对此,哈贝马斯认为罗尔斯割裂了公民运用公共理性时的公共自律与运用非公共理性时的私人自律间的联系,因为公共理性不排斥非公共理性,并不意味着运用非公共理性所形成的观念一定能够被运用公共理性所形成的观念所接纳,这也使得多元背景下的社会统一与稳定成为空谈。依哈贝马斯之见,私人自律与公共自律之间存在着互补的内在联系,而这正是解决多元社会稳定性的关键所在。"私人自律和公共自律的辩证关系由于下述事实而显明了:只有通过强制法律的形式,具有立法资格的民主公民的身份才能被制度化。但是因为强制法律指导的是这样的一些公民人格——如果没有主体的私人权利,他们都不能假定合法主体的身份,所以公民的私人自律和公共自律彼此相互设定。正如我们所看到的,两种都被编织在实证强制法律的概念之中:如果没有能够确保合法个体的私人自律的主体行动自由的话,就根本没有法律;如果没有自由民主的公民们参与制定民主法律的话,也就没有政治的法律。"①从哈贝马斯的审议民主模式可以看出,他正是通过公共领域与国家议会这两个层次上的往复商谈所形成的合法之法来确保私人自律与公共自律的相互设定,从而将公共领域的多元价值融入到国家议会的公共产品中,以实现多元社会的稳定性。

　　针对哈贝马斯的上述批判,罗尔斯的回应是他之所以站在实质性的价值立场,以正义原则这一政治价值来衡量其余价值,在与正义原则相容的诸价值之上建立起"重叠共识"以实现多元社会的稳定,是因为他反对对民主政体的要素进行任何改变。换句话说,罗尔斯认定了正义原则就是确保民主政体的价值——自由与平等——的唯一正确的原则。同哈贝马斯一样,我们不能同意罗尔斯这种由理论家设计某种实质性方案去解决现代社会多元冲突的观点,因为多元冲突不能预先在内容上进行限制,只能通过实际的政治沟通或商谈来解决。尽管罗尔斯也希望通过引入"重叠共识"来解决多元宽容的问题,但"重叠共识"实质上是由给定的正义原则在衡量其余价值的基础上形成的,因此很难说它是一种真正的共识。当然,正如前文所析,哈贝马斯通过遵循商谈程序来达成合理共识的主张,也存在为达成共识而可能使某些人在民主实践中失语的问题。对此,我们无须执著于辨别孰是孰非,我们更应该做的是从大师们在严格的意义限定之下建构的理论中进行自己的思考,期许同时对他人有所启发。

---

① ［德］哈贝马斯:《评罗尔斯的〈政治自由主义〉》,江绪林译,《哲学译丛》2001 年第 4 期。

结　语

　　本书根据哈贝马斯思想发展的逻辑、以其民主理论为视角来研究其政治哲学思想。少年时代所经历的专制极权之痛,促成了哈贝马斯关于民主法治国家的理想。哈贝马斯主要立足于现代性的视角,通过考察当代资本主义民主的实践危机,以及自由主义民主与共和主义民主的理论缺陷,指出民主的困境主要源于以主体理性为中心的意识哲学范式。意识哲学对主体理性的强调,在理论上使以往的两种民主模式表现为个人与整体、法治与民主、人权与主权的对立;在实践中则引起现代性危机,即理性的分化与不平衡发展,表现为生活世界的殖民化,从而导致资产阶级民主的合法性危机。与其他思想家对现代性与资产阶级民主持全盘否定的态度不同,哈贝马斯对此仍然满怀希望,力图在批判的基础上重建一种理想的民主模式。对此,哈贝马斯在重建历史唯物主义的基础上,把以"历史唯物主义"为哲学支撑的交往行为理论和话语伦理学作为理论基础,实现了哲学范式的转换(从意识哲学范式转换为语言哲学范式)和规范基础(即交往理性)的重建,进而重构了以交往理性为核心的生活世界,因为生活世界在他看来正是确保民主政治合法性的关键所在。通过生活世界公共领域的公开商谈与国家议会的立法商谈之间的循环往复,可以形成具有合法性的交往权力,进而产生合法之法;通过合法之法的运用与实施,交往权力就转变成为政治权力。政治权力与法律由于获得了交往权力的合法性根基,从而实现了哈贝马斯关于民主法治国家的政治理想,即从根本上消除统治,实现政治自主。这样,他所重建的理想民主模式就是以对话和商谈为核心、并且包含公共领域的公开商谈与国家议会的立法商谈这两个商谈层次的审议民主。在此基础上,哈贝马斯将其审议民主理论向世界范围拓展,考察了审议民主在超越国界范围的世界政治中的作用与限度,从而构设了一种理想的世界政治图景——"后民族民主"。这不但使人耳目一新,而且也为解决当今时代的国际政治问题提供了宝贵的理论参考,审议民主理论由此获得了新的生命力。

当然,审议民主理论自产生伊始,就受到了来自各方的质疑与非难,这是因为它不但在理论上而且在实践中都面临一定的困境,它的实现还存在着很高的壁垒。审议民主理论作为一种具有规范意义的理想民主模式,它与现实之间存在较大差距,一些差距甚至不可消弭,比如不可实现的"理想的言语情境"导致审议民主理论往往被视为一种乌托邦构想。尽管如此,审议作为民主合法性的途径与保障,不但在学界而且在政界都是普遍的共识。在现实政治生活中,审议的影子已经比比皆是。就公共事务展开对话、表达己见、深入讨论,在今天已经部分地实现。随着人类交往的日益频繁与密切,以及个体自主性的增强,这必将成为众望所归的选择。因此,哈贝马斯的审议民主理论具有广阔的应用天地和发展前景。"在当今后冷战世界中,尖锐的意识形态冲突和大规模的军备竞赛已经消失,为把共识、对话和协商作为解决冲突的手段提供了更实质性的空间。"①特别是在全球经济日趋一体化的形势下,审议民主理论在世界范围的拓展顺应了经济发展的要求,因此有望成为占主导地位的民主模式。通过参与世界范围内的政治审议,可以培育世界公民意识,建构世界性公共领域,这对全球公民社会的形成以及世界政治的民主化都具有决定性的意义。我们可以乐观地认为,质疑与非难之声并不影响审议民主的理论魅力,反而是促进我们完善审议民主理论的催化剂,就像哈贝马斯的乐观态度那样:"决不能把乌托邦(Utopie)与幻想(Illusion)等同起来。幻想建立在无根据的想象之上,是永远无法实现的,而乌托邦则蕴含着希望,体现了对一个与现实完全不同的未来的向往,为开辟未来提供了精神动力。乌托邦的核心精神是批判,批判经验现实中不合理、反理性的东西,并提出一种可供选择的方案。……许多曾经被认为是乌托邦的东西,通过人们的努力,或迟或早是会实现的,

---

① [美]弗朗西斯·福山:《国家建构:21 世纪的国家治理与世界秩序》,黄胜强、许铭原译,中国社会科学出版社 2007 年版,第 102 页。

这已经被历史所证实。"①从这个意义上讲,乌托邦正是哈贝马斯审议民主理论的魅力所在,因为它为未来指明了方向并提供了动力。因此,今后的进一步研究可以将审议民主的理想作为一种规范、一种原则,然后落脚于探索切实可行的实践方案,从而使审议民主既可欲又可行。

从总体上看,审议民主理论的理论旨趣是解决民众参与审议与政治统治合法性之间的关联问题。因此,审议民主理论在当代的兴起,既表明了政治统治合法性在民主政治中的核心地位,又隐含了当代西方政治统治合法性缺失的严峻现实。就中国而言,政治统治的合法性同样是社会主义民主的核心内容,哈贝马斯审议民主理论的许多见解,对于我们建设社会主义民主政治与和谐社会同样具有重要的启示作用。

首先,哈贝马斯的审议民主模式为我们理解民主的含义提供了新的视角。自 20 世纪初科学与民主被引入中国,它们至今仍是国人所追求的目标。就民主而言,当代中国的主流政治话语一般将民主解释为"人民当家做主",近几年来这个解释被扩大为"坚持党的领导、人民当家做主与依法治国的辩证统一"。这些解释反映的都是实体主义的民主观,强调民主是由人民参与而实现的一个实体性目标,或者说把民主落实到具体的人民头上。哈贝马斯则为我们提供了一个从程序来理解民主的视角,把民主视为程序而非实体。"商议性政治的成功并不取决于一个有集体行动能力的全体公民,而取决于相应的交往程序和交往预设的建制化,以及建制化商议过程与非正式地形成的公共舆论之间的共同作用。"②这样,人民主权既没有像共和主义民主那样落实到具体的人民头上,也没有像自由主义民主那样被放逐到无人称的宪法结构和宪法权力部门中,而是体现在无主体的政治公共领域和各种交往形式之中。于是,人民主权作为一种权力,既不是由全体公民来执行权力,也不是宪法结构上和宪法权力部门的权力,而是交往权力,是现代国家政治统治合法性的基础。"面对这样一种程序,人们总是可以坚持有效的结果和在一个制度框架范围内合理的可以接受的结

---

① [德]哈贝马斯、米夏埃尔·哈勒:《作为未来的过去:与著名哲学家哈贝马斯对话》,章国锋译,浙江人民出版社 2001 年版,第 122—123 页。

② [德]哈贝马斯:《在事实与规范之间》,童世骏译,三联书店 2003 年版,第 371 页。

果之间的差异。例如，少数群体成员在服从一个程序上无可挑剔的决策而又不改变自己的意见时，往往会坚持这个差异。民间示威者在进行象征性抗议活动时，以及在正式的合法渠道无能为力时而诉诸于非法活动，呼吁大多数人重新考虑某个涉及基本原则的问题时，也会坚持这个差异。"①这启示我们，程序是民主的根本，只有建立和完善程序之后，民主才能实现。

其次，哈贝马斯审议民主理论的主要机制是对话与交往的制度化，既包括议会中的商谈制度形式，又包括政治公共领域中的商谈制度形式。因此，我们不但要完善各级人民代表大会与各级人民政治协商谈会议中的商谈制度，而且还要建立和完善民主恳谈会、民主听证会以及民主评议会等各种民主新形式。同时，要充分发挥广播、电视、报刊，尤其互联网等大众传媒中的公开商谈对于政治民主的推动作用，进一步深化政治民主的广度与深度。在这方面，中国已经做了大量的工作，并积累了丰富的经验。比如，腾讯网专门开辟了一个"说到最后"的系列栏目，就人们最关心的问题在全社会进行深入的讨论与分析。又如，每年的"全国人民代表大会"和"中国人民政治协商会议"召开期间，政府就充分利用互联网来收集民意和传达政府的意向，甚至直接与网民进行对话沟通。在 2010 年"两会"召开期间，各大网络最醒目的地方都是"网民议事厅"、"百媒会客厅"、"对话百城决策者"、"博侃两会"、"向部委建言"、"记者带话"等字眼。其中，最引人注目的是温家宝总理在"两会"召开前夕与广大网友的在线交流，交流问题涉及人民最关心的民生、教育、医疗等多个方面。这些无不说明中国政府在推动政治民主的进程对民意的重视和对民主实现形式的强调。

再次，审议民主模式有助于培育中国的公民意识，促进公民文化建设。中国几千年来的封建专制统治，使依附意识、臣民意识、政治冷漠意识等消极观念至今积淀在国人心里。这种臣民文化传统是制约中国当前民主政治发展的深层次因素。文化与政治是相互影响的，文化对政治具有制约作用，而适当的政治实践与政治模式选择也可以冲破文化的制约，甚至推动文化的变迁。正如莫伊尼汉（Moynihan）所言："保守地说，真理的中心在于，对一个社会的成功起决定作用的，是文化，而不是政治。开明地说，真

---

① ［德］哈贝马斯：《后民族结构》，曹卫东译，上海人民出版社 2002 年版，第 260 页。

理的中心在于,政治可以改变文化,使文化免于沉沦。"①审议民主理论倡导公民参与民主政治并进行审议,正是培育公民意识、塑造民主观念,从而促进公民文化建设的最有效的民主模式。

最后,哈贝马斯的审议民主理论在实现社会一体化中的功能,对建设社会主义和谐社会具有重要的参考价值。实现社会一体化有多种方式,哈贝马斯提到了三种:权力、金钱与团结。通过权力即国家的行政管理职能实现社会一体化,体现为整个社会都处于行政权力的支配之下,所有社会资源也全部由国家计划来控制与调节,国家行政权力成了无所不能的"利维坦",其缺陷不言而喻。由此,市场手段应运而生,成为行政权力之外调控社会、确保社会一体化的另一种方式,并日益突显其作用。但市场与金钱一旦成为调控社会的主导方式,就会付出意义丧失与自由丧失的代价。更重要的问题在于,权力与金钱往往联手宰制着社会,导致"权钱交易"的现象。哈贝马斯的审议民主理论,主张通过对话与商谈,形成并保护"社会团结"这一资源,从而以共同的价值与规范来实现理想的社会一体化。"团结作为一种社会一体化的力量,不再是仅仅来源于交往行为,它必须通过自主的公共领域以及民主意见和意志在法治国家制度中的形成程序进一步释放出来,并且在面对其他两种资源(金钱和行政权力)的时候能够捍卫自己的地位。"②这说明,只有通过开放、平等与自由的对话与论辩,才能促进理解、达成共识、协调行动,从而化解社会冲突,增进社会和谐。

---

① [美]亨廷顿:《前言:文化的作用》,见亨廷顿、哈里森主编:《文化的重要作用》,程克雄译,新华出版社 2002 年版,"前言"第 1—5 页。

② [德]哈贝马斯:《包容他者》,曹卫东译,上海人民出版社 2002 年版,第 289 页。

附录　国内外对哈贝马斯政治
哲学思想研究的综述

　　哈贝马斯的理论涵盖面极广,在哲学、社会学、政治学、政治哲学、法哲学、伦理学、语言学等领域均有深入而独特的见解,影响深远,因而研究者众多,研究的方式与侧重点也各不相同。但是,对于哈贝马斯政治哲学思想的研究,除了专题性研究外,有关哈贝马斯思想其他领域的研究也或多或少涉及到其政治哲学方面。因此,本文对国内外有关本题的研究动态的综述,首先是简要介绍国内外研究哈贝马斯思想的大致情况,然后再具体介绍研究其政治哲学思想的状况。

一、国外研究综述

(一)国外学术界研究哈贝马斯思想的三种研究方式

　　1. 传记式研究:主要是对哈贝马斯及其理论体系进行一般性介绍与简单评价,如莱斯利·A.豪(Leslie A. Howe)的《哈贝马斯》、威廉姆·奥斯维特(William Outhwaite)的《哈贝马斯:一个批判性介绍》、得特勒夫·霍尔斯特(Detlef Horster)的《哈贝马斯传》等。

　　2. 批判性、对比性及论辩性研究:克·哈特曼(K. Hartmann)、戴维·霍伊(David Hoy)、利克·瑞德利克(Rick Roderick)、帕特里克·贝尔特(Patrick Baert)、安东尼·吉登斯(Anthony Giddens)等属于哈贝马斯的批判者;曼弗雷德·弗兰克(Manfred Frank)对哈贝马斯与利奥塔之间关于共识与差异的分歧进行了对比性研究,杰弗瑞·弗莱恩(Jeffrey Flynn)对罗尔斯(Rawls)、泰勒(Taylor)和哈贝马斯关于人权与文化多元性的观点进行了对比,米莉沙·雅特斯(Melissa Yates)则对罗尔斯与哈贝马斯关于公共领域中的宗教问题进行了对比；加那山·鲍曼（Jonathan Bowman）的《挑战哈贝马斯对欧盟民主缺陷的回应》则属于论辩性研究。

3. 专题性研究：研究其社会批判理论的有托马斯·麦卡锡（Thomas McCarthy）、戴维·赫尔德、汤姆·博托莫尔（Tom Bottomore）、汤姆·罗克摩尔（Tom Rockmore）等；研究其交往行为理论的有约瑟夫·希斯（Joseph Heath）、日本中冈成文等；研究其政治哲学和法哲学的有迈克尔·H. 莱斯诺夫（Michael H. Lessnoff）、罗伯特·C. 赫鲁伯（Robert C. Holub）、鲍林·约翰逊（Pauline Johnson）、西蒙·钱伯斯（Simone Chambers）、米歇尔·如森菲尔德（Michel Rosenfeld）、安德鲁·阿拉托（Andrew Arato）、安德鲁·爱德格（Andrew Edgar）、曼特苏·G. 史伯克特尔（Matthew G. Specter）等。

（二）国外学术界研究哈贝马斯政治哲学思想的主要视角

1. 公共领域与市民社会：麦卡锡、塞拉·本哈比（Seyla Benhabib）、南希·弗雷泽（Nancy Fraser）等从哲学角度研究了公共领域的概念演进、公共领域与民主以及公共领域与道德的关系等问题；克斯·迈克尔·巴克（Keith Michael Baker）、戴维·查莱特（David Zaret）、杰弗里·埃莱（Geoff Eley）等从历史学角度考察了公共领域在英法美等资本主义国家的发展形态；尼古拉斯·加纳姆（Nicholas Garnham）、迈克尔·沃纳（Michael Warner）、本杰明·李（Benjamin Lee）则从新闻传播学的角度考察了公共领域与新闻媒体的关系；约翰·基恩（John Keane）、乔舒亚·科恩（Joshua Cohen）、阿拉托等则借助哈贝马斯的公共领域理论来建构自己的市民社会概念体系，其中阿拉托还由此发展出审议民主理论；而坎斯蒂尔（Casteel）作为批判者则认为公共领域并不存在，也不能证明哈贝马斯的交往行为理论、具体而言是哈贝马斯的"普遍语用学"和"理想语境"概念如何能在"私人领域"被重建，从而为检验真理、建立自我认同和维持社会整合提供一种更可行的哲学方法论。

2. 民主理论：主要有约翰·S. 德雷泽克（John S. Dryzek）、钱伯斯、诺埃里·麦加菲（Noelle McAfee）等。其中德雷泽克在《协商民主及其超越：自由与批判的视角》中，充分肯定了哈贝马斯所引领的西方政治哲学的"审议转向"，认为哈贝马斯与罗尔斯的学术声誉"对民主走向协商作出了巨大贡献",但是,他本人更趋向于使用话语民主(discursive democracy),而不是审议民主(deliberative democracy)。钱伯斯将哈贝马斯的审议民主界定为"合理的民主"。麦加菲则界定为"理性的程序主义审议民主模式",因为他认为审议民主要求参与者据以审议的理由应当是理性的,并能为所有人所接受,这就为审议提出了两个条件:什么是好的理由? 何种类型的程序才能保证好的结果? 故此得名"理性的程序主义审议民主模式"。另外,为回应哈贝马斯的文章《媒体社会的政治交往》,在德国德瑞斯顿举办了"2006 年度国际交流协会会议",并就哈贝马斯的审议民主模式与自由主义和共和主义民主模式的区别进行了充分的讨论。

3. 国际政治理论:米歇尔·凯瑟琳·博瑞登(Michelle Katherine Braiden)考察了哈贝马斯和罗尔斯对康德"永久和平论"的重构,指出哈贝马斯基于改革后的联合国宪法的"世界议会民主"优于罗尔斯的"万民社会"构想。弗·欧亚·乌那特(F. Oya Unat)结合哈贝马斯最近关于后威斯特伐利亚世界秩序的观点,对哈贝马斯批判理论的世界主义政治进行了评价,既有理论上的认同又有实践上的担忧。约翰·P. 麦柯梅克(John P. Mc-Cormick)在分析欧洲国家的转型时,考察了韦伯和哈贝马斯在"超国家民主"方面的理论得失。约翰逊则分析了哈贝马斯对"政治终结论"的批判,并对其乌托邦的合理性进行了肯定,同样,约瑟夫·马西乌利(Joseph Masciulli)和理查德·B. 德(Richard B. Day)也认为尽管哈贝马斯认识到了"世界主义政治"的障碍,但欧盟的例子足以使哈贝马斯相信,在全球市场一体化的条件下实现全球政治一体化具有可能性。

二、国内研究综述

20 世纪 90 年代以前,国内对哈贝马斯思想的研究较少。哈贝马斯的众多著作中,只有《交往与社会进化》(张博树译,重庆出版社 1989 年版)有中译本;研究哈贝马斯的专著也只有薛华的《哈贝马斯的商谈伦理学》(辽宁出版社 1988 年版);学术文章不到 10 篇,而且以综合性介绍为主。90 年代以后,随着译介的增多,国内学术界涌现出一批研究哈贝马斯的学者,比如曹卫东、童世骏、欧力同、章国锋、王晓升、傅永军、姚大志、汪行福等,出版、发表的专著与文章实现了质与量的较大突破。其中部分学者由于具有德语语言优势和留德经历,能够结合德国的文化背景、思想发展历程与特点来解读哈贝马斯及其思想,极大地拓宽了我们的视野,使我们更加深入地了解了哈贝马斯。在他们的带动下,学术界对哈贝马斯思想的研究涉及交往行为理论、主体间性理论、重建历史唯物主义、现代性理论、市民社会理论、商谈伦理学、法哲学以及政治哲学等领域,取得了丰硕的成果。与国外研究相似,国内的研究也经历了从整体性初步介绍到专题性深入研究的过程。下面就国内关于哈贝马斯政治哲学思想的研究状况进行综述。

(一)概括性介绍

在传记或者关于西方马克思主义与法兰克福学派的著作中,概括性地对哈贝马斯政治哲学思想的各个方面进行论述。俞吾金与陈学明在《国外马克思主义哲学流派新编(西方马克思主义卷)》中对《在事实与规范之间》等进行了解读。欧力同与张伟在《法兰克福学派研究》中阐述了哈贝马斯关于晚期资本主义国家的合法性危机理论,即现代资本主义国家具有来自经济系统、政治系统和文化系统三方面的"结构性危机"。他们认为哈贝马斯对晚期资本主义国家的态度,与法兰克福学派老一代理论家的态度相左——哈贝马斯虽然承认晚期资本主义国家的危机倾向,但他认为晚期资本主义国家具有合理性与合法性,并对其自身调节能力充满乐观,而不像老一代理论家那样对晚期资本主义国家持完全否定的态度,他们由此认为哈贝马斯在政治上具有保守性。欧阳英的《走进西方政治哲学——历史、模式与解构》、袁久红的《西方马克思主义的政治哲学》等对哈贝马斯政治哲学思想中的公共领域、合法性理论、生活世界理论、话语民主等要点进行了分析与阐释,基本勾勒出哈贝马斯政治哲学思想的理论概貌。陈炳辉在《西方马克思主义的国家理论》中,对哈贝马斯关于国家的起源、职能、合法性、合法性危机以及危机的解决等观点进行了阐述,探讨了哈贝马斯用以解决国家合法性危机的话语民主理论。另外,童世骏、章国锋、王晓升、汪行福、曹卫东、欧力同、郑召利等学者的专著以及罗富尊的博士论文《在自由和平等之间——政治哲学中的"西方马克思主义"民主理论》等,也部分地涉及哈贝马斯政治哲学思想的相关方面。

(二)专题性研究

主要涉及晚期资本主义合法性问题、公共领域与市民社会理论、法哲学、话语民主理论等相关政治哲学思想。陈学明在《哈贝马斯的"晚期资本主义"论述评》中,结合科学技术的社会功能,考察了哈贝马斯关于晚期资本主义合法性危机的理论,认为哈贝马斯拟通过实现交往行为的合理化来解决晚期资本主义危机的方案是一个纯粹的改良主义方案,并不能真正实现所要达到的理论目标。汪行福在《通向话语民主之路:与哈贝马斯对话》中,结合哈贝马斯成长的历史环境,客观地分析了其政治哲学思想、尤其话语民主理论的形成与特点。季乃礼的《哈贝马斯政治思想研究》侧重于政治科学方面,少了些许政治哲学的意味,当然对我们理解哈贝马斯的政治哲学思想也不无启发。高鸿钧等通过详细解读《在事实与规范之间》,考察了哈贝马斯关于实现人的自由与解放的民主与法治之途,即源于生活世界的交往理性和商谈的民主程序的法律才是真正的公民"自我立法",只有当公民作为法律的承受者同时又是法律的创制者时,个人自由与社会限制之间的紧张关系才能得到实质性的缓解,个人的自由与解放才能成为现实。同时,他们还分析了哈贝马斯把个人的自由与解放推广到全人类的自由与解放而提出的"宪法爱国主义"(Verfassungspatriotismus)和"大同政治的民主"(cosmopolitan democracy)构想,并对此持非常认可的态度。李佃来在博士论文《公共领域与生活世界——哈贝马斯市民社会理论研究》中,根据市民社会的历史演变与当代转型,考察了哈贝马斯的市民社会理论随其思想发展而发生的内在逻辑演变,具体分析了市民社会理论在前后期的两个核心范畴——"公共领域"与"生活世界",并与哈贝马斯的理论旨趣——批判当代资本主义社会——相联系,为把握哈贝马斯的政治哲学思想提供了一个较好的视角。杨礼银与张向东的博士论文分别从公共领域和交往理性的视角,对哈贝马斯的话语民主理论与整个政治哲学的逻辑理路进行了考察,前者落脚于哈贝马斯的早期政治哲学思想,后者则主要落脚于哈贝马斯后期的政治哲学思想。赵祥禄在博士论文《正义理论的方法论基础》中,通过罗尔斯、麦金太尔和哈贝马斯之间的对比,揭示了哈贝马斯探究正义的方法论——道德商谈模式——综合了罗尔斯的建构主义模式与麦金太尔的语境主义模式,也因此具有更大的优势,这是目前关于哈贝马斯方法论的一本重要著作。当然,关于哈贝马斯的方法论,曹卫东和盛晓明等撰写过相关学术文章。另外,王晓升的多篇学术文章分别从权利与权力的角度考察了哈贝马斯审议民主对其他民主模式的超越,其关键在于哈贝马斯通过程序主义的民主制度保证了人权与人民主权的统一与同时实现,这基本上是学界的一种共识。姚大志的文章则从自由、平等与民主这些基本的政治哲学概念出发,考察了哈贝马斯的程序主义民主对自由主义与共和主义的超越,以及对古典自由主义与新自由主义的超越,这也是具有代表性的观点之一。

三、国内外研究现状分析与见解

(一)以传记形式对哈贝马斯的理论体系进行梳理、介绍和评价,可以使人顺利地对这位学术大师的思想进行入门性把握,为进一步深入研究其政治哲学思想提供了必要的理论背景。

(二)在政治哲学方面,不同的研究视角扩展了我们的视野,其中公共领域与市民社会方面的研究较为成熟,在公共领域是当代民主政治合法性的基础与保障这一观点上基本达成了共识。对其审议民主的研究尚处于起步阶段,并存在一些尚待厘清的问题。关于其国际政治思想,多数学者持"理论理想的肯定与现实实践的担忧"态度,这是不无道理的。

(三)关于哈贝马斯政治哲学思想的专题性研究,主要存在以下问题:

首先,对哈贝马斯民主理论的内涵理解分歧较大。有的取"deliberative democracy"之意,将其理解为"商谈民主"、"协商民主",有的取"discourse democracy"或"discursive democracy"之意,则理解为"话语民主"。笔者认为这些理解都不可取,要么片面,要么违背哈贝马斯的本意。在《民主的三种规范模式》一文及《在事实与规范之间》一书中,哈贝马斯都将他的民主模式称为一种"deliberative politics"①,而只是在谈到话语伦理学、公共领域的公开商谈和议会的立法商谈时,他才使用"discourse"一词,比如

---

① 参见 Jürgen Habermas, *the Inclusion of the Other: Studies in Political Theory*, Edited by Ciaran Cronin and Pablo De Greiff, Cambridge: The MIT Press, c1998, p. 239. Jürgen Habermas, *Between Facts and Norms*, Translated by William Rehg, Cambridge: The MIT Press, 1999, p. 287。

"discourse ethics"①、"legal discourse"②。因此,对哈贝马斯民主理论的内涵理解,应该是"deliberative democracy",而不应该取"discourse democracy"或"discursive democracy",即"话语民主"之意。当然,将"deliberative democracy"译为"商谈民主"和"协商民主"也不妥当。"deliberative"有两层意思,一是"审慎的、深思熟虑的",二是"审议的、讨论的"。前者多用于个人,是私人性的,后者多用于群体,是公共性的。译为"商谈"和"协商"只强调了后一层意思,是为片面。而且"协商"还有讨价还价与谈判妥协之意,与哈贝马斯通过对话达成理解形成共识,从而协调行动的观点相左,是为违背。只有译为"审议"才综合了两方面的意思,符合哈贝马斯对公共领域与议会寄予的期望,也符合哈贝马斯关于公共领域既有私人属性又有公共属性,从而成为连接私人自主领域与公共权力机关的桥梁的观点。因此,本文将哈贝马斯的民主理论认定为"审议民主"。

其次,对哈贝马斯审议民主的理论地位的认识也存在问题。有的学者根据审议民主综合了自由主义民主与共和主义民主的因素(比如宪政原则与人民主权原则等),从而认为审议民主只是对以往民主模式的折中,或者说只是对当代居于主流地位的自由主义民主的补充和完善,即以共和主义民主的理念去纠补自由主义民主的不足,因而并不能成为民主运作的独立模式。事实上,审议民主确实是哈贝马斯针对当代自由主义民主存在的缺陷而提出的,也确实吸取了以往两种民主模式中的积极因素,"商谈论赋予民主过程的规范性涵义,比自由主义模式中看到的要强,比共和主义模式中看到的要弱。在这方面它也是从两边各采纳一些成分,并以新的方式把它们结合起来。"③但是,这并不能成为否认其独立性的理由,而恰恰说明了哈贝马斯对以往民主理论的扬弃。哈贝马斯结合当代社会的政治现实,通过扬弃自由主义民主与共和主义民主,建构了审议民主理论,使之成为西方民主理论发展到当代而产生的第三种民主模式,解决了当代民主存在的

---

① 参见 Jürgen Habermas, *Moral Consciousness and Communicative Action*, Translated by Christian Lenhardt and Shierry Weber Nicholsen, Cambridge: Polity Press, c1990, p. 43。

② 参见 Jürgen Habermas, *Between Facts and Norms*, Translated by William Rehg, Cambridge: The MIT Press, 1999, p. 222。

③ [德]哈贝马斯:《在事实与规范之间》,童世骏译,三联书店 2003 年版,第 370 页。

合法性问题,这正是理论来源于实践并服务于实践的真实写照。应该说,西方民主理论在其发展过程中,具有不同的社会基础和理论基础,也具有不同的理论适用范围。就审议民主而言,其社会基础、理论基础以及适用的范围,与前两种民主模式相比已大不相同,尤其是在面对全球化时代的国际政治关系问题时,更能体现其独特的理论魅力与实践价值。因此,不能仅仅将审议民主视为一种辅助性的民主理念,而应视为一种独立的民主模式。

最后,对哈贝马斯政治哲学思想的专题性研究存在一定的割裂性问题:一是对其政治哲学思想体系的割裂,或者只考察其早期的思想比如公共领域,或者仅考察后期的思想比如生活世界,又或者仅从程序角度来谈民主、仅从民主的角度来谈合法性等。二是将其政治哲学思想与其他思想相割裂,未将其政治哲学与现代性理论、交往行为理论、话语伦理学等联系起来考察。三是使其政治哲学思想割裂于整个西方政治哲学思想史这一宏观背景。四是缺乏与当代思想家的理论碰撞。这些割裂往往造成"盲人摸象"的效应,影响我们对哈贝马斯政治哲学思想全面而合理的理解。

参 考 文 献

一、中文部分

(一)著作类

1.《马克思恩格斯全集》(第 1 卷),人民出版社 1956 年版。

2.《马克思恩格斯选集》(1—4 卷),人民出版社 1995 年版。

3. [德]阿多尔诺:《否定的辩证法》,张峰译,重庆出版社 1993 年版。

4. 包亚明主编:《现代性的地平线——哈贝马斯访谈录》,李安东、段怀清译,上海人民出版社 1997 年版。

5. [美]本杰明·巴伯:《强势民主》,彭斌、吴润洲译,吉林人民出版社 2006 年版。

6. [古希腊]柏拉图:《理想国》,郭斌和、张竹明译,商务印书馆 1989 年版。

7. [美]布隆纳:《重申启蒙:论一种积极参与的政治》,殷杲译,江苏人民出版社 2006 年版。

8. 曹卫东:《曹卫东讲哈贝马斯》,北京大学出版社 2005 年版。

9. 曹卫东:《权力的他者》,上海教育出版社 2004 年版。

10. 陈炳辉:《西方马克思主义的国家理论》,中央编译出版社 2004 年版。

11. 陈家刚选编:《协商民主》,上海三联书店 2004 年版。

12. 陈嘉明:《现代性与后现代性十五讲》,北京大学出版社 2006 年版。

13. 陈学明:《哈贝马斯的"晚期资本主义"论述评》,重庆出版社 1993 年版。

14. [意]德拉·沃尔佩:《卢梭和马克思》,赵培杰译,重庆出版社 1993

年版。

15. ［澳］德雷泽克:《协商民主及其超越》,丁开杰等译,中央编译出版社 2006 年版。

16. ［德］得特勒夫·霍尔斯特:《哈贝马斯传》,章国锋译,东方出版中心 2000 年版。

17. 邓正来、［美］杰弗里·亚历山大主编:《国家与市民社会:一种社会理论的研究路径》,上海人民出版社 2005 年版。

18. ［德］弗兰克:《理解的界限:利奥塔和哈贝马斯的精神对话》,先刚译,华夏出版社 2003 年版。

19. ［美］弗朗西斯·福山:《国家建构:21 世纪的国家治理与世界秩序》,黄胜强、许铭原译,中国社会科学出版社 2007 年版。

20. 傅永军等:《批判的意义:马尔库塞、哈贝马斯文化与意识形态批判理论研究》,山东大学出版社 1997 年版。

21. 傅永军:《法兰克福学派的现代性理论》,社会科学文献出版社 2007 年版。

22. 高鸿钧等:《商谈法哲学与民主法治国——〈在事实与规范之间〉阅读》,清华大学出版社 2007 年版。

23. 龚群:《道德乌托邦的重构:哈贝马斯交往伦理思想研究》,商务印书馆 2003 年版。

24. 龚群:《罗尔斯政治哲学》,商务印书馆 2006 年版。

25. 顾忠华:《韦伯〈新教伦理与资本主义精神〉导读》,广西师范大学出版社 2005 年版。

26. ［德］哈贝马斯:《包容他者》,曹卫东译,上海人民出版社 2002 年版。

27. ［德］哈贝马斯:《重建历史唯物主义》,郭官义译,社会科学文献出版社 2000 年版。

28. ［德］哈贝马斯:《对话伦理学与真理的问题》,沈清楷译,中国人民大学出版社 2005 年版。

29. ［德］哈贝马斯:《公共领域的结构转型》,曹卫东等译,学林出版社 1999 年版。

30. ［德］哈贝马斯:《合法化危机》,刘北成、曹卫东译,上海人民出版社2000年版。

31. ［德］哈贝马斯:《后民族结构》,曹卫东译,上海人民出版社2002年版。

32. ［德］哈贝马斯:《后形而上学思想》,曹卫东、付德根译,译林出版社2001年版。

33. ［德］哈贝马斯:《交往行动理论:论功能主义理性批判》,洪佩郁、蔺青译,重庆出版社1994年版。

34. ［德］哈贝马斯:《交往行为理论:行为合理性与社会合理化》,曹卫东译,上海人民出版社2004年版。

35. ［德］哈贝马斯:《交往与社会进化》,张博树译,重庆出版社1989年版。

36. ［德］哈贝马斯:《理论与实践》,郭官义、李黎译,社会科学文献出版社2004年版。

37. ［德］哈贝马斯、米夏埃尔·哈勒:《作为未来的过去:与著名哲学家哈贝马斯对话》,章国锋译,浙江人民出版社2001年版。

38. ［德］哈贝马斯:《认识与兴趣》,郭官义、李黎译,学林出版社1999年版。

39. ［德］哈贝马斯:《现代性的哲学话语》,曹卫东等译,译林出版社2004年版。

40. ［德］哈贝马斯:《在事实与规范之间》,童世骏译,三联书店2003年版。

41. ［德］哈贝马斯:《作为"意识形态"的技术与科学》,李黎、郭官义译,学林出版社1999年版。

42. 韩红:《交往的合理化与现代性的重建》,人民出版社2005年版。

43. ［美］汉密尔顿、杰伊、麦迪逊:《联邦党人文集》,程逢如、在汉、舒逊译,商务印书馆1989年版。

44. ［美］汉娜·阿伦特:《极权主义的起源》,林骧华译,三联书店2008年版。

45. ［美］汉娜·阿伦特:《论革命》,陈周旺译,译林出版社2007年版。

46. 贺翠香:《劳动·交往·实践:论哈贝马斯对历史唯物主义的重建》,中国社会科学出版社 2005 年版。

47. [英]赫尔德:《民主的模式》,燕继荣等译,中央编译出版社 1998 年版。

48. [英]赫尔德:《民主与全球秩序:从现代国家到世界主义治理》,胡伟等译,上海人民出版社 2003 年版。

49. [澳]霍尔顿:《全球化与民族国家》,倪峰译,世界知识出版社 2005 年版。

50. [德]霍克海默、阿多尔诺:《启蒙辩证法》,洪佩郁、蔺月峰译,重庆出版社 1990 年版。

51. 季乃礼:《哈贝马斯政治思想研究》,天津人民出版社 2007 年版。

52. [德]康德:《永久和平论》,何兆武译,上海人民出版社 2005 年版。

53. [美]科恩:《论民主》,聂崇信、朱秀贤译,商务印书馆 2007 年版。

54. [英]拉克劳、墨菲:《领导权与社会主义的策略——走向激进民主政治》,尹树广、鉴传今译,黑龙江人民出版社 2003 年版。

55. [美]莱斯利·A. 豪:《哈贝马斯》,陈志刚译,曹卫东校,中华书局 2003 年版。

56. [英]莱斯诺夫:《二十世纪的政治哲学家》,冯克利译,商务印书馆 2001 年版。

57. 李佃来:《公共领域与生活世界:哈贝马斯市民社会理论研究》,人民出版社 2006 年版。

58. 李强:《自由主义》,中国社会科学出版社 1998 年版。

59. 刘可风、王雨辰、朱书刚主编:《应用哲学与应用伦理学引论》,中国财政经济出版社 2005 年版。

60. 刘军宁编:《民主与民主化》,李柏光译,商务印书馆 1999 年版。

61. 刘军宁等编:《直接民主与间接民主》,三联书店 1998 年版。

62. [法]卢梭:《社会契约论》,何兆武译,商务印书馆 2003 年版。

63. [美]罗尔斯:《正义论》,何怀宏等译,中国社会科学出版社 1988 年版。

64. [美]罗尔斯:《政治自由主义》,万俊人译,译林出版社 2000 年版。

65. ［英］洛克:《政府论》(上、下),叶启芳等译,商务印书馆 1982 年版(上)、1964 年版(下)。

66. ［英］罗素:《西方哲学史》(上、下),何兆武、李约瑟译,商务印书馆 2003 年版。

67. ［美］马尔库塞:《单向度的人》,刘继译,上海译文出版社 2006 年版。

68. ［德］马克斯·韦伯:《经济与社会》(上卷),林荣远译,商务印书馆 1997 年版。

69. ［法］孟德斯鸠:《论法的精神》(上、下),张雁深译,商务印书馆 1961 年版(上)、1963 年版(下)。

70. ［英］密尔:《代议制政府》,汪瑄译,商务印书馆 1982 年版。

71. ［英］密尔:《论自由》,许宝骙译,商务印书馆 1998 年版。

72. 欧阳英:《走进西方政治哲学:历史、模式与解构》,中央编译出版社 2005 年版。

73. ［美］萨拜因:《政治学说史》(上、下),刘山等译,南木校,商务印书馆 1986 年版。

74. ［美］萨托利:《民主新论》,冯克利、阎克文译,东方出版社 1998 年版。

75. ［英］尚塔尔·墨菲:《政治的回归》,王恒、臧佩洪译,江苏人民出版社 2001 年版。

76. 盛晓明:《话语规则与知识基础——语用学维度》,学林出版社 2000 年版。

77. ［以］塔尔蒙:《极权主义民主的起源》,孙传钊译,吉林人民出版社 2004 年版。

78. 谈火生等编译:《审议民主》,江苏人民出版社 2007 年版。

79. 王晓升:《哈贝马斯的现代性社会理论》,社会科学文献出版社 2006 年版。

80. 汪行福:《通向话语民主之路:与哈贝马斯对话》,四川人民出版社 2002 年版。

81. 汪行福:《走出时代的困境:哈贝马斯对现代性的反思》,上海社会科学院出版社 2000 年版。

82. 王雨辰:《哲学批判与解放的乌托邦》,黑龙江大学出版社 2007 年版。

83. 王雨辰:《哲学与文化价值批判:解读当代西方马克思主义》,湖北人民出版社 2004 年版。

84. [加]威尔·金里卡:《当代政治哲学》(上、下),刘莘译,上海三联书店 2004 年版。

85. [英]威廉姆·奥斯维特:《哈贝马斯》,沈亚生译,黑龙江人民出版社 1999 年版。

86. [德]乌·贝克、哈贝马斯:《全球化与政治》,王学东、柴方国译,中央编译出版社 2000 年版。

87. 徐友渔、周国平、陈嘉映、尚杰:《语言与哲学:当代英美与德法传统比较研究》,三联书店 1996 年版。

88. 薛华:《哈贝马斯的商谈伦理学》,辽宁人民出版社 1988 年版。

89. [古希腊]亚里士多德:《政治学》,颜一、秦典华译,中国人民大学出版社 2003 年版。

90. 余灵灵:《哈贝马斯传》,河北人民出版社 1998 年版。

91. 俞吾金、陈学明:《国外马克思主义哲学流派新编》(西方马克思主义卷 2 册),复旦大学出版社 2002 年版。

92. [美]约瑟夫·熊彼特:《资本主义、社会主义与民主》,吴良健译,商务印书馆 2002 年版。

93. 张凤阳等:《政治哲学关键词》,江苏人民出版社 2006 年版。

94. 章国锋:《关于一个公正世界的"乌托邦"构想:解读哈贝马斯〈交往行为理论〉》,山东人民出版社 2001 年版。

95. 赵祥禄:《正义理论的方法论基础》,中央编译出版社 2007 年版。

96. [日]中冈成文:《哈贝马斯:交往行为》,王屏译,河北教育出版社 2001 年版。

97. 中国社会科学院哲学研究所编:《哈贝马斯在华讲演集》,人民出版社 2002 年版。

(二)论文类

1. 艾四林:《康德和平思想的当代意义——哈贝马斯、罗尔斯对康德和平思想的改造》,《复旦学报(社会科学版)》2004 年第 4 期。

2. 陈炳辉:《社会主义民主与资本主义民主——评[意]德拉·沃尔佩的一种表述》,《社会主义研究》2003 年第 2 期。

3. [德]哈贝马斯:《公共领域(1964)》,汪晖译,《天涯》1997 年第 3 期。

4. [德]哈贝马斯:《何谓今日之危机? ——论晚期资本主义中的合法性问题》,郭官义译,《哲学译丛》1981 年第 5 期。

5. [德]哈贝马斯:《评罗尔斯的〈政治自由主义〉》,江绪林译,《哲学译丛》2001 年第 4 期。

6. [德]哈贝马斯:《兽性与人性——一场法律与道德边界上的战争》,刘慧儒译,《读书》1999 年第 9 期。

7. [德]哈贝马斯:《我和法兰克福学派——J.哈贝马斯同西德〈美学和交往〉杂志编辑的谈话》,张继武译,俞长彬校,《哲学译丛》1984 年第 1 期。

8. 韩红:《交往行为理论视野中的普遍语用学——"哈贝马斯语言哲学思想探幽"之一》,《外语学刊》2006 年第 1 期。

9. [美]理查德·伯恩斯坦:《现代性/后现代性的比喻:哈贝马斯与德里达》,江洋编译,《马克思主义与现实》2005 年第 6 期。

10. [美]马克·波斯特:《后现代性与多元文化主义政治:利奥塔德与哈贝马斯关于社会理论的论争》,刘尧译,《齐齐哈尔师院学报》1995 年第 2 期。

11. 谈火生:《审议民主理论的基本理念和理论流派》,《教学与研究》2006 年第 11 期。

12. 谈火生、吴志红:《哈贝马斯的双轨制审议民主理论》,《中国人民政协理论研究会会刊》2008 年第 1 期。

13. 童世骏:《国际政治中的三种普遍主义——伊拉克战争以后对罗尔斯和哈贝马斯的国际政治理论的比较》,《华东师范大学学报(哲学社会科学版)》2003 年第 6 期。

14. 王晓升:《重新理解权利——哈贝马斯对自由主义、共和主义和程序主义的权利概念分析》,《学术研究》2007 年第 6 期。

15. 王晓升:《论哈贝马斯对权利的重新理解:人权和主权:同源共生还是相互冲突?》,《马克思主义与现实》2009 年第 2 期。

16. 王晓升:《在共和主义与自由主义之间——评哈贝马斯的商议民主概念》,《江苏社会科学》2008 年第 1 期。

17. 魏敦友:《释义与批判:哈贝马斯的"交往合理性"述评》,《江汉论坛》1995 年第 7 期。

18. 姚大志:《哈贝马斯的程序主义》,《吉林大学社会科学学报》2005 年第 4 期。

19. 应奇:《两种政治观的对话——关于哈贝马斯与罗尔斯的争论》,《浙江学刊》2000 年第 6 期。

20. 章国锋:《话语·权力·真理——社会正义与"话语的伦理"》,《社会科学》2006 年第 2 期。

21. 朱士群:《公共领域的兴衰——汉娜·阿伦特政治哲学述评》,《社会科学》1994 年第 6 期。

二、英文部分

1. Alastair Hannay, *on the Public*, London: Routledge, 2005.

2. Andrew Edgar, *Habermas: the Key Concepts*, London: Routledge, 2006.

3. Clyde W. Barrow, *Critical Theories of the State: Marxist, Neo-Marxist, Post-Marxist*, Madison: University of Wisconsin Press, 1993.

4. Craig Calhoun (ed.), *Habermas and the Public Sphere*, Cambridge: The MIT Press, 1992.

5. Jeffrey Flynn, "Habermas on Human Rights: Law, Morality, and Intercultural Dialogue", *Social Theory and Practice*, Vol. 29, No. 3, (July 2003).

6. John F. Sitton, *Habermas and Contemporary Society*, New York: Palgrave Macmillan, 2003.

7. John Keane, *Democracy and Civil Society*, London: Verso, 1988.

8. John Keane, *Global Civil Society*? Cambridge: Cambridge University Press, 2003.

9. John Parkinson, *Deliberating in the Real World: Problems of Legitimacy in*

Deliberative Democracy, Oxford: Oxford University Press, 2006.

10. John P. McCormick, *Weber, Habermas, and Transformations of the European State: Constitutional, Social, and Supranational Democracy*, Cambridge: Cambridge University Press, 2007.

11. John S. Dryzek, *Deliberative Democracy and beyond: Liberals, Critics, Contestations*, Oxford: Oxford University Press, 2002.

12. Jorge M. Valadez, *Deliberative Democracy, Political Legitimacy, and Self-determination in Multicultural Societies*, Boulder: Westview Press, 2001.

13. Joseph Heath, *Communicative Action and Rational Choice*, Cambridge: The MIT Press, 2001.

14. Jürgen Habermas, *Between Facts and Norms*, Translated by William Rehg, Cambridge: The MIT Press, 1999.

15. Jürgen Habermas, *Communication and the Evolution of Society*, Translated by Thomas McCarthy, London: Heinemann Educational Books Ltd., 1979.

16. Jürgen Habermas, *Jürgen Habermas on Society and Politics: a Reader*, Edited by Steven Seidman, Boston: Beacon Press, 1989.

17. Jürgen Habermas, *Justification and Application: Remarks on Discourse Ethics*, Translated by Ciaran Cronin, Cambridge: The MIT Press, 1994.

18. Jürgen Habermas, *Legitimation Crisis*, Translated by Thomas McCarthy, London: Heinemann Educational Books Ltd. 1976.

19. Jürgen Habermas, *Moral Consciousness and Communicative Action*, Translated by Christian Lenhardt and Shierry Weber Nicholsen, Cambridge: Polity Press, 1990.

20. Jürgen Habermas, *on the Logic of the Social Sciences*, Translated by Shierry Weber Nicholsen and Jerry A. Stark, Cambridge: The MIT Press, 1988.

21. Jürgen Habermas, *on the Pragmatics of Social Interaction: Preliminary Studies in the Theory of Communicative Action*, Translated by Barbara Fultner, Cambridge: Polity Press, 2001.

22. Jürgen Habermas, *the Inclusion of the Other: Studies in Political Theory*,

Edited by Ciaran Cronin and Pablo De Greiff, Cambridge：The MIT Press，1998.

23. Jürgen Habermas, *the Postnational Constellation*：*Political Essays*, Translated, edited and with an introduction by Max Pensky, Cambridge：The MIT Press, 2001.

24. Jürgen Habermas, *the Structural Transformation of the Public Sphere*, Translated by Thomas Burger, Cambridge：The MIT Press, 1991.

25. Jürgen Habermas, *the Theory of Communicative Action*, Vol. 2, Translated by Thomas McCarthy, Boston：Beacon Press, 1985.

26. Jürgen Habermas, *Truth and Justification*, Edited and with translations by Barbara Fultner, Cambridge：Polity Press, 2003.

27. Martin Beck Matuštík, *Jürgen Habermas*：*a Philosophical-political Profile*, New York：Rowman & Littlefield Publishers, Inc. , 2001.

28. Marx, *Marx Early Political Writings*, Edited and translated by Joseph O'malley with Richard A. Davis, Cambridge：Cambridge University Press, 1994. 中国政法大学出版社 2003 年影印本。

29. Marx, *Marx Later Political Writings*, Edited and translated by Terrell Carver, Cambridge：Cambridge University Press, 1996. 中国政法大学出版社 2003 年影印本。

30. Michel Rosenfeld and Andrew Arato（ed. ）, *Habermas on Law and Democracy*：*Critical Exchanges*, Berkeley：University of California Press, 1998.

31. Nick Crossley and John Michael Roberts（ed. ）, *After Habermas*：*New Perspectives on the Public Sphere*, Oxford：Blackwell Publishing Ltd. , 2004.

32. Pauline Johnson, *Habermas*：*Rescuing the Public Sphere*, London：Routledge, 2006.

33. Rick Roderick, *Habermas and the Foundations of Critical Theory*, Basingstoke：Macmillan, 1986.

34. Robert C. Holub, *Jürgen Habermas*：*Critic in the Public Sphere*, London：Routledge, 1991.

35. Simone Chambers, *Reasonable Democracy*：*Jürgen Habermas and the Politics of Discourse*, Ithaca：Cornell University Press, 1996.

36. Stephen K. White, *the Recent Work of Jürgen Habermas: Reason, Justice, and Modernity*, Cambridge: Cambridge University Press, 1988.

37. Thomas McCarthy, *the Critical Theory of Jürgen Habermas*, Oxford: Polity Press, 1984.

38. Tom Rockmore, *Habermas on Historical Materialism*, Bloomington: Indiana University Press, 1989.

39. William Connolly (ed.), *Legitimacy and the State*, Oxford: Basil Blackwell, 1984.

40. William Outhwaite, *Habermas: a Critical Introduction*, Stanford: Stanford University Press, 1994.

后　记

　　本书由我的博士论文修改而成。选择哈贝马斯的政治哲学思想尤其审议民主理论作为我博士学位论文的研究对象，是对我硕士研究生阶段研究的延续。从 2003 年来到中南财经政法大学学习哲学开始，我一直对政治哲学很感兴趣。在硕士研究生阶段，我主要侧重于西方政治哲学思想史的学习，并选择了卢梭的政治哲学思想作为硕士学位论文的研究对象。由于有幸继续攻读博士学位，使我有机会将学习的深度和广度进一步深化与拓展，将学习的重心转换到当代的政治哲学思想。在学习与思考过程中，最终将哈贝马斯的政治哲学思想作为研究的论题。随着学习与研究的深入，我越来越觉得这是我"无知者无畏"的愚勇行为。姑且不论其著述之丰，单就其行文晦涩、思想庞杂，就令我的阅读往往只是浮光掠影，学习的辛苦与写作的难度可想而知。幸运的是，许多关爱与帮助始终与我相随相伴，这才使我能够顺利完成学位论文，并得以出版。可以说，这篇论文及其出版都是合力作用的结果。因此，我在这里最想说的就是"谢谢"！

　　感谢我的导师、中南财经政法大学党委副书记刘可风教授！刘可风教授常常在百忙之中指导我的学习、批阅我的论文，对我的论文提出了许多一针见血的意见。但是由于我的学识与水平所限，使我不能充分领会与落实刘可风教授的修改意见，敬请导师见谅。刘可风教授的深刻与严谨、博大与宽容使我受益甚深。永远不会忘记刘可风教授在我求职试讲前对我的嘱咐："台风要自信从容，亲切委婉，以柔克刚，留有余地。切忌剑拔弩张，声嘶力竭！"这些嘱咐将成为我今后执教生涯中努力修炼的方向与目标。

　　感谢中南财经政法大学哲学院院长王雨辰教授！王雨辰教授不但将

我引入西方马克思主义的哲学殿堂,而且从我自2003年求学于中南财经政法大学开始,就一直在学习与生活上给予我许多无私的帮助:为我推荐发表论文、帮助安排我到人文学院与武汉学院授课、为我的工作问题操心奔忙等。而且正是在王雨辰教授的大力支持下,这本书才能够得以出版。王雨辰教授的"赏识教育法"使我得到的总是理解、鼓励与动力,这不仅让我更加热爱哲学,而且令我更加自信与快乐。

感谢参加我博士学位论文答辩的各位教授!他们分别是:武汉大学汪信砚教授,湖北大学杨鲜兰教授,中南财经政法大学王雨辰教授、吴宁教授、陈食霖教授。他们不仅在答辩过程中给予我极大的宽容,而且提出了许多需要我进一步思考的理论问题,并鼓励我在今后的学习与工作中进一步深化目前论题的研究。

在我求学过程中,还有很多老师给予我极大的帮助,他们分别是:中南财经政法大学何捷一教授、胡贤鑫教授、杨清荣教授、朱书刚教授、龚天平教授、郭剑仁老师、颜岩老师、方珏老师、李白鹤老师、熊敏老师,以及武汉大学的博士后杨礼银老师,在此谢谢他们。我还要感谢我的师兄弟和师姐妹,他们使我的校园生活远离孤独,使我在异乡的日子倍感温暖,希望我们的友谊地久天长。

这几年我之所以能够安心学习并顺利完成学业,无疑离不开亲友团的默默支持。我的父母识字不多、不善言辞,但却极具人生智慧。自记事起,父亲对我和妹妹的教育主要是两大法宝——温和的目光和"响鼓不用重锤"这句话。尽管父亲现在已经基本不再言及这句话,但我仍然常常被之勉励着。母亲总是教导我们,只要肯吃苦,没有干不好的事。感谢父母的言传身教!我让他们操劳得太久太多,今后将尽力让他们过得更加舒心。最大的遗憾是不能陪伴爱女宇儿成长,没有照顾宇儿的生活,倒是健康快乐、乖巧懂事、刻苦自律的宇儿免去了我的后顾之忧。这都归功于宇儿的爷爷奶奶对她无微不至的悉心照顾,在此衷心地谢谢他们!同时也谢谢他们在我参加工作后让宇儿来到重庆,随我生活。妹妹和妹夫自从鼓励我圆大学梦以来就一直帮助我、关心我,使我在武汉感受到了家的温暖。家乡的罗理鹃姐姐、尹小华姐姐,以及高玉成和夏萍夫妇也给予我诸多帮助与鼓励,在此向他们一并致谢!

博士毕业后就职于重庆理工大学，我得到了来自新单位、新同事的关心、信任与帮助，所以想在这里表达我对他们的谢意。感谢重庆理工大学人文社科学院院长高宜新教授、副院长刘纯明教授、副书记秦琴教授，重庆知识产权学院副院长苏平教授，重庆理工大学人文社科学院马克思主义理论教研室主任宋容教授，以及人文社科学院的所有同人。感谢他们在工作与生活上给予我的帮助与关爱，也祝愿我们能够在重庆理工大学这个大家庭里工作愉快、生活幸福！

　　所有的恩情无以为报，谨以此记铭刻在此，并永存心间！

张　翠

2011 年 4 月 16 日于山城

责任编辑:洪　琼

图书在版编目(CIP)数据

民主理论的批判与重建——哈贝马斯政治哲学思想研究/张　翠　著.
  -北京:人民出版社,2011.8
(国外马克思主义哲学研究丛书　王雨辰主编)
ISBN 978-7-01-009942-2

Ⅰ.①民…　Ⅱ.①张…　Ⅲ.①哈贝马斯,J.-政治哲学-思想评论
  Ⅳ.①B516.59②D095.165

中国版本图书馆 CIP 数据核字(2011)第 102395 号

民主理论的批判与重建
MINZHU LILUN DE PIPAN YU CHONGJIAN
——哈贝马斯政治哲学思想研究

张　翠　著

人民出版社 出版发行
(100706　北京朝阳门内大街 166 号)

北京龙之冉印务有限公司印刷　新华书店经销

2011 年 8 月第 1 版　2011 年 8 月北京第 1 次印刷
开本:710 毫米×1000 毫米 1/16　印张:18
字数:300 千字　印数:0,001-2,500 册

ISBN 978-7-01-009942-2　定价:46.00 元

邮购地址 100706　北京朝阳门内大街 166 号
人民东方图书销售中心　电话 (010)65250042　65289539